剪辑人生

傅正义自传

傅正义／著

CFP 中国电影出版社 2007·北京

坎坷少年食不周，艺从影剪岁月稠。
创建学会探新意，金鸡飞天皆占优。
力促高校设专业，亲育桃李遍神州。
立论著述凡三卷，剪辑人生写春秋。

傅正义
2006.10.22

1942 年在重庆中制厂

1950—1952 年在上海昆仑厂，上影厂期间

1958 年在北京电影制片厂

2005年电影频道举办“流金岁月”活动中，《青春之歌》主创人员葛存壮、谢芳、秦怡、傅正义、于洋、黄心一在一起

程季华、王为一、傅正义在蔡楚生诞辰百年学术研讨会上

2005年12月28日中国电影百年诞辰纪念会上施建岚、傅正义、祝希娟、蔡元元等合影

傅正义、万秀明夫妇及子女傅国亮（后排左一）、傅国保（后排左二）、傅国航（后排左三）、傅国强（后排右一）、傅国春（前排中）合影

傅正义和孙女傅楠、孙子傅世祎在一起

傅正义在书房中

目录

出　版　前　言

2005年是中国电影诞生100周年。在漫漫的历史长河中，中国电影走过了艰苦卓绝而又辉煌灿烂的路程，涌现出一大批杰出的电影艺术家。他们与历史相伴，无论是在清末民初重大的社会变革时期，还是在战火纷飞的抗日战争、解放战争中，特别是在新中国成立后的和平建设年代里，他们勇于开拓，勇于创新，克服各种困难，拍摄了众多的享誉世界的经典之作，创造了举世瞩目的业绩。毫无疑问，追寻他们的艺术足迹，描绘他们的多彩人生，展现他们的宽阔胸怀，对于全面推进中国电影的研究工作，增强民族的凝聚力，加强爱国主义教育，都具有重要的意义。为此，在庆祝中国电影百年华诞的喜庆日子里，中国电影家协会组织编纂了《中国电影家传记丛书》，并授权由中国电影出版社出版该套丛书的首批图书。

《中国电影家传记丛书》首批图书，选择约20余位电影家为对象，包括从事编剧、导演、表演、摄影、事业管理等工作的电影家。通过对于他们流金岁月的回顾，生活历程的展示，描述他们的人生阅历，记录他们为中国电影发展所做出的卓越贡献。同时，也可以对一些重要的电影历史进行过滤和补正，增加电影研究史料的积累，达到以史鉴今之功效。

首批图书以每人一部著作的形式，总计出版约20余本。作者将在对传主深入采访以及搜集补充相关的历史材料的基础上，以纪实文学的笔法，对传主的演艺生涯、政治生活、家庭生活等方面，进行往事的梳理和不脱离事实范围的文学描写。因此，全书既有一定的学术性，又具有较强的文学色彩；既有个人传记的纵向特点，又不完全拘泥于琐碎细节，而注意展示所述重要作品、重大事件横切面的宽阔历史背景；既严格尊重历史事实，又大胆进行具有一定想像力的文字发挥。

首批图书中的各本著作，本着形式多样的原则，根据传主的情况和意愿，在口述实录、自传和普通传记等多种传记形式中，确定不同的体例。

在酝酿首批图书的传主人选时，优先考虑从未出过传记者是一个重要因素；此外，突出反映电影艺术创作中主要部门的著名电影家的成就，更是整套丛书的出发点、着眼点。由于传主各自的情况不同，相对应著作的文字与图片数量也将有所不同。

特别需要说明的是，《中国电影家传记丛书》是一项长期选题，也是一项民族电影学术工程，今后在适当的时机，还将陆续出版丛书的其他电影家传记图书。

《中国电影家传记丛书》编委会

2005年6月

像傅老师那样敬业

郑洞天

我这个年纪的人，包括我以上的老辈，好像都崇尚“从一而终”。无论工种、单位、事业、感情，一旦选择，最好一生不改。作为对立面，毛选《纪念白求恩》里有一个词，叫“见异思迁”，当年兴批评与自我批评时，我们时不时就拿它来检讨。直到前些年，联合国来北京招聘雇员，报名条件之一是“有三个以上岗位的职场经历”，用老百姓的话就是，上了班以后有没有跳过三次槽？记得听说这事，我等一伙哑然失笑，觉得世道真是改了。

傅正义老师是一位从一而终的典型。有幸结识他很多年，我只是看这本书才确凿地知道，他不到十五岁进电影圈，学的就是剪辑，一做再没停过，经他手剪过的影片开出一张单子来，听着都让你深吸一口气，头一部就是《一江春水向东流》，然后是《三毛流浪记》、《武训传》、《虎穴追踪》、《小兵张嘎》等等。六十多年剪下来，做到了这个行当的顶尖，得了“天下第一剪”的美号，还顺理成章地当了电影剪辑学会首任会长，这番历程，如今在电影业那么多行里也几乎是孤例。我想现在的人们，即便对一辈子就干了一件事不以为然，对这个结果还是会很艳羡。而以我这些年认识傅老师，深知他的从一而终，不是嫁鸡随鸡嫁狗随狗式的被动人生，也不仅仅是常说的干一行爱一行，而是专业跟人融在了一起，成为安身立命休戚与共除了它就没有别的那样一种境界，在我们周围，可以称为敬业的同行不少，但要敬到像他那样的地步谈何容易。

二十多年来，我看傅老师剪片子、带徒弟、办培训班、撰写教材，请他到导演系讲学，跟他一起参加评奖或者电影界的各种活动，他那乡音未改的大嗓门人所共知，加上任何事情只要参乎就非搞个明白，于是有他在的场合，总是很能显出某种特有的专业气氛。本学会的活动自不待说，那些平日在摄制组里甘居幕后悄无声息的剪辑师们，打开了话匣子一样声色俱闹，热气

作者与郑洞天的合影

腾腾；各种行当聚会的时候，傅老师也是三句话不离本行。给我印象最深的一次，是上世纪九十年代中期计算机剪辑刚刚引进中国，我正好做一部电视连续剧的后期，接触了AVID系统的非线编技术，呼吸了一点数字时代给电影带来的新气息。这套设备在当年的广播电视设备展览会亮相后，由引进的那家公司提议，我们电影导演协会出面，假座建国饭店举办了一次非线性编辑技术的推介讲座。那天，闻讯而来的傅老师到得很早，坐在前排。公司的技术专家介绍以后，我也讲了讲自己体验这种新的剪辑工艺的感受，其中说到，过去剪胶片是导演拿意见、剪辑师管操作，现在在电脑上剪接，导演拿着鼠标自己就把片子剪了，没准以后这两个行当就一个人干了。这说法本是说来兴起，没怎么过脑子，散场以后，我帮着收完摊，好一会儿才走出来，没想到傅老师一直等在门口。他把我叫住，很认真地问道，你刚才的意思是不是说，剪辑这个行当以后就没了？我心想坏了，太岁头上动了土，连连解释是顺口一说，但他却一脸严肃，说，你是导演协会秘书长，这么大的事，玩笑可开不得！从那以后，傅老师一直非常关注非线编技术的发展，并提出了现代工艺与传统艺术技巧相结合的观点，他的观点是，工具越便捷，传统的剪辑规律越有可能全面起作用。十多年来，电影的实际发展也证明了，数字技术的应用并没有带来原有技艺的消亡，在视听语言叙事这一根本方式没有改变的前提下，剪辑专业恰恰因为叙事手法的多样性发展而更加凸现出它的重要性。

中国电影的剪辑艺术，经过几代剪辑师，包括许多导演的辛劳，形成了自己的一些特色，但也无庸讳言地说，我们的作品在剪辑上跟高水准的世界电影差距还十分明显，除了进一步改善我们的硬件条件外，还需要全体业内同仁的艰苦努力，特别是新一代剪辑专门人才的脱颖而出。1987年，电影学院导演系在傅老师的倡议和剪辑学会的合作下，办了第一届有正式学历的两年制剪辑干部大专班(该班学员如今几乎都是各地影视界剪辑大腕)，由于种种原因，这个班没能继续，从此这事成了傅老师的一块心病，每次碰见我就会提起，还多次主动到学院商议。正是在他的催促和剪辑界许多老师的关心下，相隔十年后，我们又陆续举办了不同学制的剪辑班，直到2005年，终于招收了第一届剪辑专业四年制本科的二十名学生，总算填补了中国电影教育中这块令人遗憾的空白。记得招生简章公示时，我们原想有些一心想当导演的孩子可能不会来报剪辑，考生数量会比往年下降，事实却是三天下来，报名直逼一千人，达到导演系从七八届以来的最高记录。特别值得一说的是，其中并不多是女孩，许多男孩来考剪辑都是有备而来，理直气壮。而此时我们可以告慰的傅老师，已是年过八旬的高龄了。

一个人能为自己钟爱的专业奋斗一辈子，是一种无法替代的幸福，愿我们都能像傅老师那样敬业，也像他那样幸福。

2006年5月　北京

片　头

1. 序言——剪辑人生

剪辑，是电影电视片制作过程中的一道工序、一个环节、一项重要工作。

剪辑，是电影电视片创作过程中的一类技巧、一种手段、一门专业艺术。

运用剪辑艺术技巧从事影视剪辑工作的创作者，人们称为剪辑师。

我就是一名在这个行业里耕耘一生、涉猎宽广、努力进取，希望对这个事业有所作为的剪辑师。

1940 年，我在重庆考入中国电影制片厂，开始接触电影剪辑业务。

1946 年，我到上海进入昆仑影业公司，参与和独立剪辑故事片。

1951 年，出任“长江昆仑电影制片厂”、“上海联合电影制片厂”、“上海电影制片厂”剪辑部门负责人。

1953 年，调往长春电影制片厂，组织剪辑人员开展业务学习，搞技术革新。

1956 年后，我一直在北京电影制片厂从事影片剪辑工作，深入研讨剪辑艺术。

1983 年起，开始到国内各地电视台进行电视剪辑工作，积极拓展剪辑业务。

我今年八十周岁，其中六十多年从事影视剪辑工作。而在这六十多年的剪辑生涯中，有五十年是在北影厂度过的。

六十年来，我剪辑或参与剪辑了电影故事片《一江春水向东流》、《万家灯火》、《三毛流浪记》、《武训传》、《鸡毛信》、《虎穴追踪》、《青春之歌》、《小兵张嘎》、《伤逝》、《知音》，和戏曲片《杨门女将》、《野猪林》，歌舞片《百凤朝阳》，动画片《猫咪小贝》等各类电影片 100 余部。

二十年来，我担任剪辑或总剪辑、剪辑指导、剪辑顾问等各种职务，剪辑了各类电视连续剧，如《诸葛亮》、《四世同堂》、《焦裕禄》、《千里跃进大别山》、《狄仁杰断案传奇》、《红楼梦》、《三国演义》，和电视专题片《河殇》、《唐风宋韵》，风光旅游片《寻梦到黄山》，动画片《哪吒传奇》等各类电视片500多集（部）。

六十年来，我在剪辑一部又一部影视片的同时，也在一日复一日地剪辑着自己的岁月人生。

六十年来，我经历了一波又一波的历史上的浪潮风雨，同时也一步一步地走过了我的剪辑生涯。

少年时代在重庆，是恩师邬廷芳、钱筱璋、司徒慧敏给我以剪辑的启蒙教育，带领我走进电影剪辑的大门和追求革命进步的人生大道。

青年时代在上海，结识了剪辑界的前辈黄汉、陈祥兴、傅继秋、陈照熙等人，得到他们的指点和帮助，学到了不少电影剪辑的技巧本领。

中年时期在北京，与剪辑界同仁韦纯葆、周鼎文、诸锦顺、祖述志、汪大儒、杨幸媛、严尚华、齐玉玲、邵养珍、薛蕴华、吉星、刘云英等一道为发展中国电影剪辑艺术事业协作奋斗。

晚年时期在国内，为影视界带出了战强、唐彦琳、白志朴、刘芳、周新霞、崔莉、傅国保、洪梅、江兆建、田韶春、杨薇、张敏、许建平、王莉、傅国航等后起之秀，共同为推进影视剪辑艺术而努力。

在多年的剪辑生涯中，曾与著名电影导演史东山、蔡楚生、孙瑜、沈浮、陈鲤庭、郑君里、王为一、徐韬、赵明、严恭、石挥、谢晋、黄粲、崔嵬、水华、成荫、谢铁骊、陈怀皑和电视导演林汝为、王扶林、张绍林、蔡晓晴、孙光明、张中一、沈好放、潘霞、魏鑫等通力合作，得到他们的指导、支持和帮助，促成了多部影视片的摄制成功。

在多年的剪辑创作中，亦曾得到著名摄影师吴蔚云、韩仲良、朱今明、罗从周、聂晶、邹积勋，著名美术师韩尚义、丁辰、秦威、池宁、俞翼如、陈翼云、屠居华，著名录音师郑伯璋、李烈鸿、孙良录、袁庆馀、丁伯和、吕宪昌、陈燕嬉、蔡军、张家克，著名制片孟君谋、苗祝三、胡其明、戴浩、任大惠、张纪中、张起等各方面的指导和协助，促成多部影视佳作问世。

从事剪辑工作中，还得到了影视界领导人、事业家阳翰笙、任宗德、孟君谋、王瑞麟、汪洋、王晓棠、阮若琳、戴临风、王枫、赵化勇等人的指导、支持和关照，这些都是我顺利完成剪辑任务的可靠保证。

研讨剪辑艺术，得益于影视界理论家、评论家钟惦棐、郑雪来、仲呈祥、邵牧君、谢飞、郑洞天、王云缦、王陶瑞、刘继南、金开诚等人的扶植、提示和指点，他们是我探求剪辑艺术时的强大助力。

可以说，我剪辑的每一部影视片，都浸透着自己的心血和汗水，都体现出自己的奋斗与追求。

可以说，我剪辑的每一部影视片，都包含着师友的深情和厚爱，都宣示着同仁的友谊和关怀。

可以说，我的剪辑生涯，从一个独特而直接的角度，反映了中国影视剪辑史的真实面貌。

可以说，我的剪辑生涯，从一个侧面生动地展示出中国影视发展史的辉煌历程。

这其中，有对影视艺术大师的缅怀和追念。

这其中，有对影视各类名片的推崇和赞赏。

这其中，有对影视艺术创作的理论探讨。

这其中，有对影视剪辑技巧的经验总结。

这就是一名剪辑师八十年的人生经历。

这就是一位艺术家六十年的剪辑人生。

在这里，我剪出各类影视节目的精彩画面或许能提供广大爱好者观赏。

在这里，我剪出人生的各个独特片段希望能引发有心人的深思……

正片

第一本
幼年时期

2. 出身黄冈农家

1925年9月20日(阴历乙丑年八月初三),我出生于湖北省黄冈县方高坪乡(当时称为金鸡乡)夥车岭村傅家湾。按照傅氏家族辈份排列,我应是显字辈,于是幼时大名为傅显幼,又名傅显本。我父亲傅光灿兄弟七人,他排行老七,所以我又是我们这一脉系的幺房长孙。

我父亲生于前清光绪十二年即1886年,我母亲生于光绪二十年即1894年,都是黄冈普通农家子女。兄弟分家时父亲分得田地四亩,平房四间,与母亲男耕女织,又与他人合伙开了家小杂货店,收入虽然微薄,但多少可以糊口,生活还算过得下去。

黄冈县城黄州镇位于长江北岸,西距省会武昌140华里。方高坪、夥车岭、傅家湾在县城北面约80里,虽不临靠长江,但还是属于沿江岗地平原湖区地带,浅丘兀立,溪流纵横,湖泊密布,地势低平,土壤肥沃,是黄冈县粮、棉、油的高产区。傅家湾是面临傅家河、房舍连山(墙)平脊排列的一处村湾,前有溪流和池塘,后有树林与竹园。与大多数农家一样,我家亦为双坡"人"字型土砖布瓦房。傅家湾周围遍布水田旱地,以种植稻谷、棉花、油菜、小麦、红苕、蚕豆为主,同时也纺纱织布、养蚕缫丝,大多数农家过着耕织并举、兼营土布生丝生意的生活。傅家湾不但有几百亩良田沃土、水面陂塘,还有十几家织布、缫丝、酿酒、榨油的作坊。我们傅氏家族中就有好多家是从事织布业的机户,开着作坊或布厂,雇有机匠和帮工,经营着棉布的生产和贩运,有的还在团风、黄州以至汉口设立了庄号,销路畅旺。织造和贩运棉布,是黄冈沿江平原湖区农家子弟普遍的谋生之道,父亲和几位伯父也曾参与经营,以其劳作的收入补贴家用。不过,由于时局动乱,兵灾匪患,加之洋布充斥市场，土制棉布的生意越来越难做了。因此，父亲只得在耕作几亩田地的同时，在方高坪场上开了一间小杂货店，以维持家中生计。

方高坪在傅家湾北面三五里地，是一处不大的乡村集镇。一条长约半华里的弯曲街道上，有店铺三十多家，乡公所也设立于此。赶场(集)天，周边农民拥入街道，交易农副土产，购买油盐纸烛，看戏听书喝茶，热闹得很。幼年时，我坐在父亲开的杂货店里，看着街上来来往往、熙熙攘攘的人群，觉得十分新鲜、怪异、好玩。

不过，在孩童时代使我惊讶不已、大开眼界的地方还不是方高坪，而是长江边的团风镇。团风镇在傅家湾西南面，距我家十华里，要过几座桥，跨过几道水才能到达。由于往昔傅家湾亦曾为团风管辖，因此有时我也自称为黄冈团风人。团风镇濒临长江，港口优良，交通便利，商业繁盛，是长江上有名的水运大码头，商贸大集镇，时人称为“小汉口”。镇上有寺、庙、殿、堂等古典建筑二十余座，还有众多的店铺、商号、银行、钱庄，以及旅社、会馆、诊所、学堂。房舍鳞次栉比，街道蜿蜒漫长。江边木船云集，桅杆如林，樯帆成阵，往来大江上下；更设有轮船码头，火轮西达汉口、宜昌，东驶九江、上海。常住人口约四千人，比县城黄州镇的居民还多。团风镇还是黄冈所产棉布、生丝、粮食、药材和著名特产“团风大蒜”进行大宗交易的场所，市面繁华，物流畅达。我曾随长辈到过团风几次，那热闹繁盛的街市、百货杂陈的商店、巍峨壮丽的寺庙、新式洋派的学堂，还有宽阔浩荡奔流东去的大江，和在江上鸣笛高叫破浪飞驰的轮船，总是使我应接不暇，目瞪口呆，激动不已。正是在团风，使我第一次接触到乡村之外的一个新的天地，感受到有别于农村习俗的城市风味。

1928年冬，我父亲因积劳成疾与世长辞。那时我才三岁，我弟弟傅正卿生下来刚八个月。父亲的逝世，对我们家庭是一个沉重的打击。母亲毅然承担起撑持家务、抚育我们两个幼小孩童的责任。她日夜操劳，靠纺纱织布的微薄收入勉强维持全家三口生计，含辛茹苦，艰难度日。田地让同族人代耕，杂货店只得让合伙人经营。不料热孝满后，傅姓族人中有势力的强横之辈，其中有我的伯父和堂兄，开始毫无掩饰、凶神恶煞般地逼迫我母亲改嫁他人，目的是夺取霸占我家那四亩田地和四间房屋。我母亲坚决不同意，为了维护家庭和我们俩兄弟的权益，奋起反抗抵制，从而招致家族中人更为粗暴的欺侮、排挤和打击。同辈中的老大甚至纠合一帮兄弟谩骂、欧打我母亲、要把母亲赶出傅家湾。母亲也不示弱，针锋相对地与他们抗争，使他们的图谋终未得逞。母亲曾哭着对我说：“儿啊，我不改嫁，我和他们干仗，都是为了你们兄弟啊!"我听了很感动,也哭起来,心中铭记着母亲的关爱与深情。欺侮我们家的都是傅姓本家亲戚,这使我幼小的心灵受到深深的挫伤和损害,我不能理解亲属之间怎么会那么刻毒残酷地进行攻讦和迫害。当然,也有不少人同情我们幼童寡母三人,比如邻居傅正兴(外号傅砻子)一家,卖茶为生,虽然没文化,但为人厚道公正,敢于在族中仗义直言,对我们母子多有帮助,我很敬重他,感激他。由于家中没有壮劳动力,妇弱童幼,缺乏资金来源,加上族人的排斥打击,生活愈来愈贫苦艰难。有一年过年,家中实在是什么值钱的东西都没有了,过不了年,母亲就带着我们兄弟二人,冒着严寒风霜,在腊月二十八、二十九两天,到傅家湾周围八里十里地面去讨饭。人家看我们兄弟俩幼小可怜,送给我们一些糯米糍粑之类的年货和吃食。我们将讨来的糯米糍粑带回家放到水缸里泡起来。没有想到,第二天回来进屋一看,讨来的糯米粑之类的东西全被偷光了。母子三人不由得抱头大哭一场,那凄苦惨痛的情景令人终生难忘。

孩童时代,年龄稍长,为了维持清贫的生活,减轻母亲的劳苦,我与其他农家子弟一样,也曾干过捡柴火、拾谷穗、挖野菜、打猪草之类的农活。在劳作之余,还用泥巴做磨盘、用竹筒做水枪、用木片做大刀等玩具,自得其乐,也给弟弟玩耍。七岁时(1932年),进私塾读书。我本来是无钱上学的,但族中有规矩,长辈有责任,在族人的劝说下,在团风镇烟叶作坊当厨师的四伯父终于同意每年拿出两块大洋供我读书。塾师谭礼成是位老夫子,从读《三字经》开始,教我们背诵《百家姓》、《千字文》一类蒙学读本和《论语》等儒家经典。谭先生教书认真,要求严格,背诵不出课文就用竹片打手心、打屁股。同窗十几人,年岁大小不一,可以说没人没挨过打。就这样,我一面上私塾读书,一面干些轻微农活,直到十岁随母亲到汉口上新式公立小学。

从1925年到1935年,是我幼年生活时期。这一时期,黄冈地区社会风云飞扬激荡,革命浪潮汹涌澎湃,北伐战争、土地革命波及大江南北、荆楚大地。早在1921年,黄冈藉的林育南、陈潭秋、包惠僧就参加了中国共产党的创建活动;之后,又与林育英(张浩)、萧人鹄等人领导了黄冈地区国共合作参与北伐的革命斗争。大革命失败后,又在回龙山等地举行暴动,建立红军第六军,成立苏维埃政府,开展土地革命,大江上下为之震动。直到抗战爆发,仍有中共地下组织领导的游击队四处活动。我当时年纪幼小,当然不明白其中真相,只听人传说国军在与红军打仗,林家大湾(回龙山乡,离我家大约十里)有个叫林彪的在红军中当大官,红军对穷人好,对富豪凶等等,甚觉好奇有趣。这样,当我在农村度过相对平静、贫寒的孩童生活时,身边却翻卷着革命大潮，奔腾着时代风雷，而我却懵然毫无所知。

3. 幼年汉口上学

1935年，我十岁那年，全家在黄冈乡下实在生活不下去了，母亲遂带领我们兄弟二人离开了故乡傅家湾，来到了汉口。我们母子跟随做土布生意的亲戚离家外出谋生，实属无奈。那时，在团风、方高坪、回龙山一带的黄冈农村，差不多百分之九十的农家都与经营土布（棉布）生意有关，或织造，或贩运，或销售，是黄冈农家一大生计。黄冈人的土布生意规模庞大，资产雄厚，有严密的销售网络，有熟练的经营人才，到处设庄置店，推销质量上乘、享誉江汉湘楚的黄冈棉布。在汉口，为了存储、贩运、销售的方便，专门有一条街，全是经销黄冈土布的店铺庄栈，据说早在前清时期就已形成。带我们到汉口的那位亲戚就在这条街上做土布生意，我们母子来到汉口，亦在这里落脚，住了一段时间。

汉口，古称夏口，地处长江与其最大支流汉江的交汇之处，一向为交通要冲和商业重镇。明清时与佛山镇、朱仙镇、景德镇合称中华四大镇；京汉、粤汉铁路通车后，与长江水路相交，经济更趋繁荣。商贸兴旺，街道宽阔，华洋杂处，市声喧哗。我在汉口第一次见到火车、汽车，第一次见到电灯、电话，第一次见到洋式楼房。街道上奔驰着汽车、马车、黄包车，江河中游弋着轮船、木船、兵舰。七行八作遍布其间，三教九流毕现街头。还有那西洋东洋的男士妇女，蓝眼睛小胡子前所未见。有不少鲜衣丽服的绅士淑女在大街上溜达，也有更多的衣衫褴褛的苦力劳工为生计奔波，还有一群群大小乞丐在街市求讨，令人害怕的是那些兵痞、流氓，挟捧持抢，横冲直撞。民国二十年（1931年）长江大洪灾的痕迹犹存，水淹后的街市房屋尚未完全修复。“十年内战”还在继续，“剿共”、“灭赤”的声浪仍然甚嚣尘上。不过，对于这些，我都不甚了了；只有那江海关上高亢洪亮的钟声提醒着我，我已经来到了一座现代化的大都市，到了一处热闹繁华的新地方！

到汉口不久，母亲经人引荐，到一户人家“帮人”，也就是当保姆，借以维持一家三口的生活。佣金微薄，我家的生活仍然贫苦。母亲对我说，她不会文墨，又没有手艺，为了全家生计，只能去帮人。“你们兄弟可要争气啊，要念书有文墨，要学会一门手艺。荒年饿不死手艺人。一招薄技在身，胜过吃粮当兵。”母亲的这些教诲，令我铭刻在心，从小就想学门技艺安身立命，报效母亲。看到那些手艺高超的能工巧匠成家立业，很是羡慕，一心想效法他

1951 年傅正义、傅正卿与母亲的合影

们成为有一技之长的能人。

母亲想方设法要让我上学。家中无钱，只能争取上不收学费或少收学费的学校。经过多方打听，又托熟人说情，终于上了市立第十六短期小学。所谓短期小学，是公办的普及性的初级班，学制短，不缴学费，除星期日放假外每日上课半天。不收钱能读书，又教的是国文、算术、常识、美术、音乐、体育等新式课程，前所未闻，我当然乐意去上这样的小学了。在学校，我比较听话用功，不惹事生非，不调皮捣蛋，因此受到老师和同学的喜欢和爱护。有位年轻的女教师丰道淳，在学校很活跃，很能干，对我特别好。她有个妹妹叫丰道清，那时年纪不大，与我也合得来。丰家姐妹的父亲已经亡故，她们的母亲与我的母亲关系很好，我母亲常到丰家去帮忙、聊天、打扫卫生。听人说丰道淳老师思想很进步，经常与一帮进步青年来往，开展各种活动(后来我才知道，丰道淳那时已参加中共地下组织，抗战时期曾受邓颖超领导开展抗日工作，解放后曾经任职于北京航空学院政治部。丰道清抗战时期加入了孩子剧团，解放后曾在中宣部工作。丰家姐妹在“文革”中受到残酷迫害以至含冤而亡，令人感叹不已)。丰道淳老师对我教育有方，帮助很大。不久，第十六短期小学因故暂时停办，丰老师又介绍我到第十七短期小学读书。在第十七短期小学读了一学期，由于某种原因读不下去，后来又回到复办的第十六短期小学，直到抗战爆发、武汉危急被迫辍学当了“难童”。

在汉口上小学两年多，虽然没有学到多少知识，但接受了新式文明教育，打下了初步的文化基础。更为重要的是，两年多的学习生活，我认识了几位进步的青年老师，结识了一些意气相投的同学，自己也从一名农村幼童成长为一位城市少年。在汉口，我深切地感受到农村生活与城市生活的巨大差异，也感受到都市中贫富和新旧之间的尖锐冲突。由于家庭地位所限，我接触到的大多是中下层的城市平民和他们的子弟，对其为生存而劳苦奔波的生活状态颇为熟悉，感同身受。居住在汉口这样的大都市，不论吃的、住的、烧的、穿的，以至喝的水，什么都要用钱去买，不像在黄冈乡下傅家湾可以自种自收自给自足。更使人难以忍受的是汉口的夏天，骄阳似火，热风如燎，触物皆烫，酷暑难当，全无傅家湾炎夏的清爽荫凉。不过，汉口人也有对付酷夏的办法，为它处所罕见。那就是一到太阳偏西，不论大街小巷，道路两旁都摆满了竹椅竹床，地面洒上清水，不论男女老幼，有的打着赤膊，有的穿着背心短裤，纷纷躺在竹床竹椅之上，一边喝茶抽烟谈天哼曲，一边摇着竹扇蒲扇纸扇乘凉，直到深夜，直到天亮。人们这时和谐相处，与世无争，动静自如，谈笑风生，到处弥漫着家人、友人、邻人之间的亲情，而吵闹、偷盗、奸淫之事极少发生。夜晚到街上一走，但见凉床上各种睡姿横陈，且听得高低粗嚎的鼾声轰响，这真是汉口都市社会众生相的一大展览，亦为汉口都市夜色的一大奇观。开始我对这种乘凉度夏的方式颇为反感，认为男女混杂裸身露体太不雅观了；后来感到只有如此才能散去热气得到凉爽，也就逐渐习惯了。好在这样纳凉度夏可以在床椅之上听大人讲故事，可以在床椅之间与小朋友捉迷藏，久而久之，我反倒喜欢上这种夏夜消暑的方式，迷恋上这种乘凉度夏的情调了。

上小学的两年期间，我主要在汉口读书、生活、游玩；其间，也随大人渡过长江，到对岸的武昌玩过。武昌是湖北省省会所在地，是座历史悠久的古城，有许多名胜古迹可以游览。武昌是辛亥革命首义之地，我游览了与辛亥史实有关的纪念地中和门(起义门)、阅马厂、红楼(武昌起义军政府旧址)、拜将台等处，还到督署衙门前瞻仰了“三烈士亭”，使我受到民主革命的启蒙教育。在武昌，还游历过蛇山的黄鹤楼遗址和圣象宝塔，洪山的宝通禅寺和灵济塔；听说东湖周边风光优美，可惜因路远未去。而使我最感兴趣的地方不在武昌，而是汉阳的归元寺。乘船过汉水，穿汉阳城，就到了归元寺。这不但是一座规模宏大的佛教寺院，同时也是一处独具特色的江汉园林。不但有庄严雄伟的殿堂，同时有雅致精妙的亭坛，整个寺院建筑布局谨严，设计巧妙，浑然天成。释加牟尼、观音大士等佛像形体高大，神情肃穆；特别是那五百罗汉，起伏坐卧，喜笑哀乐，各具姿态，各表心情，富有浓厚的生活气息，雕塑技艺也极为精湛。湖广人都说归元寺的菩萨特别灵验，纷纷前往烧香上供祈福，母亲也到此上香许愿，我们兄弟俩跟着她进寺拜佛，祈求安康。但对我来说，更感兴趣的是观赏五百罗汉那奇妙怪异的千姿百态。

到武昌、汉阳，都要乘轮渡过江。这是我第一次乘坐轮船，俯视滔滔江水，仰望滚滚黑烟、听着声声汽笛，感到新奇，颇为兴奋。我站在船舷边遐想，长大之后，我若是能乘轮船西上三峡，东下大海，那该是多惬意之事呀！没有想到，不久抗战爆发，我这少年人的梦幻，竟然在抗日的洪流浪潮中得以实现——虽然那是在劫难中流浪，在胜利中凯旋。

第二本
抗战时期

4. 战时难童生涯

1937年“七七”芦沟桥事变，抗日战争全面爆发。在以“国共合作”为基础的抗日民族统一战线的推动下，全国人民投入了抗日救亡、民族解放的神圣战争。这场战争决定着中国的存亡，同时也改变了我这个普通少年的命运。

“八一三”之后，日寇侵略的凶焰已经燃烧到长江流域。上海、南京相继失陷后，国民政府移驻武汉，1938年5月，提出“保卫大武汉”，武汉成为战区。那时，从华东、华北撤退下来的军队、难民、伤员，以及政府机关、社会团体、工厂学校，云集武汉三镇，一时成为抗战重心。军民抗战热情高涨，同仇敌忾，集会、游行、捐献、支前之类活动连日不断，场面盛大，群情激奋，使我这个十二三岁的小学生也热血沸腾，下定了抗日到底的决心。国难当头，书是读不下去了，于是成天投入抗日宣传活动。这年8月，学校不上课了，家中也愈益困难，战火也逼近了汉口，丰道淳老师征得我母亲的同意，通过她的朋友王有光介绍，我进入了“中国战时儿童救济协会”所属的“武汉市难童教养院”，从此成为一名“战时难童”。“儿童救济协会”和“难童教养院”，都是国共合作举办的战时救援机构，院长余琪，又名余先一，是中共早期党员，有威望，很能干。余院长从难童中挑选了一批孩子组成“儿童宣传队”，我被选中，担任小队长并负责指挥唱歌。我们这支“儿童宣传队”与社会上的“七·七少年剧团”、“孩子剧团”、“新安旅行团”等进步少儿文艺团体一道，用歌舞演唱形式在街头进行卖报募捐演出，慰劳抗日将士，宣传抗战救国，一时反响热烈，收效甚佳。在教养院，有吃有住，还能学习文化，参加抗日宣传活动，我心中十分高兴，文艺演出时劲头十足，认真努力，经常受到余院长的夸奖。

十月间，日寇逼近武汉，余院长告诉我们教养院的难童将撤退到四川。

我去向母亲告别，母亲对我说：“儿啊，想不到你这么小就要去逃难！走吧，逃出去一个算一个，长大了打回来，把日本鬼子赶出中国去！我带着你弟弟留下，保着傅家这条根。你要处处当心，学会生活的本事，自己去闯天下吧！”我让母亲放心，摸了摸弟弟的头，母子洒泪而别。10月22日，与教养院的难童一道，乘招商局“江顺”轮撤离武汉。上船时，码头上大人小孩争先恐后，拥挤不堪；开船时，轮船上孩子成人齐声呐喊：还我河山！不是所有教养院的难童都乘轮船撤退，而是由余琪院长挑选了三十多个小孩，组成教养院儿童宣传队，由一位姓钱的老师带队，先行撤退，然后再分期分批后撤。我是教养院儿童宣传队第一小队小队长，队员有杨秉荪、杨艾生、王以安、潘培新等人，一路同行。那时，一般学校童子军的领巾都是青白二色，象征着“青天白日”，而我们教养院儿童宣传队的领巾却完全是红色，显得很特别。“江顺”轮逆流而上，在江汉平原河道上航行。少小离家，流亡逃难，同伴们心情都颇沉重，少言寡语。我虽然乘上了大轮船，实现了早年的梦想，但没有想到是在逃亡途中乘轮远行，心中很不是滋味。天空中，曾有日本飞机掠过，但未对我们所乘船只投弹扫射。长江中，轮船、木船争流竞发，正在抢运着人员与物资。时至中午，遥见大江东(南)岸一石崖上大书“赤壁”二字，引起大家极大兴趣，议论纷纷。钱老师说，这才是三国时代“火烧赤壁”的真正所在。黄冈那个赤壁是附会之称，连苏东坡都误认了，不过他写的前、后《赤壁赋》和《念奴娇·赤壁怀古》，确实还是盖世名篇。我是黄冈人，以前也仿佛听大人说起过东坡赤壁之事，没想到真正的赤壁在这里。当晚轮船抵达沙市，停泊一夜。次日继续航行西上，到达宜昌时天色已晚，忙乱间离船上岸住宿，等待换乘去四川的轮船(因为招商局的轮船难以在川江上航行，只能护送我们到宜昌)。在宜昌，我们得到了武汉沦陷的消息。在我们离开武汉三天之后，即10月25日，日寇进入了武汉。想起仍在汉口的母亲、弟弟，十分替他们担忧。我在想，中国这么大，日本那么小，怎么我们就打不过小鬼子呢？我多么希望中国早日强大起来，赶走侵略者，全家得团圆，国人都过上好日子。

我们在宜昌等了几天，才登上民生公司的轮船，西上四川。那时的宜昌码头，是一个巨大的转运站。等待入川的人员成千上万，抢运的物资器材几十万吨。在这一关键时刻，时任交通部次长、民生公司总经理的卢作孚先生亲赴宜昌，运筹指挥抢运。广大民生公司职工和木船船工冒着敌机轰炸扫射的危险，飞越川江上的激流险滩，昼夜奋战，将亟待入川的人员和物资大规模、长距离的转运，创造了中国乃至世界战时转运史上的奇迹。事后我们才知道，转运我们这些难童，也是宜昌战时大抢运的组成部分。大抢运期间行动的紧张敏捷，调度的井然有序，船工的英勇牺牲，难民的沉着应对，都给我留下了深刻的印象。那种临危不惧、英勇不屈、共赴国难、团结奋进的爱国情怀和民族精神，在我独自踏上人生征程时，给了我极大的鼓舞和激励，可以说是我上的社会生活第一课。

民生公司的轮船载着大批亟待入川的人员、物资，还有我们一群难童，离开了宜昌码头，溯流而上，过南津关，就进入了川江，进入了三峡之一的西陵峡。西陵峡以滩多流急而闻名于世，轮船像喘着粗气的老牛，顶着激流闯过险滩逆水上行。有名的大恶险滩崆岭滩、泄滩都通过了，不想在又一险恶大滩青滩（又名新滩）差一点出事。船到滩上搁浅，危险万分，紧急间船员将乘客通通赶到船尾，让船首翘起，再加上岸上绞滩机牵引，纤夫拉直纤藤死拽，轮船终于松动闯过滩头，化险为夷。出兵书宝剑峡，过秭归屈原沱，当晚轮船停靠巴东县城之下。那时川江尚不能夜航，大小船只晚上只得停泊江岸。次日清晨开船，出湖北界入四川境，在悠长深远、苍岩翠谷的巫峡中航行。傍晚，又经过两岸悬崖绝壁、峰峦叠嶂的瞿塘峡，过得夔门，轮船夜泊于奉节城下码头。经过三峡，由于是在逃难之中，少年人又心乱气浮，对于巫峡的幽深秀丽、瞿塘峡的雄伟壮观、西陵峡的浩荡磅礴，确实领略意会不多。船行峡内，两眼望去，只感到山好高、崖好陡、水好急、滩好险，至于三峡美景的灵气神韵，却说不出，道不明。倒是那峡中被日机轰炸半沉半浮的船只，那江中漂流着的尸体，那往来穿梭抢运物资的船队，那弓背弯腰与激流搏斗的纤夫，更能引起我们的注意。第三日上午，等到江雾散去，轮船开航离开奉节，途经云阳张飞庙，闯过险滩兴隆滩，傍晚抵达万县城。乘客、物资当夜都在万县码头下船，因为该轮明天要返回宜昌继续参加抢运工作。

我们教养院的难童下船后，爬上高高的坡坎，进入城区，安排到陆家街的几间平房中暂住，等候船只转运重庆。没有想到，这一等就是两个多月，到年底还滞留在万县。平时，除在老师带领下到街头做抗战宣传之外，我们也有机会在城内游逛。万县是座山城，街道一层又一层地从江岸排列至山腰，每层街道之间，有“之”字形的石梯坡道连接，房屋随山势而建，整座城市有很强的立体感，作为一名从江汉平原来的少年，我感到颇为奇异新鲜。万县历来是四川门户，川江上的大码头，川东物资集散地，商贸兴盛，市面繁华，抗战以来地位陡升，更显示出战时畸形繁荣的景象。这里物产丰饶，价格不高，买东西比汉口便宜。不过，因为在逃难途中，经费有限，我们难童的生活还是比较清苦。在船上，在万县，吃的都是糙米饭，最好的菜是黄豆芽烧豆腐，有时能搞到几根肉骨头熬汤喝，大家就很高兴了。到了万县，个个都买豆瓣辣椒酱下饭，觉得很有味道。我们很少有机会洗澡，不少难童都生了疥疮。还有人“打摆子”（患疟疾），似乎难童到四川后都难逃这种疾病的折磨。我比较注意卫生，比较能忍耐，很少与人争吵打架，所以没得什么大病，和老师及小伙伴们都相处得很好。

直到1939年1月上旬，我们一行才搭上民生公司的轮船，抵达重庆。在重庆，我们这群难童暂时住在黉学街黉学巷两湖同乡会会馆之内。不久，教养院宣布解散，难童等待就地重新安置。正在惶惑迷茫之时，在会馆遇到丰道淳老师。她很了解我的处境，安慰我不要焦心着急。丰老师说她现在在歌乐山第一儿童保育院教书，那里条件不错，要我到保育院去学习。我听了十分高兴，第二天就背着简单的行李，边找边问，走了大半天到歌乐山保育院报到，开始了保育院的难童生活。

歌乐山保育院是中国战时儿童保育会兴办的一所救济、教育、抚养难童的公益慈善机构。中国战时儿童保育会，是在中共长江局推动下，由沈钧儒、何香凝、李德全等人发起，于1938年3月10日在汉口成立。宋美龄为理事长，李德全为副理事长，常务理事有邓颖超、黄卓群、孟庆树、史良、曹孟君、安娥、沈兹九、郭秀仪、张蔼真、陈纪彝等妇女界名流，聘请宋庆龄为名誉理事长，林森、蒋介石、冯玉祥、阎锡山、孔祥熙和毛泽东、周恩来、陈绍禹、朱德、彭德怀等人为名誉理事，是一个国共合作抢救抚育战时难童的全国性组织。保育会1939年在国内后方各省市和陕甘宁边区设立分会15个，兴办保育院达41所，收容难童18000余名。歌乐山保育院就是四川分会下属的第一保育院，简称川一院。我到歌乐山保育院时，院长是曹孟君（后来继任者是刘尊一）。曹孟君那时三十五岁，精明干练，对难童十分关爱，可亲可敬，在师生中威望很高，我们都叫她“曹妈妈”。日后我们才知道，早在1925年她在北京大学读书时就加入了共产党，一直是妇女运动、救亡运动的重要人物。抗战期间，她亲赴前线抢救难童，是中国战时儿童保育会的主要发起人与筹备者之一，保育会成立后即任常委和保育委员会主任。曹院长很能干，很会教育儿童少年，治院有方，把川一院建成了当时全国闻名的模范保育院，许多中外知名人士都来参观访问。宋庆龄、宋美龄、宋蔼龄曾一道来歌乐山保育院视察，看望难童。我也曾见到邓颖超、沙千里、陶行知等社会名流，还有几位来访的外国人士。后来曹孟君院长卸任到保育会总会负责日常全面工作，我和小伙伴们还到位于市内上清寺求精中学的总会所在地看望过她。

中国战时儿童保育会宋美龄理事长（二排左四）、李德全副理事长（二排左五）、邓颖超（后排右一）、曹孟君（后排右四）等人合影

保育院实行“机关家庭化、行政科学化，教育社会化、生活化”的管理方法，集生活、教育、娱乐、健康、生产于一体，是一所温暖的难童之家。歌乐山保育院有学生二三百人，多为来自湖北、安徽、河南的难童。如同学校一样，分年级，再分班，每班十几个人。在小学的课程中，有国语、算术、常识、音乐、体育、美术、劳作等课，还要读保育会主编的《抗战建国读本》，实行初步的中华文化、民主观念、民族精神的启蒙教育。同时，还积极参加抗日宣传等社会活动，适度开展生产、生活的自理劳作。保育院的老师们水平都很高，对难童热情施教，关爱有加，师生关系亲密无间。保育院得到了社会各界的资助，卢作孚等知名人士捐款捐物，使难童们的生活得到基本的保障。我们川一院位于歌乐山，环境优美，设备齐全，宿舍成排，教室敞亮，还有医务室、图书馆、运动场、洗澡间、食堂、伙房等设施。每间宿舍（平房）住四至六人，每周有肉吃，医生经常给难童们检查身体。保育院经常举办演讲、唱歌、跳舞、劳作比赛，生活欢快安乐。如像军队一样，清晨吹起床号，上早操，点名，吃早饭；上午上课，操练；下午，上课，劳作；晚饭后自由活动，游戏；晚九时吹熄灯号，上床睡觉；每天都过得有规律、有变化、有收获，感到愉快而有意义。星期日休息，有时上街表演文艺节目，做抗日宣传，争先恐后；有时上山拾蘑菇，拾松果，其乐无穷。由于战时环境艰难、物资匮乏、经费短缺，

保育院的难童生活虽然丰富多彩，但总的来说仍是仅够温饱水平，比较清苦。这还是保育院的院长、老师们尽力争取、努力维持的结果，比之社会上的流浪儿童以工农及子弟的生活，还是强多了。我在歌乐山保育院生活、学习一年多，受到多位进步老师的教导和熏陶，懂得了一些抗日救国争取民主解放的道理，学到了一些初步的文化知识，对我的人生道路产生了重要的影响。保育院的教育使我明白了，做人要做一个正直的正派的对国家有用的人，要走一条光明的进步的追求正义追求真理的人生道路。

1939 年重庆，中国战时儿童救济协会儿童宣传队师生合影。立者第二排右二为傅正义

保育院分婴幼教育和小学教育两部分。小学毕业后，一般进入几所专收保育生的中学，或职业学校，或工艺训练厂。陶行知先生创办的育才学校也到保育院来招生。我曾投考育才，没有考取。而川一院的保育生杨秉荪、伍必端考上了，选到育才学校进修，建国后成为著名的音乐家和美术家。1940 年春，我从报纸广告栏上发现了“中国电影制片厂招考练习生”的广告，抱着拍摄电影的幻想前往报考，并被录取。至此，我虽然离开了保育院，但还是没有结束我的难童生活。之后，我还多次回到歌乐山，得到保育院老师的指导和帮助。保育院在我心中占有重要的位置，她给我前进的动力，她是我向上攀登人生高坡的起点和阶梯。

5. 接触电影剪接

1940年春，根据报纸上的广告，我到重庆市区报考中国电影制片厂练习生。报名考试的有400多人。考题有文化题、数理题，以口试为主，着重考察报考者的知识水平和生活习性，看能不能吃苦，愿不愿做杂事。"中制"招收练习生，实际上是为了培养电影技术人才，经过考察和培训，然后分别学习洗印、剪接、照明、化装等专门技术。招考结果，有40多人被录取，我是其中之一。而这40多人中，只有13人来报到。听说这些所谓的练习生，实际上就是学徒工、勤务兵，在报到时，当场就有两个报考者与接待人员打起来，拂袖而去。余下的11个人也陆续走了，真正留下来坚持在电影这一行工作的，只有我和另一位叫李斌的人。1940年5月15日我正式进入"中制"，那时我十五岁。从此，我与电影结下了不解之缘。

中国电影制片厂(简称"中制")是由当时的国民政府军事委员会政治部所属的第三厅直接领导的电影制片机构。三厅是国共合作抗日条件下的产物，实际上受中共长江局(后为南方局)和周恩来(时任政治部副部长)掌握领导。三厅由郭沫若任厅长，阳翰笙任主任秘书，集中了当时国统区许多代表人物，以其强大的阵营和出色的工作，成为国统区抗日民族统一战线的战斗堡垒。1940年，国民党顽固派发动第一次反共高潮后不久。三厅在重庆被改组为文化工作委员会，郭沫若任主任委员，阳翰笙任副主任委员，仍然领导着文化界的统一战线工作，组织文艺界的抗日救亡活动。1938年初，"中制"在汉口成立，受三厅领导。"中制"厂长郑用之，副厂长罗静予，都是国民党的高级军官，罗静予又是电影方面的专家、内行，同时国民党也安插了一些高级特务进行监视和控制。三厅派阳翰笙兼任"中制"编导委员会主任委员，吸收了电影、戏剧、音乐、美术等方面大批进步的专家和从业人员加入"中制"，不仅组成了强大的创作队伍，同时还形成了强大的政治优势，经过艰难曲折的斗争，摄制出了一些好的和比较好的影片。在武汉，"中制"完成了《保卫我们的土地》、《热血忠魂》、《八百壮士》三部故事片和五十部左右的纪录片、新闻片和卡通歌舞片，有力地配合了抗战，激励了千万人的斗志。1938年9月，"中制"迁往重庆观音岩纯阳洞，建立抗战电影基地。又在香港设立据点，成立了"大地影业公司"，先后摄制了《好丈夫》、《保家乡》、《胜利进行曲》、《塞上风云》、《白云故乡》等故事片和《民族万岁》等多部新闻纪录片。"中制"还建立了十个电影放映队，附设了"中国万岁剧团"，到大后方城乡放映抗日影片，演出抗战话剧，很受欢迎，影响深远。以阳翰笙为首的编导委员会在厂内地位最为重要，实际上掌握了全厂艺术创作的进程和方向。“中制”人才济济，著名导演有史东山、孙瑜、应云卫、袁丛美、何非光、汤晓丹、蔡楚生、司徒慧敏、苏怡等人；著名摄影师有王士珍、吴蔚云、何鹿影、程默等人；著名美术师有姚宗汉、韩尚义、丁聪、许珂、卢淦等人；著名演员有舒绣文、黎莉莉、秦怡、陈天国、孙坚白（石羽）、王珏、江村、项堃、李纬等人；还有管理技术方面的专家罗静予（副厂长）、王瑞麟（中国万岁剧团团长）、官质斌（技术科科长）等人。“中制”是当时大后方规模最大的电影制片基地，为世人瞩目。抗战时期，“中制”及“中国万岁剧团”，在“陪都”重庆很有影响。

我进入“中制”后，在总务科当练习生。“中制”因属军委会领导，所有人员都按军人待遇，穿军装，授军衔，拿军饷。也给我发了一套军服，每月八元钱津贴，管吃管住，勤务兵待遇。我这个练习生的工作，就是擦桌椅、拖地板、倒痰盂、打开水、送书信、拿报纸之类的杂活，完全是个勤杂工。“中制”厂址在观音岩纯阳洞金刚塔山坡上，山下就是有名的张家花园，地势不错，便于防空躲警报。制片厂是两层楼房，厂长办公室在楼上，其他科室在楼下，还有摄影棚、排演场、会议室在其间。那时虽然拍摄任务重，制作时间紧，加之战时环境恶劣，技术条件难以保障，“中制”同仁还是努力工作，加紧摄制抗战影片，一派共赴国难、团结奋战的动人气象。因为是军队待遇，生活不错，吃的住的穿的都比一般老百姓强，当然比我在保

1941 年在重庆中制大门金刚塔前留影

育院时的情形好了一些。经常有党、政、军和文化界的人士来指导、联络、参观,我这个勤杂工就要捧茶送水参与接待。有一天中午,在去饭厅的路上,看见一群人正围着周恩来、邓颖超说话,谈笑风生。我也凑过去听,陪着他们到饭厅去吃午饭。我在歌乐山保育院见过"邓妈妈",而这是第一次见到周恩来。至于郭沫若、阳翰笙、孙师毅、田汉等人就见得更多了。我还帮阳翰笙送过信,解放后阳翰笙还提起这事,说那时你娃儿那身"老虎皮"(军装制服)披在身上,硬是帮了我的忙啰。平时摄制工作繁忙紧张,到星期六晚上就集体观摩电影,记得放过不少苏联电影如《夏伯阳》、《五一劳动节》等片(由中苏友协提供,现场口译),或是看中国万岁剧团的话剧演出,生活是紧张、劳苦而又愉快、充实的。我当勤杂工很努力,很老实,勤快肯干,吃苦耐劳,不惹事,不偷懒,总务科和创作部门的人员对我印象很好。搞摄影的华致中和搞美术的洪流认为我老实纯朴、吃苦肯干,就向技术科科长官质斌推荐,说我可以培养成电影技术人才。官质斌对我的印象也不错,决定将我调到剪接室学剪接技术(李斌到印片室)。这样,我在当了差不多半年的勤杂工之后,进入了电影制片厂的剪接部门。

学习电影剪辑的启蒙老师邬廷芳先生

"中制"剪接室受厂技术科领导,负责人(管理员)是邬廷芳,成员有剪接师钱筱璋、陈照熙,助理陈桐,还有一位推荐来学剪接技术的房景浩,我是练习生。邬廷芳、钱筱璋都是中国第一代电影剪辑师,我跟着他们学习剪接技术,他们二位,加上导演司徒慧敏,是我学习电影剪辑技艺的启蒙老师。在三位老师的带领下,初学电影剪辑时,我参与了《胜利进行曲》(史东山导演)、《青年中国》(苏怡导演)、《火的洗礼》、《塞上风云》、《东亚之光》、《白云故乡》(司徒慧敏导演)等影片的剪辑工作。

邬廷芳当时三十多岁,江苏人。早年在明星公司做剪接工作,中国第一位真正的电影剪辑师黄汉是他的师兄。邬廷芳在明星等公司剪辑过多部影片,抗战时进入"中制"后,又剪辑和指导剪辑过《好丈夫》(史东山编导)、《日本间谍》(阳翰笙编剧、袁丛美导演)、《火的洗礼》(孙瑜编导)、《东亚之光》(何非光编导)、《警魂歌》(汤晓丹导演)、《塞上风云》(阳翰笙编剧,应云卫导演)等故事片。邬廷芳剪接技艺纯熟、技巧高明,能从剧情出发,从拍摄所得的音画素材出发,突出优良精彩之处,补救疏忽粗拙之失,使影片的结构合理,叙事流畅,生动感人,因此深受史东山、罗静予等人的赏识和器重,是“中制”剪辑部门的领军人物。邬廷芳为人平和厚道,不多言语 ,工作认真,处处以身作则。平时不嗜烟酒,闲下无事时爱打小麻将。经常与他打麻将的有吴增荣(洗印、配光技师)、周教大(洗印技师)、王明章(动画摄影师)和陈照熙(剪接师,1941 年 11 月因抽烟不慎失火,招至剪接室、印片楼烧毁,被捕入狱。后经史东山等合力营救才得获释,在官质斌协助下再度进入“中制”,改名陈曦)。更多的时候,邬廷芳他们几位常到观音岩下面的茶馆(“中制”的人称之为“文化茶座”)喝茶“摆龙门阵”,那也是“中制”艺术家们的聚会之处。我到剪接室的时候,正遇见邬廷芳与导演应云卫一道剪辑影片《塞上风云》。应云卫是戏剧界、电影界的著名导演,艺术修养深厚,社会经验丰富,精明练达,有极强的组织能力,20 世纪 30 年代拍了进步影片《桃李劫》、《时势英雄》、《生死同心》等;抗战后又导演了《八百壮士》、《塞上风云》等轰动一时的抗日影片。应云卫在 1939 年底,率领摄制组远去塞北,排除了国民党官僚政客们的重重阻挠,终于将《塞上风云》拍成,生动地反映了蒙汉人民并肩战斗团结抗日的英勇斗争。由于环境的恶劣和条件的限制,该片在拍摄中也有不少令人遗憾的地方,邬廷芳在征得应云卫的同意之后,对结构做了一些调整,运用素材对缺失之处做了一些补救,效果良好,得到应云卫的首肯赞赏。我当时对剪接一窍不通,邬廷芳剪接影片时,我就在他身旁一边注意观看,一面勤快地做些杂务。邬廷芳也不多讲话,只是在关键时交待我几句,或是用眼神提示我此处应予注意。应云卫为人热情爽朗,他那时三十五六岁,对我这个在一旁打杂的练习生也很随和,时常鼓励我好好向师傅们学习技术。邬廷芳对应云卫等导演都十分尊重,彼此之间有着良好的合作关系。邬廷芳多次对我说,干剪接,要和导演搞好关系,努力理解导演意图,尽力实现导演的要求,同时要有分寸地提出自己的改进意见,补救不足之处,为影片添彩增色。邬廷芳用自己的言传身教,把我带进了电影剪辑艺术之门,他不但是我进入剪辑行道的第一位启蒙老师,而且是带领、推动、帮助我从事剪辑专业、不断进取而获得成功的授业恩师。

我到剪接室不久就派去给钱筱璋当助手,跟随他剪辑司徒慧敏导演的抗战影片《白云故乡》。钱筱璋当时很年轻,二十二岁,很能干,很活跃,思想进步，对人热忱，经常看《新华日报》，别人说他是不公开的共产党员，一到剪辑室他就引起我的好感和注意。实际上，早在三十年代初期，他在堂兄阿英（钱杏邨）的直接影响下，就投身于左翼电影运动，从学徒工干起，在明星公司学习电影洗印和剪辑技术，先后担任《船家女》（沈西苓编导）、《生死同心》（阳翰笙编剧、应云卫导演）、《清明时节》（欧阳予倩编导）、《十字街头》（沈西苓编导）、《马路天使》（袁牧之编导）等多部进步影片的剪接，与袁牧之、陈波儿、阳翰笙等建立了深厚的革命友谊。抗战爆发后，钱筱璋加入"汉口摄影场"和"中制"的影片摄制活动，担任多集《抗战特辑》、《电影新闻》的剪辑工作，影片的成效显著，社会影响巨大。之后，他又参加了"中制"在香港的据点"大地影业公司"的抗战影片摄制工作，先后担任故事片《孤岛天堂》（蔡楚生编导）和《白云故乡》（夏衍编剧、司徒慧敏导演）的剪辑。1939 年底，"大地影业公司"被国民党有关方面停办，钱筱璋只得从香港返回重庆，到"中制"剪接室来完成《白云故乡》的剪辑工作。钱筱璋看我肯学肯干，就结合《白云故乡》的剪接，具体、简明地给我讲解电影剪辑工作的基本知识和注意事项，易懂易学，使我得益匪浅。他对我说，你才十五岁，这么小就来学剪接，有些准备不足。剪接是门技术，也是门艺术，需要一定的文化根底。你还是应该去继续读书，读完中学再来学剪辑不迟。（我小学还没毕业就去当学徒工，然后进明星公司学电影洗印、录音、剪接技术，常感文化底子不厚，只有用自学来补救）有机会，你还是继续上学去吧。他的这番话对我触动很大，是促使我一年后离开"中制"去读中学的动因。正如钱筱璋自己所说，他平时极爱看书看报，勤学苦读，眼界开阔，思想活跃，是一位技艺在身、自学成才、进步优秀的青年艺术家。因此，我对他十分仰慕，十分佩服，虽然他只比我大七岁，我还是一直以师长视之，有机会就向他寻求指教。

邬廷芳（左）、臧长庚（中）、钱筱璋（右）在一起

大概是觉得我这个十五岁的少年忠诚老实，勤恳好学，或者是由于钱筱璋在他面前夸奖过我，司徒慧敏也很喜欢我。司徒慧敏精通导演、摄影、录

音、剪辑、制片，不但是卓有成就的艺术家，同时也是术有专攻的技术专家。他有学问，有修养，平易近人，特别注意培养提携后进，虽然那时他才三十岁，但年轻人都把他视为可敬可亲的师长。他的军衔起码是上校，但他平时只穿便装、西装，是厂内为数不多的几位不穿国军军装的人（另一位不穿军装的人士是史东山，他一贯穿着笔挺的猎装式西服，手提文明棍，显得十分特殊）。听钱筱璋介绍说，司徒慧敏出生在广东开平一个华侨家庭，大革命时期就参加了革命活动，后来留学日本，专门学习过美术、电影等课程，回国后在天一、电通、联华等公司做过美工、录音、制片、导演等工作，不但在电影录音技术等方面有所建树，还导演了进步影片《自由神》（夏衍编制）、《联华进行曲》等。抗战爆发后，他到香港，与蔡楚生一道，编导了粤语抗战影片《血溅宝山城》和《游击进行曲》。1939 年，为"大地影业公司"导演国语片《白云故乡》，1940 年回到重庆"中制"进行后期制作。他是电影摄制的全才，行家里手，所以，在剪辑《白云故乡》的同时，他以具体剪接实例为证，深入浅出、明白易懂地向我讲解了导演、录音、制片等各个方面对剪辑的大致要求，使我对电影制作的基本流程和剪辑的工作程序，有了一个初步的了解。司徒慧敏那真诚关爱、充满热情的谆谆教诲，使我感激不已，更令我铭记终生。

司徒慧敏老师

在邬廷芳、钱筱璋、司徒慧敏的带领、教导下，在"中制"剪接室不到一年的见习、学徒生活中，我初步知道了电影制作的工艺流程，明白了剪辑工作的基本内容，学会了套底片、印样片，懂得了配对白、配音乐是怎么回事。至于明了剪辑艺术，掌握剪辑技巧，树立剪辑意识，还远远谈不上。在"中制"，我还只能说接触了电影剪辑专业，学得了电影剪辑的基本知识，跟随老师们进行了电影剪辑的初步实践。但这对我十分重要，是我今后一生从事影视剪辑工作的真正起点。同时，老师们和"中制"的进步艺术家、技术专家（之后我才知道，司徒慧敏、钱筱璋、官质斌、程默等人早已是共产党人，罗静予早年也参加过共青团，他的妻弟、钱壮飞烈士之子钱江、钱璜兄弟就在"中制"学录音，一度还和我住在一个房间）在为人处事方面也给我以良好的影响，使我没有走上邪道。司徒慧敏教育我勤学向上，自立自强；钱筱璋劝我

1940 年在中制洗印剪辑楼外的合影，前排左三为钱筱璋，后排左一为傅正义，右二为李斌

上学读书，不要抽烟喝酒，做一个有文化、有技术、追求光明进步的青年；邬廷芳要我勤奋好学，做到眼到手到心到，艺无止境，有志者事竟成。初到“中制”时，原本是遵循母亲的叮嘱，想学一门手艺谋生；实际上不仅接触到一门极有发展前途的专门技艺，而且使自己在人生道路上晋升到一个新的阶梯。

1941 年 1 月皖南事变之后，国民党当局消极抗日、积极反共，千方百计扼杀抗战电影运动。这时，在政治高压下，“中制”逐步由进步转向反动，停止了抗战影片的拍摄，加紧了对进步电影艺术家的迫害和控制，甚至强迫所有“中制”成员都要加入国民党、三青团（我以年幼资浅为由没有参加）。在周恩来、阳翰笙和南方局有关人员的指导和安排下，进步的电影艺术家或者进行有理有节的抵制，或者转移到话剧演出团体，或者有秩序地疏散撤退到香港、桂林和延安。听说钱筱璋要“回家”（陈波儿在延安写信给他，要他绕道贵阳去延安），我、李斌和臧长庚（摄影师，后来牺牲在缅甸战场上）在下黉学街“三·六·九”饭馆请他吃饭，给他送行。钱筱璋说他要取道贵阳“回家”探亲，可能要相当长的一段时期后才能再见，要我们争取进步，好自为之。我们都明白他的意思，点头答应，并祝他一路顺利。事后许久我们才知道，他因故改变了行程路线，按照周恩来的安排，从红岩村乘军用卡车为时半月到了延安，之后参加了延安电影团的革命电影摄制工作。司徒慧敏不久也转移到戏剧战线，再次到香港与夏衍、于伶等人组织了“旅港剧人协会”，后来又回到重庆任中国艺术剧社剧团团长，演出了《雾重庆》、《家》、《戏剧春秋》等进步话剧。我听从钱筱璋的劝告，打算上中学，于是在这年(1941年)11月间离开了“中制”独自到社会上闯荡去了。直到抗战胜利之后，我才又回到“中制”剪接室，不过那已经是四年以后的事了。

6. 飘泊蜀中谋生

1941年11月，为了上中学继续读书，我离开了“中制”。这是我听从钱筱璋的劝告，为了提高自己的文化水平，才决定这样做的。我原来在保育院的同学陆中原认识《大公报》社的丁维栋，说丁维栋办了一所中学，可以到那里去读书。我们找到丁维栋，他说现在正是年底，这学期未结束，下学期还未开始，不便入学。我一时无处可去，经余金龙介绍，转入《大公报》社发行科，分发运送报纸，为订户、邮局、报童服务。工作虽然比较劳累，但可以广泛接触社会上各色各类读者，可以就便阅读社评、新闻、通讯、杂文，对于我开阔眼界、增强文字表达能力，认识社会情状，都大有好处。到1942年9月，又是一届新学期开学的时候了，上学之事仍无着落，于是我便离开《大公报》社发行科，到中国电影放映总队第八队去学习电影放映技术。

中国电影放映总队亦为军委会政治部下属的文艺宣传团体，曹雪松(曾是当时的著名演员)任总队长。下辖八个分队，第八队队长为刘德清。任务是通过放映国产故事片、纪录片、新闻片和一些外国片，进行抗日宣传，当然也宣扬国民党当局的“政绩”。意欲看电影的各单位派车来接，我们带着皮包(放映)机前往，一般是在礼堂、剧场、球场放映。放映前(后)请我们一行吃一顿较为丰盛的饭，还有补助津贴。我们到过许多学校、部队、工厂、机关去放映，天天受邀不断，颇得各方欢迎。在放映八队，我学会了电影放映技术，能够顺利地完成放映任务，还能排除技术故障，进行局部修理。同时，由于在放映期间可以连续、反复地观看同一部影片，这对我认识电影的结构组成、镜头运动、画面连接很有启迪。学会放映电影，有机会观看各类电影和反复看一部电影，对我日后从事电影剪辑工作大有裨益。电影放映是一门专业技术，也是一种特殊手艺，我为初步实现了母亲“学得一门手艺”的愿望而高兴，这本来就是我到放映队工作的初衷。加之放映队生活待遇不错，虽然放映工作紧张辛劳，但我还是过得颇为愉快。

不过，我心底的愿望还是想上中学读书。到1943年8月，陆中原告诉我，可以到丁维栋开办的中学去读书了，于是我离开了第八放映队，到丁维栋任校长的私立首都中学读书。首都中学在江北（县）人和场，是一座较大的乡镇，从市区过嘉陵江还要走五十里路才能到达。丁维栋不收我的学费，但要我在校门口开一间小卖部，经营糖果、文具、生活用品之类小百货，为学校增加收入。我答应了，课余做点小买卖，也算是勤工俭学吧。后来，我回纯阳洞请来一位会做面食的老头，到学校小卖部来做担担面、红油抄手，味道好，又便宜，吃的人很多，生意特别好，给学校赚了不少钱，丁维栋对我很满意，多次赞扬。正高兴时，不想我患起“打摆子”（疟疾），一会儿浑身冷得颤抖，一会儿全身热汗淋漓，吃了几副中药也不见好。这时有人给了我一个民间偏方，说连吃三只小狗娃（产下不久的狗崽子）就可康复。我按方行事，果然见效，而且之后好多年再也不“打摆子”了。本打算在首都中学读到毕业，没想到年底闹学潮，把学校闹垮了，无法继续上学。因此，实际上我只读了一学期初中。

学校垮了，正在无处可去之时，经保育院的同学陈运和介绍，投奔袍哥大爷何九洲。于是 1944 年 1 月 5 日，我离开了原首都中学，与陈运和一道在何家吃住。何九洲为人豪爽义气，在那一带很吃得开，家中每天开饭一两桌，招待四方宾客友人。何九洲认为我和陈运和是战时落难青少年，眼下窘迫困顿，将来定会飞黄腾达，对我们特别关照爱护。在何家，我接触到乡镇各类人物，知道了什么叫江湖义气，明白了宗族势力和会党团体在中国社会中的作用和地位。应该说，何大爷对我是很照顾的，每天坐席、游逛、“摆龙门阵”，食宿无忧，安然快乐。但是，长期寄人篱下，总不是一个办法，只会消磨人的意志。就我本心而论，是不愿过这种生活的，我还是想上学读书，或者再学一门手艺。于是，我再次向中国战时儿童保育会求助，恰好遇到战时服务团训练班招收服务生，保育会给我开了一张正式介绍信，还发给我一套行李，给我打开又一条谋生之路。这样，四月上旬，我告别了何九洲，到战地服务团训练班报到。

战地服务团是国民党励志社举办的招待盟军（主要是美军飞行员）的服务团体，在大后方开设了若干盟军招待所，总负责人是宋美龄手下的干将黄仁霖。训练班设在复兴关（浮屠关）励志社内，为期三个月，学习做西餐和当侍应生（服务员）的技巧礼仪。我学的是西餐红案，学会了做炸猪排、煎牛排、烤鱼等大菜，也会做蛋糕、布丁之类食品。结业考试时，我取得第一名，又学得一门手艺。训练班的主事者叫陈富珊，是黄仁霖的得力助手，西餐大师傅，技艺高超，对我很好，认为我是烹饪可塑之材。七月间，我被分配到成都招待所工作。之后，又到广汉、双流、新津等处盟军招待所服务。我有时当厨师做西餐，有时到招待所的餐厅、帐篷当服务员。食品和调料大多从印度加尔各答空运而来，有时也用本地的肉类蔬菜。招待所的伙食很好，鸡鸭鱼肉、牛奶黄油每顿都有。那些美国空军飞行员都比较年轻，有文化，讲礼貌，作战勇敢，对人热诚。当然也有人调戏妇女，挎“吉普女郎”，但那只是少数。倒是有些招待所的大师傅和管理者，将空运来的食品、调料、黄油、牛奶罐头偷拿出去变卖赚钱。黄仁霖知道此类弊病，但也无力清除。黄仁霖是个大块头，英语极好，一副洋派作风。他要我们这些年轻的服务人员学好用好说好“英文”，可惜我们没有做到。不过，与美国飞行员接触，倒使我对西方人的思维方式和生活习惯有所了解，这对我认识西方文明、看懂西方电影很有帮助。在成都等地招待所工作，深切地感受到四川人的热诚爽快，川西平原的富庶丰饶，川味菜肴的鲜美刺激，确实不愧为天府之国。那遍及城乡场镇的茶馆，和其中三教九流的茶客，是蜀中独有的风景线。当然，我也看到了在物价飞涨、横征暴敛下普通公职人员和下层社会民众生活的悲苦情状，看到“前方吃紧，后方紧吃”的腐败现象，看到“走遍天下路，难过新津渡”的险恶情景，触目惊心，使人忧虑。1945 年 5 月，我被调回重庆，到复兴关招待所工作。当时与我在一起的，有一位叫张奉林的年轻人，我们很合得来（日后张奉林参加国民党海军，在“重庆号”当上士，解放战争时参与“重庆号”起义，后来在东北工作）。回到重庆后，我多次去看望过师傅邬廷芳（离开重庆前，不论是在《大公报》社或首都中学，只要有机会，我都去拜望他），还送去过食品罐头，表示我作为徒弟的一点心意。那时邬家有三个孩子，加上物价高涨，百物腾贵，他们的生活也颇为困难。当时，抗战已进入第八个年头，大后方普通民众的生活一般都很艰难，大家只能紧咬牙关，苦苦地撑持着抗战大业。

1945 年 8 月 15 日，日本宣布无条件投降，中国人民终于赢得了抗日战争的全面胜利。喜讯传来，整个重庆顿时沸腾起来，人们纷纷走上街头，敲锣打鼓，鸣放鞭炮烟火，彻夜集会游行。欢庆来之不易、颇感突然的伟大胜利。我和几位年轻伙伴，与住在招待所的一群美国空军人员，也发疯似地拥上市区街道，与欢呼歌唱的人们拥抱、呼喊、跳跃、欢笑，热泪长流，激动万分。八年来，我从一名战时难童成长为一个有独立生活能力的进步青年，其中也经历了不少困顿磨难，现在终于看见了抗战的胜利，看见了中国的未来，终于有机会与离别多年的母亲和弟弟团聚，终于有希望过上和平安定的生活，心中十分高兴。不过，没有想到的是，随着抗日战争的胜利，盟军（主要是美国飞行员)纷纷撤离中国;十月间,复兴关盟军招待所宣布解散,我又面临着一个到何处工作谋生的问题。

于是,我去找邬廷芳老师,请他设法相助。邬老师说,你还是回“中制”来干剪接吧!经他与“中制”有关管理人员谈妥,我又返回了“中制”。那时,邬老师身边只有一个叫刘厚德的剪接助理。我回到剪接室后,成为邬老师的助手,帮助他剪接一批反映抗战胜利的新闻片和纪录片。那时厂内也没有更多的工作可干,大家都急切地等待“复员”凯旋。1946 年 4 月中旬,我终于乘“中制”人员复员的军用飞机,离开了四川,飞到了南京。这是我生平第一次乘坐飞机,感到十分新鲜,又有点害怕,挤坐在机舱内一声不吭。在南京住了几天,又乘火车到上海,住进金司徒庙“中制”的上海分厂(原系严春堂开办的“艺华”公司旧厂房,抗战胜利后定为“伪产”由“中制”接收)。之后,邬廷芳老师到福开森路“中制”的技术站剪片子,那是一座三层楼房,我又搬了过去,与邬廷芳一家住在一起。不久,我和邬廷芳老师一道加入了联华-昆仑公司;于是,我的人生进入了一个对我有重大意义的新阶段。

第三本
昆仑时期

7. 进入昆仑影业公司

1946年7月1日，经邬廷芳老师推荐介绍，我在上海进入联华影艺社，后来，联华改组、扩大为昆仑影业公司，我自然就加入了昆仑。先是在组建联华的过程中，史东山点名推荐邬廷芳担任联华剪接室负责人，得到了阳翰笙、司徒慧敏、孟君谋和罗静予的同意。邬廷芳又介绍我和另一位姓童的年轻人进入联华剪接室，也得到司徒慧敏、孟君谋的审查批准。不久那位姓童的走了，只有我跟随邬老师进入昆仑。进入联华-昆仑之时，我由傅显幼改名为傅正义，取正大有义之意，表明我追求正义的志向。在联华初期，我们还拿着"中制"的薪饷。后来，我们还在几年间同时拿着"中制"和昆仑的双份工资。这是由于我们在名义上还属于"中制"的编制，邬廷芳老师在上海分厂任职，同时又是昆仑影业公司的特约剪辑。我们之所以能顺利进入联华-昆仑，享受如此待遇，与罗静予的支持、关照有关。

罗静予，四川成都人，1911年生，早年曾加入共青团，学无线电工程和电影制作技术，抗战爆发后到武汉参加筹建"中制"，任副厂长，主持技术部门工作。在武汉、重庆期间，负责编辑了六集《抗战特辑》、七集《电影新闻》和新闻短片多部，收到了良好的抗战宣传效果。同时，支持进步电影艺术家拍摄抗战电影，亲自动手装配"静予自制录音机"，贡献很大。在周恩来的教诲、岳父钱壮飞烈士革命精神的激励以及阳翰笙等友人的帮助下，罗静予在政治上始终站在革命阵营一边。1941年，罗静予出国参加美国电影工程学会年会，旅居美国四年，实地学习、考察、钻研电影新技术，成为有高深理论素养和实际操作能力的电影技术专家。1945年回国，担任"中制"厂长。"复员"回南京后，"中制"变成了国民党政府国防部属下的制片机构，日趋反动。做为"中制"厂长，罗静予坚持革命立场，开展进步活动，在险恶的环境中做出了重大的贡献。他一面千方百计地拖延、抵制国防部下达的拍摄"戡

1946年傅正义、万秀明夫妇结婚照

乱”、“剿共”影片的指令，一面竭尽全力支持、援助国统区进步电影运动的开展。罗静予以“中制”的人力物力巧妙地支援昆仑影业公司的摄制工作，就是其进步活动的一个组成部分。原“中制”的大批创作和技术骨干人员进入昆仑，“中制”在上海的技术站等制片工场长期为昆仑所利用，与罗静予的运筹、协助和关照直接有关。我就是在这种情况下，随邬廷芳老师进入昆仑的。后来，罗静予终于以“勾通异党，图谋不轨”的罪名被捕入狱，法场陪绑，经郭沫若等党内外知名人士奔走营救方才释放，不过那已是我进入昆仑之后的事了。

昆仑影业公司(简称昆仑或昆仑公司)是中共地下党组织领导的制片机构，是党在国统区建立的文化阵地，是战后进步电影运动的中坚力量。昆仑公司有一个筹建、改组、发展的历程。早在抗战胜利前的1945年春夏之间，根据中共南方局的指示和安排，在筹备演出沈雁冰(茅盾)创作的话剧《清明前后》的同时，成立了进步文艺团体“青鸟联谊社”。这个联谊社以排演《清明前后》的中国艺术剧社演职人员为主体，还有“中制”、“中电”(国民党控制的中央电影摄影场)中的进步人士，以及其他进步戏剧团体的成员参加，共有一百多人。其中知名的有阳翰笙、宋之的、于伶、袁庶华、史东山、蔡楚生、司徒慧敏、赵丹、王为一、徐韬、朱今明、金山、白杨、秦怡、舒绣文、张瑞芳、沈浮、陈鲤庭、郑君里、王苹、顾而已、任宗德等人。宋之的出面主持张罗，阳翰笙、司徒慧敏、于伶起实际的领导作用，任宗德提供活动经费及活动场所。不久，青鸟联谊社改名为凤凰联谊社，是抗战胜利前后重庆最活跃最重要的进步文艺团体之一。8月，日本投降后，周恩来指示阳翰笙等考虑在上海建立一家电影制片厂，作为共产党在上海国统区的文化阵地，集聚、安置即将从各地返回上海的文化艺术界进步人士，坚持进步文化工作，继续开展争取和平民主建国的斗争。根据周恩来的指示，阳翰笙、于伶、司徒慧敏、蔡楚生、史东山、袁庶华、任宗德、周竹安等人多次开会计议，初步商定要以凤凰联谊社的成员为未来制片厂的主创人员和主要班底，争取用战前联华影业公司的摄影棚为摄制基地，拍出几部反映抗日军民英雄业绩的史诗性的影片，建立起影响深广作用巨大的进步文化阵地。这些，可以说是昆仑公司的来由和起点。

1946年三四月间，由阳翰笙主持，有袁庶华、史东山、蔡楚生、蔡叔厚、司徒慧敏、任宗德、章乃器、夏云瑚、郑君里、孟君谋等人参加，多次举行筹备会议，商谈组建电影制片机构事宜。为了避开国民党当局的注意，为了以战前制片公司的名义为掩护，也为了便于取得老"联华"在徐家汇的厂址做为拍片场地，遂决定以战前联华影业公司的名义，组建新的电影制片机构，名曰"联华影艺社"。经过曲折复杂的合法斗争，通过史东山、孟君谋等原联华"旧人"的谋划努力，终于迫使国民党当局将徐家汇摄影场归还原主，取得了可靠的拍摄基地。1946年6月，联华影艺社宣告正式成立，总召集人章乃器，投资人章乃器、任宗德、夏云瑚。管理制片业务的是厂主任孟君谋，管理财务会计的是王林谷。而在实际上，起决定作用的是阳翰笙、袁庶华和蔡叔厚，他们都是资历深厚、经验丰富、精明干练的老共产党人。经过一番紧张而周密的筹备工作，由史东山编导、王为一作副导演的联华影艺社第一部影片《八千里路云和月》于九月间正式开拍。不久，由蔡楚生、郑君里联合编导的《一江春水向东流》也投入拍摄。这样，战后进步电影运动冲破国民党反动当局的重重阻挠，从此揭开了帷幕。

不久，国共谈判破裂，内战全面爆发，中国人民面临两个前途、两种命运的决战。国统区政治愈加险恶黑暗，争取民主自由的革命运动风起云涌，成为伟大的人民解放战争的一条重要战线。到1947年2月，《八千里路云和月》摄制完成上映，《一江春水向东流》也拍摄了一半，联华的形势正好。没有想到，总召集人章乃器先生却因故执意退出，使联华遭遇到组织与经济上的严重危机。经阳翰笙与联华高层人士反复研究，决定接受章先生退出的要求，并将联华影艺社改组为昆仑影业公司。经过一番酝酿筹备，1947年5月，昆仑影业公司成立。昆仑是新联华的发展和壮大，它标志着共产党(通过党的地下组织)领导的文艺阵地得到了进一步的巩固和扩展，标志着战后中国进步电影运动的中坚力量正式登上了历史舞台。昆仑公司的投资人为夏云瑚、任宗德和蔡叔厚。夏云瑚任董事长，任宗德任厂长，蔡叔厚任总稽核。可是到了1947年夏秋，《一江春水向东流》下半部即将拍完之际，夏云瑚突然提出撤资、出国另谋发展的要求，并意欲将昆仑归并到文华影业公司老板吴性栽的旗下，昆仑又面临着生死存亡的考验。阳翰笙和地下党组织经过慎重考虑,决定接受夏云瑚的要求,由任宗德出任昆仑影业公司总经理,担当总管全公司经营业务的重担(出于策略考虑,保留了夏云瑚昆仑公司董事长的名义)。因此,从1947年秋冬起,昆仑公司进入了"宗记合作制片"的新阶段,直到解放后的1951年。

1947年10月任宗德出任昆仑公司总经理之后,在阳翰笙和地下党组织的支持、指导之下,对公司各级领导层予以了调整和加强。孟君谋仍然担任厂主任,统管制片业务。孟君谋是著名的制片专家,早年参加进步戏剧运动,后来在神州、天一、联华等制片公司工作,参与组织了许多进步影片的拍摄,有着高度的组织能力和剧务水平,深为戏剧界、电影界人士所器重。在联华影艺社取得徐家汇摄影场使用权的斗争中,在昆仑公司的制片管理工作中,在昆仑十来部进步影片的拍摄过程中,孟君谋都做出了重大的贡献。他领导管理的各个具体业务部门的负责人,都是各方面的专家,如吴蔚云负责摄影、郑伯璋负责录音,韩尚义负责美术,王云阶负责音乐,邬廷芳负责剪辑,陆奇生负责灯光,苗祝山负责剧务,皆一时之佳选。我所在的剪接室,自然属于孟君谋的管辖范围,在制片工作中我曾多次与他接触,其精明、机敏、强干实在令人叹服。昆仑发行部由上海滩的发行专家、排片老手吴邦藩任主任,袁庶华任副主任。财务管理方面,蔡叔厚为总稽核,王兆甫为会计主任。任宗德的秘书杨师愈、周竹安也都是能人高手,他们和阳翰笙、袁庶华、蔡叔厚、孟君谋一道,建立起一套严整优良的规章管理制度,保证了公司经营业务的正常运行。这样,由于建立了比较健全完善的组织领导系统和工作管理制度,各部门的负责人又都是专家干才,昆仑公司的工作效率大为提高,整体动作更为协调,业务开展较为顺利,呈现出一派齐心合力、相互支持、团结奋斗的景象。我能在这样的团体中工作和生活,感到庆幸和荣耀,更有力地推动了我在政治上的进步和业务上的提高。

在昆仑,以阳翰笙为主任的编导委员会不但指导着影片创作和制片生产,而且是整个昆仑公司的领导核心。阳翰笙和地下党组织通过编导委员会和公司上层人物领导昆仑的业务活动。而昆仑公司的主要业务,就是要拍摄制作出思想进步、艺术精良、技术高超、发行盈利的优秀影片。为此,从选择题材、剧本,确定主创人员,到安排拍摄计划,督察摄制过程,以阳翰笙为首的编导委员会做了大量卓有成效的工作,在昆仑的电影创作中起着主导作用。编导委员会一方面精密筹划、认真推敲、反复修改以促成优秀电影剧本的问世;一方面在摄制过程中提倡严肃认真的制片作风,不准马虎从事,杜绝粗制滥造。当时上海滩电影界粗制滥造成风,不少制片公司一两个月就完成一部影片上市，而我们昆仑公司则要半年甚至一年才完成一部影片的制作，保证了影片的质量。阳翰笙作为编导委员会主任，主持和指导剧本创作和影片拍摄，可以说几乎昆仑的每一部剧本、每一部影片，都与他的关注点拨有关。他思想深邃，学养深厚，又是电影行家艺术高手，所以他对剧本、影片提出的修改意见，都能击中要害，十分中肯，具有可操作性，使艺术家们口服心服，乐于接受。凭着丰富的斗争经验，阳翰笙总是有办法使昆仑的剧本和影片尽可能地躲过或避开国民党审查机构的禁绝删剪，同时又能曲折而具体地表达出进步的主题思想，以发挥其积极的社会影响和战斗作用。昆仑的许多艺术家都从他那里受到教益，得到帮助，大家都对他十分尊重和信赖，尊称为翰老，其实他那时也不过四十多岁。翰老不但是著名的艺术家，而且是位杰出的政治活动家，有着丰富的斗争经验，能够临危不惧，履险如夷，每当昆仑处于危难的关键时刻，他总是从容处置，当机立断，力挽狂澜，使局面转危为安。和在重庆时期一样，他总是那么正派谦和，稳重谨慎，平等相待，要言不烦，从无以势凌人之态。抗战时期我在“中制”曾多次见过他，印象深刻；在昆仑相见就不多了，因为他必须居于幕后，不能轻易抛头露面。不过，当时和事后许多昆仑职工都知道，翰老是昆仑公司实际的创建者、领导者，是昆仑的核心和灵魂。为了办好昆仑，翰老真是日夜操劳，艰辛运作，奉献出大量的心血和才智，成就卓著，功绩永存。

根据周恩来的有关指示，经过阳翰笙等人的筹措联络，昆仑安置、集聚、团结了一大批文化艺术界进步人士，可以说是星光灼灼，人才济济。编导方面，可谓是群贤毕至，名家荟萃，除编导委员会的阳翰笙、陈白尘、田汉、蔡楚生、史东山、沈浮、陈鲤庭、郑君里、徐韬、王为一等之外，还有于伶、孙瑜、赵明、严恭、张客、王林谷等，欧阳予倩也为昆仑写过剧本。演员阵容更是强大壮观，群星璀璨，有白杨、舒绣文、上官云珠、吴茵、王人美、黄晨、王苹、凤子、沙莉、黄宗英、赵丹、陶金、蓝马、沈扬、周峰、石羽、卫禹平、孙道临、李天济、王龙基等。其他如著名摄影师吴蔚云、韩仲良、朱今明、胡振华，著名美工师韩尚义、丁辰、李恩杰，著名录音师郑伯璋、袁庆馀、李烈鸿、丁伯和，著名剪辑师邬廷芳，著名作曲家王云阶等，都是昆仑影片制作的骨干力量。这些当时第一流的人才聚集昆仑，形成了一个思想先进、艺术精深、作风优良的创作团体，雄踞于国统区的影坛，显示了进步电影运动强大的创作实力。同时，昆仑还特别注意培养电影艺术技术新生力量，有意识有计划地选用、提拔、招收有志于从事电影艺术技术工作的年轻人，通过老专家、老师傅的言传身教，使一批青年从艺人员迅速成长起来，成为能够独当一面、独立工作的专门人才。我有幸成为其中一员，从一名剪接助理成长为一名能够独立完成影片剪辑任务的剪辑师。昆仑在上海招收了十几名青年当演员，有高正、中叔皇、奇梦石、傅伯棠等人，经过着意培养和艺术实践，日后大多成才。正是由于昆仑团结聚集了大批优秀的电影创作、技术、管理人才，才使它成为了战后进步电影运动的中坚骨干，同时也为新中国人民电影事业准备了艺术技术人才和领导管理干部。解放后，中共中央组织部明文确认，凡参加昆仑公司等党领导的文化团体者，均视为自其时起参加革命工作。我有幸忝列其间，感到无上光荣和自豪。

经过昆仑同仁的紧密合作、团结奋战和锐意进取，从抗战胜利到新中国成立，昆仑共制作推出了九部影片，即《八千里路云和月》（编导史东山，主演白杨、陶金，1947 年）、《一江春水向东流》（编导蔡楚生、郑君里，主演白杨、陶金、舒绣文、上官云珠、周伯勋、吴茵，1947 年）、《新闺怨》（编导史东山，主演白杨、卫禹平，1948 年）、《万家灯火》（编剧阳翰笙、沈浮，导演沈浮，主演蓝马、上官云珠、沈扬、吴茵，1948 年）、《关不住的春光》（编剧欧阳予倩，导演王为一、徐韬，主演王人美、赵丹、凤子，1948 年）、《丽人行》（编剧田汉、陈鲤庭，导演陈鲤庭，主演黄宗英、上官云珠、沙莉，1948 年）、《希望在人间》（编导沈浮，主演蓝马、上官云珠，1949 年）、《三毛流浪记》（编剧阳翰笙，导演赵明、严恭，主演王龙基，1949 年）、《乌鸦与麻雀》（编剧陈白尘等，导演郑君里，主演赵丹、孙道临、魏鹤龄、李天济、吴茵、上官云珠、黄宗英，1949 年）。这些影片以其深刻的思想内容，精湛的艺术手法，轰动了当时的影坛，引起了广大观众的强烈共鸣，推动了人民群众尤其是知识分子投入民主革命运动的洪流，打击了穷凶极恶而摇摇欲坠的国民党反动政权，在文化战线上有力地配合了人民解放战争的胜利推进，成为战后进步电影运动的巨大成果和代表作品，《八千里路云和月》、《一江春水向东流》、《万家灯火》、《乌鸦与麻雀》等片还成为中国电影史上的经典之作。这一成就的取得，一方面是由于进步电影工作者们继承了三十年代左翼电影的优良传统，吸取了抗战电影运动的经验成果；更重要的一方面，是昆仑同仁在地下党组织的坚强领导下，政治上坚持进步，艺术上精益求精，技术上确保质量，团结合作、艰苦奋斗的结果。在这九部影片的制作过程中，我都或多或少地参与了它们的剪辑工作，学到了不少艺术技能，收获匪浅，受益终身。

昆仑的巨大成就，是在与国民党反动当局进行尖锐、激烈、复杂、长期的斗争中取得的。国民党反动当局对昆仑的全面限制、高压、打击和迫害，是昆仑面临的最大灾难和威胁。昆仑改组成立时即筹拍陈白尘编剧的讽刺影片《天官赐福》，还未开机，就被国民党审查机构扼杀在摇篮之中；《希望在人间》和《乌鸦与麻雀》曾一再被他们阻止拍摄。由于这种压制阻挠，上海解放前夕，《乌鸦与麻雀》和《三毛流浪记》只得停止拍摄，直到解放后才完成上映。对昆仑的影片，他们除了禁绝之外，就是施行斧钺大肆删砍。可以说，昆仑几乎没有一部影片不遭到国民党电影检查机构剪刀的戕害。昆仑影片上映时，他们不但在发行渠道上围堵排挤，而且组织特务文人在报刊上进行攻击毁谤。面对国民党反动当局的打压迫害，昆仑同仁在地下党组织的领导下，通过巧妙的对付，机智的斗争，进行有力的回击，保住了昆仑的存在，争得了昆仑的发展，巩固了进步电影这一基本阵地。我也在一定程度上参加了这一斗争。剪辑影片时，在蔡楚生、沈浮、郇廷芳的指点启发下，我懂得了如何通过剪辑手段，既保持影片的艺术神韵和进步倾向，又能巧妙地避开躲过国民党电影检查机关的审查删剪。临近解放时，为了营救被捕的昆仑公司导演张客（地下党员），我也曾在“请愿书”上签名。同时还参加了保卫昆仑、迎接解放的护厂活动。经过一系列艰险复杂的斗争，昆仑同仁休戚与共，团结奋战，终于使昆仑成为党在国统区文化战线上的一支重要的突击力量，成为一处攻守兼备、坚固强大的文艺阵地。

作为一名年轻的普通的创作人员，对于昆仑创建、演变、发展的实情和内幕，自然所知甚少。不过，根据当时的体察和事后的了解，也多少能了解昆仑历程演进的真相。凡是在昆仑工作过的人，都对这个革命、进步大家庭浓厚的艺术气息、民主精神和战斗作风有切身的体会。昆仑关心人，爱护人，注意培养青年人。如何从艺，如何做人，学什么榜样，走什么道路，昆仑对我影响极大。加入昆仑之前，虽然我也曾受到共产党人和进步人士的影响，但那时追求的人生目标还是学得手艺找碗饭吃回报母亲。进入昆仑，我才走了正道，参加了革命团体，将自己的命运与国家、民族、人民的前途联系在一起。在昆仑，我从一名剪接助手成长为一名独立操作的剪辑师，从一名普通青年成长为革命团体的一名文艺战士。因此，可以说，加入昆仑，是我人生经历的大转折，是我人生进程的大飞跃。我是在昆仑这个革命大家庭中成长起来的青年人。没有昆仑的培养，没有共产党的引导，也就没有我的今天。因此，我爱护昆仑，感激昆仑，深刻记取昆仑师长那亲切高妙的培育教导，永远怀念昆仑同仁那热诚深厚的战斗情谊。

8. 协助剪辑《八千里路云和月》

《八千里路云和月》是联华影艺社出品的第一部影片，亦为昆仑影业公司推出的第一部影片，也是我在联华-昆仑参与剪辑的第一部影片。

当时联华-昆仑的剪接室设在上海徐家汇三角地厂本部，进大门传达室的后面即是。负责人是邬廷芳，但他平常不来上班，有时有病在家休养，有时到“中制”上海技术站剪片，因此剪接室的日常管理事务由我承担。年轻的钱守一被人介绍来学剪辑，算是我的师弟(不久离开剪接室去学录音，解放后成为国内有名的拟音专家)。后来陈曦(陈照熙)也和邬廷芳老师一样从“中制”转来，成为昆仑的特约剪辑师。剪接室属技术方面总负责人吴蔚云领导；而全面指挥制片工作的是孟君谋。

那时，剪辑已进入有声影片的剪辑阶段，它有三个特点：(一)最初的底片剪接是待影片拍完之后集中剪接，而不是随拍随接；(二)音画一起套剪，而不是音画分开剪辑；(三)导演亲自动手剪辑，而不是以剪辑师为主。我当时剪辑工作的内容、过程、安排与这三个特点紧密相关，充分体现了那时剪辑业务的特色。那时我购置了一辆自行车，带着拍摄出来的场记单和底片，骑车一小时，从徐家汇三角地出发，到天通庵路中央电影摄影场(中电一厂)洗印厂(负责人裘一苇)去，先将已洗出的底片按场记单一个镜头一个镜头地剪接起来，然后以让出 20 格画面的标准(因音画不同步，放映时画面早于声音出现不到 1 秒，约等于 20 个画格运动的时间)套音画底片，再印出音画合一的 A 拷贝，带回徐家汇剪接室(后来，底片和拷贝都由一位姓竺的工人接送)。剪接室当时买了一部美国产的声画剪辑看片机，放映样片(A 拷贝)，请导演观看。有的导演，如沈浮、郑君里，看了样片后，提出剪辑处理方案和具体意见，让剪辑进行初剪(初剪一般由我进行，邬廷芳老师不动手)；而史东山、陈鲤庭导演不准我们动拷贝，他们要亲自动手剪(不过，经过几次尝试之后，他们开始让我参与初剪)。初剪之后，导演们如史东山、蔡楚生，沈浮、陈鲤庭等导演都亲自上剪接台主剪、细剪，最后一般由邬廷芳精剪、套片、分本，完成剪辑的全部工作。我那时的工作主要是初剪、套底、印片、保管、放映，陪同导演和邬老师剪片，逐步从协助剪辑经过联合剪辑达到独立剪辑，成为一名能够独当一面、胜任业务的剪辑专业人员。

《八千里路云和月》的编导是史东山，主演白杨、陶金，摄影韩仲良，美工李恩杰，录音李烈鸿，剪辑邬廷芳，我是剪辑助理。史东山是“昆仑三老”(翰老阳翰笙，东老史东山，蔡老蔡楚生）中年岁最高、从影最早的艺术家，生于1902年10月，二十岁时就进入电影界，二十三岁即自编自导了第一部影片《杨花恨》。20世纪三十年代，他参加了“左联”的活动，在联华、艺华等影片公司导演了《奋斗》、《女人》、《人之初》、《青年进行曲》等进步影片，声誉鹊起，成为著名导演。抗战时期，他在“中制”导演了《保卫我们的土地》、《好丈夫》、《胜利进行曲》等四部抗战影片，更是名震大后方。在重庆“中制”时，史东山常来剪接室找邬廷芳商谈剪片事宜，我亦见过他多次，但很少交谈。他是大导演，影界名流，蓄着小胡子，梳着溜光的头发，穿着西装，提着手杖，既有学者风度，又有西洋派头，作为一名小学徒只能对他敬而远之。后来，遵照周恩来的指示，史东山积极参加了由凤凰到联华又到昆仑的筹划创建全过程，是昆仑公司的奠基人之一，同时又是昆仑影片制作方面的台柱和权威。他是昆仑编导委员会的重要成员，又经常担当昆仑对外交涉的全权代表。在昆仑，阳翰笙平时不便露面，蔡楚生沉稳寡言，而史东山却是开朗活跃，谈笑风生，待人热诚，结交甚广。由于他与社会各界有广泛的联系而又具有崇高的声望，当昆仑公司业务经营上遇到什么阻挠和困难，经常都是请他出马疏通斡旋。比如，在交涉取得老联华徐家汇摄影场使用权的斗争中，他就为昆仑立了大功。昆仑同仁都知道，史东山是一位电影全才，他不但具有高深的导演功力，而且在编剧、摄影、美术、录音、剪辑、照明、洗印等方面样样在行，门门精通，深为影界人士所推崇。所以，建国后，他担任首届中央电影局的技术委员会主任，就是顺理成章之事了。

《八千里路云和月》通过两名演剧队队员的战斗历程和艰苦经历，生动、真实、深刻地揭露了国民党在抗战时期消极败退、胜利后劫收掠夺的罪恶行径，具有强烈的现实主义战斗精神，给刚刚经历“惨胜”的国人以极大的震撼，因而反响分外强烈。史东山对演剧队在抗战期间和胜利之后的生活遭际非常熟悉了解，作为两位主要演员的白杨和陶金更具有切身的体验。抗战期间，白杨是影人剧团、中华剧艺社的演员，陶金是抗日救亡演剧队第四队、“中制”的演员，影片中的许多情节就如同他们的亲身经历。这部影片的故事、场景和人物，都做了纪实性的艺术处理，因此显得特别真实亲切，极易引起人们的共鸣。史东山为这部影片倾注了大量心血，表达了他对抗战中饱受苦难、英勇奋斗的人民大众，尤其是爱国青年的热情礼赞，以及对战后国民党反动派倒行逆施、祸国殃民的愤怒声讨，充分体现了一位进步的爱国的正直的电影艺术家的品格和良心。这部影片也比较充分地展现了史东山简洁明快、朴素流畅而又富有抒情韵味的导演艺术风格，具有月朗风清的大家风范，成为他的代表作，亦为中国电影史上的经典。作为昆仑推出的首部影片，《八千里路云和月》一炮打响，轰动了海内外，成为战后进步电影运动的开路先锋，有力地配合了国统区民主运动的开展。用田汉的话说，《八千里路云和月》"替战后中国电影艺术奠下了一个基石，挣到了一个水准"。初战告捷，史东山为战后进步电影运动打开了道路，理所当然应记首功。

在《八千里路云和月》的筹划、拍摄、制作期间，史东山总是广泛听取有关剧本的意见并反复修改，在摄影棚外景地全神贯注指挥拍摄，在制作时严格要求事必躬亲，作为一名参与其间的剪辑助理，我也亲身体会到他那严肃认真的创作态度、才华横溢的艺术家气质和精益求精的敬业精神。由于新联华-昆仑处于初创阶段，《八千里路云和月》是在极其简陋的物质条件下完成的。史东山不畏困难，精神抖擞地日夜执导拍摄，数过家门而不入(他家就住在徐家汇三角地)，以至他的夫人华旦妮数次到摄影棚来询问探望。为了使演职人员能够保持连贯畅达的艺术感觉，不拍完预定的场次片段决不吃饭、决不停机，以至经常拍摄到半夜。在外景地无锡太湖边的鼋头渚，为了抢晴天，史东山和大家一道顶着烈日，吃着包子馒头，一丝不苟、有条不紊地进行拍摄。史东山对拍摄前的准备工作要求严格，必须到位。他自己撰写的分镜头剧本十分严密、精细、规整，拍摄的角度、方位、景别和演员的表演、场面的调度都有周详明细的说明和要求，可以说达到了精准的程度，难以拿掉、更换一个镜头。拍摄时，严格按照分镜头剧本的规定要求进行，绝无犹豫不决和随意变更的情况出现，因此，拍摄出来的结果竟然均与分镜头剧本的安排完全吻合。这既能促使摄制工作正常顺利进行，又能保证影片的艺术质量，还能节约胶片和摄制成本，充分体现出史东山导演手法的严谨、精熟和高明。对于认真工作、埋头苦干的同仁后进，史东山总是热诚相待，予以鼓励和支持。而对由于不负责任或一时疏忽造成的失误，他也不留情面，大声指责呵斥，待你改正后又既往不咎，雨过天晴和好如初。因为把话筒伸进了画面，史东山曾对录音师李烈鸿大发雷霆，批评他对艺术对观众不负责任。因为在一个镜头中主角多唱了两句歌词，史东山将副导演王为一训斥了一番，指责他没有认真依照分镜头剧本的既定安排办事。李、王二人都认为史东山批评得有理，引为教训，受益良深。在鼋头渚外景地拍摄时，我亲眼得见，有一次白杨表演不到位，史东山不好"骂"白杨，怕影响了她的情绪，于是对场记大声呵斥："怎么搞的！打板怎么这样打呀？动动脑子嘛！"搞得场记莫名其妙，只得低头不语。白杨很乖觉，知道史东山对她的表演不满意，想了想，向导演提出了改进表演的新的设计，得到了史东山的赞同，结果这个镜头拍得大家都很满意。这时，史东山走过去拍了拍场记的肩头，表示歉意和谢意，使场记感动不已。通过这件小事，可见史东山的为人行事之一斑。

到鼋头渚出外景，是孟君谋带队。这是我第一次跟着摄制组出外景，感到很新鲜，同时也真正体会到摄制工作的紧张和劳累。每天大家起得很早，在副导演王为一、剧务祝洪刚的指挥张罗下，做好各方面的准备工作。史东山按时到达，审查准备状况，如果满意，马上开机拍摄；如果不满意，大声训斥，立即改进补救。他对摄制工作的各方面要求十分严格，决不马虎从事。同时，以身作则，用自己严肃认真、矢志精进的作风带动摄制组的拍摄工作。由于他计划周密，心中有数，指导得力，拍摄得以正常顺利进行。史东山拍片从不追求进度，但总是拍得又快又好，《八千里路云和月》在那么简陋艰难的条件下，用了三五个月就摄制完成上映，即是明证。在外景地，史东山始终与摄制组全体人员同甘共苦，和睦相处，受到大家的敬佩和尊重。为了"抢"阳光，中午史东山与大家一道喝菜汤，吃包子馒头，一直干到太阳落山。傍晚回到住地，晚饭一般吃得不错，还吃过当地特产美味的"炝虾"。晚饭后，史东山、孟君谋向王为一、祝洪刚布置次日的拍摄准备工作，有时我和场记、摄影助理、剧务也在一旁听取，领受任务。之后，史东山回到他的住房，埋头一遍又一遍地研究剧本，推敲斟酌次日的拍摄方案，直到深夜，他住房中的灯光才最后熄灭。

当然，史东山给我留下更为深刻的印象和教益，是在我跟随他剪辑《八千里路云和月》的过程之中。该片的剪辑是邬廷芳，我是剪辑助理，做的是协助剪辑的具体工作。先由我将拍摄得来的素材剪接套底印成A拷贝（样片），请史东山观看，确定剪辑方案，然后由史东山和邬廷芳剪辑。史东山不准我和他人动拷贝，只能由他和邬廷芳剪辑。一般的情况是，每天邬廷芳从家里到徐家汇剪接室来，史东山提出方案或要求，由邬延芳动手剪。剪完一个段落，到傍晚邬廷芳离去回家，次日再同样进行。后来，史东山提出要求和意见，尝试着让我剪辑，几经试验，剪了几个片段，认为我还能胜任，于是史东山就让我在他的指导下进行剪辑了。邬老师因为身体有病，健康欠佳，就不常到剪接室来了；直到最后进行分本、精修等关键时刻，他才来"把关"，完成全片的剪辑工作。这样，我跟随史东山剪辑的时间就比较多，学到不少有益的东西。史东山由于是电影全才，学养高深，因此他非常明白剪辑在电影制作中的重要地位，高度重视发挥剪辑的特殊作用，有着强烈的剪辑意识。在中国，最早使用"镜头组接"这个词汇的是史东山。他写了一本小册

《八千里路云和月》外景拍摄期间剧组合影。中穿浅色风衣者为傅正义

子，书名《论电影的镜头组接》，对电影艺术和电影剪辑从理论到技巧做了深入精到的阐释，明确提出了“镜头组接”这一重要概念，论述了“镜头组接的连续性和联系性”，是对中国电影和剪辑艺术的重大贡献(在这之前，陈鲤庭编著的《电影规范》和冀志枫编著的《蒙太奇技巧浅探》虽然都已接触到剪辑的理论与技巧，但大都是外国电影专家文章的摘编、改写或汇集，不如史东山这部著作自成系统立论高明)。对待剪辑，史东山总是以极其严谨认真的态度从事，力求在艺术上做到分寸适当，把握精确。在剪接台上，他几乎对每个画格的选择、排列、取舍，都要反复琢磨推敲，妥贴安置处理，直到获得最佳效果方才罢休。他经常讲，电影的画格，就像音乐中的音符一样，多一格少一格其效果都会截然不同，切勿等闲视之，随意处置。对于技巧(淡入淡出、化入化出之类)的运用，史东山很慎重，总是与邬廷芳多次商量之后才做出决定，绝不多用滥用。史东山在剪辑时很注意营造影片的节奏，讲求明快、顺畅、生动，在纪实风格中渗透出诗意韵味，故事含义深刻又让观众明白易懂。这一点，我有着深切的体悟。有一次，我剪接样片时，剪得比较“紧”，东老看后不满意，要我重剪。他对我大声说道：“这怎么行！剪得太紧了，像打机关枪一样，咚咚咚咚！让人透不过气来，观众怎么受得了？你剧本、样片看过多少遍，当然看得懂了；要想到观众能不能看得懂，看得痛快舒服！”他又说，拍电影是给观众看的，不能按个人主观意识去剪片，不能以自己看

懂为准，首先要观众看懂，要客观地考虑观众是否看清楚、看懂了内容。剪片子，一定要让自己和观众一起看懂影片。东老的这番话，深深印在我的脑海中，成为我日后长期从事剪辑工作遵循的一项准则。

在剪接台上，东老充分展示出他那独有的艺术大家的气度和风范。他一到剪接室，总要仔细看看剪接台上是否清洁，工具是否按规矩摆放，如剪刀、手套、放大镜、笔、夹针、橡皮圈、挂片架是否规范地放在各自的位置上，绝不允许剪接室内尘垢满布、杂乱无章。剪片时，全神贯注，不让人打扰；但又同时开着无线电收音机，听着音乐，吃着水果，在一种温馨的充满艺术气息的氛围中工作。他洋派十足，在拍摄时喜欢用英语下达号令。他忌讳"13"这个数字，分镜头编号不用 13，而用 12A，后面紧接 14。但是，他有时又比一般中国人还"中国化"。比如，每当东老在文件上签下自己的名字时，总要在"山"字下面重重地点上一"点"，他说这是为了镇住"死"（史东山的"史"南方人读起来与"死"是谐音）字才加上的，令人感到惊异。与东老接触时间长了，就会感到他对人特别热诚，乐于助人，十分注意提携后进。他不但耐心地指导我剪片，还热心地关注我的学习和生活。剪辑工作紧张繁忙时，顾不上吃饭休息，事后他总是要带我下馆子，点几个好菜补充营养。有一次吃得不对我口味，又吐又拉，东老让我服药调养，又开玩笑地说年轻人没有口福。东老关心人、培养人的热诚令人感动，他对电影艺术的热爱、容不得对艺术半点亵渎的执着也使人动容。《八千里路云和月》的样片剪辑完成后，发行部门催着运到天通庵中电一厂去加工套底，当时恰巧没有装样片的大片桶和大帆布口袋，有关方面负责人就叫工人用箩筐挑运去。东老知道后大为光火，叫道："这是文化，不是劈柴！"其对艺术的珍视之情，溢于言表。在这里，我看到了一位才华横溢、性情率真、品格清高的艺术大师的风貌。

《八千里路云和月》成功推出后不久，史东山又编导拍摄了影片《新闺怨》。这部影片真实生动地表现了知识妇女的悲剧命运，在艺术处理上颇有可圈可点之处，但由于种种原因，未收到满意的成效。与剪辑《八千里路云和月》一样，我跟随史东山、邬廷芳进行剪辑工作。一次，《新闺怨》在棚里拍出的样片洗出之后，摄影师韩仲良发现"穿帮"，将照明灯拍入画面里了，他叫我用黑墨汁一格一格涂抹掩盖。但是，涂改后的样片放出来出现了卡通动作，东老了解情况后，严厉地批评了韩仲良，他说："你骗我，但骗不了观众啊！看来你还要好好历练改进呀！"东老一直很器重韩仲良，但对他的疏漏闪失却毫不迁就，直言快语地予以告诫，既严厉，又诚挚。韩仲良也算是一位“人物”。在“中制”时，他就以“最正直、最敢说话、最能吃苦、最卖力工作”而著称，多次在拍摄旅途中大难不死(乘飞机撞山、乘汽车撞火车均能平安归来)的经历近乎传奇。1937年9月，他赴山西到平型关前线拍摄了朱德等八路军将士抗日杀敌的大量镜头而轰动国内外；1946年9月，韩仲良单枪匹马地只身闯上美国“密苏里”号军舰，拍摄了日本投降签字仪式，贡献巨大。拍摄《八千里路云和月》时，韩仲良扛着“独眼龙”摄影机跑前挪后，为了隔音用棉被把机器包上拍摄，累得他面红耳赤、汗流浃背。史东山对韩仲良的艺高干练一贯很欣赏，合作关系一直很好，脾气也颇相投。但是如果在创作上有失误，为影片质量带来损失，东老还是要不讲情面地及时指正。其实，这正是有修养有作为的艺术家之间真挚纯正的情谊。

《新闺怨》拍成之后，史东山就积极筹备将陈白尘编写的喜剧电影剧本《天官赐福》(原名《天外飞来》，为了较为隐晦和更具讽刺意味，东老改为《天官赐福》，便于审查通过。在此之前，《八千里路云和月》原名《胜利前后》，也是东老改用岳飞《满江红》词中的名句，更显得贴切和意味深长。因此，大家说东老所取片名大都高明精彩)搬上银幕。分镜头剧本写好了，主要角色物色齐全了，但因其揭露讽刺反动统治的尖锐深刻而被国民党审查机关所扼杀。史东山为此十分激愤，曾著文予以申斥抨击。东老本来已经决定与王为一联合执导该片的，作为提携后进的一个步骤，没想到未达目的。王为一当时三十五岁左右，为人正派，思想先进，作风朴实。他早年与赵丹、徐韬结为密友，参加左翼文化运动，搞过美术、音乐，在艺华、新华电影公司当过场记、演员，受到史东山的赏识，提拔为副导演。抗战爆发后，王为一参加了救亡演剧队到各地宣传演出，转赴重庆后进入“中制”担任编导，不久又和赵丹、徐韬、朱今明赴新疆拓展话剧演出准备到苏联学习，不料被军阀盛世才逮捕下狱。抗战胜利前夕，王为一和赵丹等人被营救出牢回到重庆，继续从事进步电影戏剧活动。战后，王为一进入新联华-昆仑，做为副导演，协助史东山完成了《八千里路云和月》的拍摄。我亲眼所见，王为一在该片的摄制过程中，虚心向东老学习，积极出谋划策，努力排忧解难，各项准备工作做得认真、扎实、周密、细致，有条不紊，井然有序，预设了各种应急方案，身先士卒处理突发事件，有力地配合、支持了东老的导演工作。王为一多方面的艺术才华、全方位的公关能力、机敏的思维和踏实的工作作风，有目共睹，受到东老和大家的赞赏。为了表彰王为一的功绩，史东山特意在片头字幕中，前所未有地将王为一的名字与自己的名字一起用同一号字并列在同一画面上，充分表现了艺术大家的气度和风格，一时在影坛传为佳话。之后，王为一与徐韬联合导演了影片《关不住的春光》,寓意人民要求解放,受到影界内外的好评。本来决定王为一与史东山联合执导《天官赐福》一片,结果因国民党电影审查机构阻挠而未能如愿。随着国统区白色恐怖日益严重,史东山、王为一等昆仑艺术家先后离开上海,到香港开辟新的阵地,继续推动进步电影运动。待我再度见到他们的时候,已经是全国解放以后的事了。不过,在我进入新联华-昆仑的初期,就能参与《八千里路云和月》的剪辑工作,与史东山和王为一、韩仲良等前辈合作共事,从中得到宝贵的教益,确实是我良好的开端,也是我从艺生涯中的幸事。

9. 参加剪辑《一江春水向东流》

影片《一江春水向东流》片头字幕的"剪辑"一栏里,并列着三人的名字:邬廷芳、陈曦、傅正义。这是我的姓名第一次出现在片头字幕上。按照当时的惯例,这意味着我已经正式加入了剪辑师的行列,登上了展示剪辑艺术的舞台。

《一江春水向东流》是昆仑公司隆重推出的第二部史诗性艺术片。影片通过一个家庭抗战前后十年间的悲欢离合,真实地表现了抗日期间和"惨胜"前后国统区、沦陷区人民的苦难,深刻地揭露了日寇的残暴和国民党反动派的腐朽,同时也含蓄地赞颂了共产党领导下的民众斗争取得的胜利。影片故事生动,情节曲折,艺术处理巧妙精彩,人物形象灵动丰满,富有鲜明的民族特色,具有强烈的感染力和震撼力。影片一上映即轰动海内外,影院场场暴满,在上海连映三月不衰,创造了当时国产影片的最高票房记录。《一江春水向东流》成为昆仑公司的王牌产品,是进步电影的杰出代表,也是中国电影史上的经典影片。

《一江春水向东流》取得的辉煌成功,是昆仑同仁特别是以蔡楚生为首的摄制组共同努力、团结奋战的成果。该片编导蔡楚生、郑君里,摄影朱今明,美术韩尚义,录音袁庆馀,剪辑邬廷芳、陈曦、傅正义,主演白杨、陶金、舒绣文、上官云珠、周伯勋、吴茵、高正。影片在新联华投拍之初,并没有考虑将该片分为前(上)、后(下)两集。拍到一半时,经费告罄,章乃器先生因故退出联华影艺社,摄制工作只得暂停。后来,新联华改组为昆仑公司,筹得新的资金,又继续拍摄。因为拍摄出的素材内容丰富,又考虑到在经济上发行上便于处理,才决定分为前集"八年离乱"和后集"天亮前后"两集。所以,电影海报上,"八年离乱"标明联华影艺社出品,而"天亮前后"标明昆仑影业公司出品，但均为昆仑公司发行。《一江春水向东流》由最初的48本（素材样片）剪为24本（发行拷贝），解放后五十年代重新上映时又由24本剪为18本（主要删去了“床上戏”和接吻之类镜头），虽经大幅度删剪，它还是一部分为上、下两集，规模宏大、内涵丰富、精彩感人的鸿篇巨制。

蔡楚生是《一江春水向东流》的主创者，是一位思想进步、艺术高深、成就卓越的电影艺术家。他是广东潮阳人，1906年初生于上海，早年在几家电影公司当过剧务、场记、美工，后来在明星公司师从著名电影编导郑正秋先生，学习电影编导艺术。三十年代初，经史东山等人推荐进入（老）联华，参加左翼电影运动，导演了《都会的早晨》、《渔光曲》、《新女性》、《迷途的羔羊》、《王老五》等进步影片，受到观众的热烈欢迎和广泛赞扬。尤其是《渔光曲》一片，风靡全国，创造了当时国产片放映场次的最高记录，并且在莫斯科举行的电影节上获奖，成为中国第一部获得国际荣誉的影片。抗战爆发后，蔡楚生从上海转赴香港，在那里与司徒慧敏合作编写了反映抗战生活的电影剧本《血溅宝山城》和《游击进行曲》，独立编导了《孤岛天堂》和《前程万里》两部抗战电影，颇有影响。之后，他辗转桂林抱病逃难到达重庆，进入“中制”担任编导委员。抗战胜利后，遵照周恩来的指示，蔡楚生与阳翰笙、史东山等人一道，到上海组建新联华-昆仑公司，建立起进步电影运动最重要的阵地。从1946年9月到1947年10月，为时一年多，蔡楚生以抱病之躯，投入了《一江春水向东流》的拍摄，取得了巨大的成功。

在拍摄《一江春水向东流》的过程中，作为一名参与者，我亲身观察、体会到蔡老对艺术创作认真细致、一丝不苟、执着追求的态度和精神。每场戏开拍之前，他的准备工作都做得十分周到严密。不仅搜集大量有关资料，而且对场面调度、机位安排、角色处理、灯光设置等方面都做了反复认真的分析研究，并且画出草图，以供拍摄现场之用。蔡老身患肺病，体质虚弱，临场拍摄多由郑君里负责执行。每当一个场景开拍之前，他都要将郑君里和摄影师朱今明、美工师韩尚义叫到北四川路他的家里，指点着他亲手画出的场景图表，极其详尽细致地向他们阐述对拍摄这场戏的构思和设想。有时，导演助理徐韬、场记黄祖模和主演白杨、陶金、吴茵等人也参加这一拍摄前的预备会。看素材、样片时，一察觉有缺陷有偏差有问题，蔡老立即要求补拍镜头，同时提出改进补救的具体方法。有一场“云山梦境”的戏，郑君里、朱今明前后拍了三次，蔡楚生看了样片都不满意，于是抱病亲自出马，到摄影棚拍了一个通宵，方告完成。待样片经过剧组同仁观后，一致称赞说比原来拍得好。蔡老拍片很认真，很细致，以至有点不惜工本，不管进度。有人说蔡老拍片又慢又拖，有的镜头还要重拍，劝他不必过于讲究，以至花钱太多。他却不以为然，直言道“我是艺术第一，找钱是公司老板的事!”照旧我行我素。直到影片取得空前成功，名利双收，那些说风凉话的人才闭上了嘴巴。

影片进入后期制作阶段时，蔡老又抱病亲自动手，关在剪接室里达三个多月之久，全神贯注地工作，尝试各种剪辑方案，终于剪下生花，使影片在原来素材的基础上大为改观，更上层楼。可以说，蔡老是在剪接台上重新分镜头，重新结构剧情的，对于《一江春水向东流》的成功起了决定性的作用。该片的剪辑，邬廷芳、陈曦其实很少参加，主要是蔡楚生自己动手剪，我当蔡老的助手。蔡老健康状况欠佳，一般是上午休息，午饭后到剪接室(在天通庵路中电一厂)来，工作到子夜十二时。剪辑中遇到问题，他走出剪接室，抽着烟，独自一人在长长的走廊里来回踱步思考，这时我们谁也不敢去打扰他。一旦想通了，有了新招，蔡老马上灭掉烟头，快步走进剪接室，立刻动手剪辑。晚饭时休息片刻，剪到晚上十点钟再吃夜宵。夜宵有鸡汤、蔬菜、稀粥，广东味，让一个叫沈金宝的工人到街上买来食品原料，请厨房大师傅加工做好，我们也沾光跟着吃。吃完夜宵再工作到午夜。蔡老剪片剪得十分精细，反复琢磨，认真推敲，费时较多，比较缓慢。我在一旁看着他剪片，在他的指导下做一些辅助性的工作，学到了不少剪辑的理念、手法和技巧。蔡老在剪辑中有许多精彩、精巧、精到的生花之剪，不但使我领略了蔡老学养技艺的高深，而且体悟到剪辑艺术的奥妙。例证甚多，在此略举数则。

(一)“狼狗咬人”的剪辑。日本兵驱纵狼狗狂咬中国农妇一场戏，充分暴露了日寇的残暴，有着强烈的震撼力。这场戏的成功，固然是由于拍摄前有周密细致的设计，但更为重要的是得益于剪辑手法的精巧高明。拍摄时，先拍军犬狼狗对着人(草人，上面挂着肉，背对摄影机)扑咬狂吠；然后“反打”拍人(农妇，由史瑞林扮演)惊惧惨痛的神情。狗的镜头是全景、中景、近景到大特写；人的镜头是中近景、近景到特写。蔡老剪辑时，极有分寸恰到好处地将狼狗和农妇的镜头交叉剪辑，使画面内狗和人的影像越来越大，而镜头运动却愈来愈急迫短促，于是出现了紧张、悲惨的画面节奏，收到了上佳的艺术效果。

(二)“素芬看信”的剪辑。蔡老充分运用剪辑手段，在影片后(下)集“天亮前后”素芬看信一场戏中出色地运用了“多画面”技巧，引起了业内外人士高度的关注和极大的兴趣，交口称赞不已。经过剪辑处理，影片中张忠良的弟弟张忠民(高正饰)从“乡下”来信告诉嫂嫂他的近况，素芬(白杨饰)将信拆开(全景)，接信的特写，画外音：“嫂嫂，我在乡下生活得很好……”这时，画面上信中的字向上走，在2/5处定住。在字走的同时，化出“我在乡下教书”画面，在教书的画面上又化出“我在乡下养鸡”的画面，再在养鸡的画面上化出“我在乡下种田”的画面。随着画外音的消失，画面渐渐隐去，字又从上至下还原，接中景的素芬将信收起来而结束。这一多画面技巧的运用，使观众和剧中人在同一时空内看到信上所叙述的不同时空、不同景别的内容。文字、声音、形象三者同时出现，给人一种身临其境的真实感觉。画面内的主体动作与信的内容相吻合，画面造型和谐统一，给人以真实亲切、简洁生动的深刻印象。在当时的条件下，这种多画面技巧的成功运用是相当困难的，完全由人工通过剪辑手段运用马斯克(Mask)框子，利用洗印加工的方法制作而成。蔡老为了提高影片的艺术水准，强化电影的表现手段，绞尽脑汁，冥思苦想，不怕麻烦，精心制作，这种对电影艺术严肃认真、锐意进取的态度和精神，永远值得我学习、继承和仿效。

（三）“人进皮包”的剪辑。影片中，原来有一个王丽珍（舒绣文饰）“跳”入官僚奸商庞浩公（周伯勋饰）的皮包之中的镜头，寓意抨击大后方官场的腐败。当时没有专门的特技制作部门，只能靠摄影手段和剪辑技巧来完成这种特殊的情节安排。蔡老运用各种剪辑手段，主要是显、隐、化、划等画面附加技巧，成功地将这一颇有难度的设计制作成功，成效甚佳。可惜这段戏在解放后影片复映时剪掉了，使后来的观众看不到这些精彩的镜头画面。不过，蔡老又一直认为使用画面技巧要慎重。在剪辑《一江春水向东流》上集“八年离乱”时，蔡老用了不少“化”的画面技巧，以弥补拍摄时的失误和缺陷。剪辑时，蔡老对我说，小傅啊，现在要补拍镜头是不可能的了，我只能用老办法，借助“化”的技巧来解决问题，这也是没有办法的办法。同时，蔡老又郑重地强调：“画面技巧不可乱用，不可多用，不可随意用！画面技巧只是电影镜头语言的一种标点符号，导演、剪辑都不能把它当作解决各种难题的法宝和救命稻草！”在这里，我学到了蔡老如何巧妙运用画面技巧，解决动作、对话、情绪、时空和资料镜头不衔接的功夫和技法；同时也认识到画面技巧不是万能的，要会用、慎用和少用。蔡老在剪辑时的示范和提示，给我留下了深刻的印象，对我日后的剪辑工作有着重要的影响。

（四）资料镜头的运用。在该片的前(上)集中，为了向观众真实地再现当年日本军国主义侵占上海时的历史真相，蔡老剪辑运用了大量当年日军侵略上海、南京时飞机狂轰滥炸和野蛮进攻的历史镜头。这些真实的历史资料给观众的冲击力是不言而喻的。那一幅幅悲惨的画面和日寇的嚣张气焰，使观众无不为中华民族遭受的灾难而动容，对侵略者的惨无人道深恶痛绝。由于这些资料镜头与整部影片的故事情节、人物关系紧密地结合在一起，使影片更具有真实感，人物刻画更加生动感人，从而具有更高的欣赏价值。为了广泛搜集这些历史资料镜头，蔡老通过各种关系，收集了"中制"、"中电"以至原敌伪电影机构的有关新闻纪录影片资料，经过认真地选择和巧妙地剪辑加工处理，妥贴地运用到影片故事发展之中，起到了虚构戏剧情节难以达到的特殊感染作用。

通过参与《一江春水向东流》的拍摄制作，我对蔡楚生高超的导演艺术有了进一步的认识和理解。他导演影片十分注重情节真实生动，注重人物性格刻画，注重结构布局完整，有头有尾，层次分明，很适合中国老百姓的欣赏心理，因此不但有很高的艺术品位，而且有极高的票房价值。难怪《一江春水向东流》取得轰动效应创造票房收入历史新高之后，"文华"电影公司(当时也在徐家汇三角地)老板吴性栽对蔡楚生说，你给我也拍一部这样有份量的片子，我给你一座小洋楼和一部小汽车，如何？被蔡老婉言拒绝。资深老导演沈浮多次对我们说过，蔡老这一生很不容易，曲折坎坷，多灾多难。早年学徒，什么活儿都干过。有一次画布景，从两米高的梯子上摔下来，跌坏了腰。抗战期间湘桂大撤退时，蔡楚生抱病逃难，是张客将他背上火车才逃离险地。沈浮说，他要和蔡楚生合作写个剧本，为蔡老拍一部戏。可惜，由于不久蔡老为了避开国民党特务的追捕而撤离上海到达香港，这个愿望未能实现。

蔡楚生是一位讲义理，重情谊，特别注意培养青年后进的艺术家。他很欣赏郑君里的素养和才华，通过拍摄《一江春水向东流》，可以说是手把手地培植郑君里成为卓越的导演艺术家。郑君里从艺甚早，十八岁时就参加了田汉领导的南国社的话剧演出，以后又在联华公司的《野玫瑰》、《火山情血》、《奋斗》、《大路》、《新女性》、《迷途的羔羊》等影片中担任主要角色，时有"电影候补皇帝"之称。抗战期间，除领导演剧队活动、拍摄抗战影片、导演话剧之外，郑君里还投入了极大的精力从事艺术理论研究，他和章泯合译了斯坦尼斯拉夫斯基的《演员自我修养》，开始写作专著《角色的诞生》，是演艺圈中既有丰富实践经验又有深厚理论素养的出类拔萃的人物。抗战胜利后，郑君里积极参加了联华影艺社的组建工作，后来又成为昆仑编导委员会的委员。他那时三十五六岁，潇洒倜傥，风度翩翩，谈吐高雅，才智不凡，以极其谦逊恭敬的态度，执学生之礼，向蔡楚生学习导演艺术，两人联合执导了《一江春水向东流》，取得了巨大的成功。郑君里的勤奋好学、刻苦追求，在昆仑是尽人皆知的。由于他资质优秀，根底深厚，所以能全面、深刻领会蔡楚生的创作意图，准确、完美地体现蔡楚生的摄制计划，成为蔡楚生十分得力、完全放心的助手，是代替蔡楚生在现场指挥拍摄制作的执行导演。在蔡楚生言传身教的全面培养下，通过《一江春水向东流》的摄制实践的历练，郑君里迅速地成长起来，成为影坛上难得的导演奇才。不久，在建国前夕，他独立导演了影片《乌鸦与麻雀》，成为中国电影史上的经典之作，享誉海内外。郑君里导演艺术的成熟，与蔡楚生的着意培养、提携、帮助有很大关系。与此同时，在影片的摄制过程中，蔡老也注意对徐韬、黄祖模等人的培育引导，我有幸也忝列其中，受到他的教诲。

《一江春水向东流》剧照

参与剪辑《一江春水向东流》，在蔡老身旁观看他如何实施剪辑，是我难得的学习机会。蔡老从头至尾教我如何剪接镜头画面，耐心细致地教我如何运用画面附加技巧。他对我讲，镜头相接必须张弛有度，松紧适宜，怎么有利于刻画人物、有利于剧情发展顺畅就怎么做，不必墨守成规。画面附加技巧（即“化出化入”、“淡出淡入”、“圈出圈入”之类）制作时要十分细心，事先要算好尺寸，技巧画格多寡要以刚刚合适为度，否则就会出现过于拖沓或过于紧促的状况，不利于剧情的顺畅进行。他对我的每一个微小进步都予以鼓励；对我由于经验不足、技艺不熟练造成的失误也给予善意的劝导。有一次，我剪套声画底片时，把声音与画面套错了（初剪时没有将声音提前二十个画格与画面套底），导致声画不对位、口型不准确。蔡老到天通庵路中电一厂来看样片，郑君里、朱今明也来看，看完A拷贝样片后，蔡楚生说“有点问题”，又对郑君里用英语说了一句“口型不对”。郑君里英文很好，一听就知道是怎么回事。蔡老不愿当面教训我，用这样委婉的言词点明我的差错所在，使我免得处于尴尬的境地。事后，直接领导我们的孟君谋也只对我说了一句：“小傅，这次你怎么疏忽了？以后注意点。”这使我很感动，也深受教育，体悟到昆仑师友的亲切和友善，体会到昆仑公司的民主作风和团队精神。这类失误，损毁了胶片，耽误了时间,如果在大同、国泰那样的资本家私营电影厂家,一定会受到老板的申斥和责罚,扣工钱,甚至开除。而昆仑则培养爱护年轻人,民主,大气,鼓励他们学习业务,减少失误,在实践历练中成长,从不轻易予以责罚。影片剪辑工作完成之后,蔡楚生认为我进步很快,主动提出要我在片头字幕“剪辑”一栏中上名。孟君谋同意了,对我说,小傅,邬廷芳是你师傅,陈曦比你年长,也是老资格,你就排在他们之后上名,如何?我当时表示上名不上名没关系,如果上名当然应该列在两位老师之后,如果不上名也可以。这不是我故作谦逊,而是我的心里话。因为,通过参加《一江春水向东流》的剪辑工作,在蔡老的指点下,我学会了样片、底片的剪辑和各种画面附加技巧的制作,运用剪辑手段比较成熟了,为日后独立剪辑影片准备了条件,奠定了基础,有了这样重大的收获,片头字幕上不上名,确实不是最重要的事。当然,最后还是上了名,这是我从事剪辑艺术道路上的一个重要标志,也是蔡楚生、孟君谋和后来多次力荐我在片头字幕上名的沈浮等昆仑同仁对我的肯定和厚爱。对于昆仑公司对我的培养激励和深情厚意,我将铭刻在心,永志不忘。

10. 联合剪辑昆仑数部影片

1948 年和 1949 年,邬廷芳老师和我联合剪辑了《万家灯火》等昆仑出品的数部影片。这几部影片的片头字幕“剪辑”(有的是“剪接”)一栏里,邬廷芳、傅正义师徒两人的名字并列,在影坛一时传为美谈佳话。

《万家灯火》编剧阳翰笙、沈浮,导演沈浮,影片通过贸易公司职员胡智清一家的生活遭际,尖锐地揭示了国民党反动派对人民的掠夺压榨,深切地展示了国统区广大民众的痛苦不幸,真实生动地描绘出一幅战后都市社会混乱、悲凉的生活图景,编剧、导演、表演、摄影、美术都极具功力,堪称一部现实主义佳作,是昆仑奉献给广大观众和中国电影业界的又一部经典作品。

导演沈浮是天津人,1905 年生,早年参加电影、戏剧工作,抗战时在重庆演艺界就很有名气。抗战胜利后,沈浮到北平“中电”三厂编导了两部影片。之后,当局要他拍“勘乱”反共影片《铁》,他坚决拒绝,遂毅然离开北平,南下到沪加入昆仑。他拍得快,拍得多,是昆仑有名的快手和高手。蔡楚生、史东山拍片细致缓慢,而沈浮却敏捷迅速,又能保证影片质量。在昆仑的导演群中,谈及威望和能力,史、蔡之后,就要算沈浮了。如果说史东山有西洋名流派头,蔡楚生像一位儒雅的书生,沈浮则是燕赵豪侠之士。他真是一个典型的北方汉子，为人正直爽快，行事宽厚公道，对人热诚谦和，出语干净利落，工作时雷厉风行，艺术上质朴洒脱，深为同辈和晚辈所敬重。在1948年下半年昆仑三老相继离沪赴港之后，沈浮在艺术方面就挑起了昆仑影片创作的大梁，成为编导行列中的领军人物。

之后不久，沈浮又编导了昆仑的另一部影片《希望在人间》。通过对具有坚强性格、高尚情操的大学教授邓庚白这一典型形象的塑造，反映爱国知识分子对日寇及汉奸特务的英勇斗争。由于剧本的内容很容易使人联想到国民党血腥的特务统治，联想到激起国人公愤的“暗杀李(李公朴)闻(闻一多)事件”，联想到国统区波澜壮阔的民主运动，反动当局对这部影片设置了重重障碍，百般阻拦，必欲扼杀而后快。沈浮在北平“中电”三厂时就打算拍摄这部影片，但被厂方所拒绝。加入昆仑后，编导委员会对剧本提了一些意见，沈浮作了修改，正准备投入拍摄，布景都搭了好几堂，但剧本送审时遭国民党检查当局刁难，又被搁置起来。后来，经过反复交涉，剧本才得以通过，总算投入了拍摄。影片拍成之后，先后三次送检，国民党检查机构大量删剪之后，才准予上映。虽经剪下之灾，影片上映后仍然受到青年学生和公教人员的欢迎和好评，紧密地配合了国统区如火如荼的民主革命运动。

沈浮在《万家灯火》和《希望在人间》中表现出一种独特的导演风格，即朴实、沉稳、含蓄而又委婉舒缓、意味深长。沈浮非常注重生活实感，他执导的影片，现实生活的色彩特别鲜明浓烈，毫无夸张卖弄失真之弊。他拍得快、拍得多，但从不马虎草率，降格以求。我亲眼得见，沈浮对场景布置、灯光安排、镜头运用、演员表演等方面要求都十分严格，认真到一丝不苟的地步。他拍片和剪辑时，总是胸有成竹，指挥若定，从不临场慌乱，从不拖泥带水，绝不耽误时间，绝不浪费胶片，拍得快又拍得好，既省钱又赚钱，自然受到公司上下的赞扬和推崇，视为昆仑一“宝”。

《万家灯火》和《希望在人间》两片由于故事编排精彩，镜头处理得当，剪辑进行得颇为顺利。由我初剪，邬廷芳老师细剪，最后全面调整制作完成。沈浮自己不动手剪片，但把握全局，关注重场戏，不时予以指点。他特别注意镜头连接的自然，场景转换的合理，节奏处理的顺畅，不搞什么时髦的所谓新花样。他快人快语，要求明确具体，主意高明精到，但绝不盛气凌人，总是与我们剪辑商量着实施办理。因此，和沈浮导演一道剪辑影片，感到特别轻松舒畅。唯一使人头痛的是国民党电影检查机构的审查和删剪，有时把片子搞得七零八落，各部分失去了联系；有时莫名其妙地拦腰剪断，使前后剧情牛头不对马嘴；更恶毒的是把整场戏拿掉，故事段落中出现了空白。为了对付这些检查老爷们的恶劣行径，沈浮、邬廷芳以至阳翰笙、孟君谋都想尽办法，绞尽脑汁，力图运用剪辑手段，巧妙地予以改动和补救，起到了不伤主干，曲折表达主题，甚至起死回生的作用。在这一关键当口上的作为，显示了沈浮、阳翰笙机敏灵活的艺术构思能力，邬廷芳高超熟练的剪辑技巧，给我以深刻的教育，使我学到了许多平时学不到的东西。我开始明白了，剪辑技巧，只有为革命的进步的电影艺术创作服务，才能发挥更大更有意义的作用。所以，在剪辑这两部影片时，我总是虚心学习，扎实工作，没有出现闪失错误。沈浮见我很尽心卖力，勤奋好学，技艺上趋于成熟，对邬廷芳老师说，给小傅上名吧。经过他多次举荐，邬师傅和公司负责人士同意，《万家灯火》等几部昆仑的影片均在片头字幕上将邬廷芳和我并列排名。

《关不住的春光》编剧是欧阳予倩。由王为一、徐韬联合执导。该片通过青年知识妇女反抗束缚、渴望自由、追求光明的进步历程，表现了人民群众和编导者要求解放的热切愿望。这是王为一、徐韬担任导演的第一部影片，虽是新手，但由于肯下功夫，又充满激情，所以影片拍得波澜迭起，颇有韵味，很受青年观众的欢迎。赵丹在影片中扮演的男主角是一个反派人物，他戏路大变，表现了自私专横的伪君子的丑恶本质。朱今明那时正在拍摄《万家灯火》，也来帮助他的师傅吴蔚云拍了影片中的歌舞场面“垦春泥”。赵丹、徐韬、王为一、朱今明少年时就是好朋友，又同在新疆被军阀盛世才关押了四年零八个月，人称影剧界的“四君子”；这次，又差不多一道参加了该片的摄制工作，在影坛一时传为美谈。在拍摄《八千里路云和月》的时候，我就认识、熟悉了作为副导演的王为一，对他勤奋好学，不懂就一问到底，不会就反复琢磨，在艺术上肯下功夫的精神很是佩服。徐韬在拍摄《一江春水向东流》时就认识了，作为助理导演，他虚心向蔡楚生、郑君里学习，进步很快。徐韬善于协调各部门的创作力量，有着极强的组织能力，精明强干，给我留下深刻的印象。后来我才知道，徐韬早在1935年就加入了共产党，当时是昆仑公司地下党组织的实际负责人。我主要与王为一一道剪片，徐韬参加的时间不多，可能是他当时有许多更重要的工作要做。王为一为人和善，很好合作，该片剪辑得十分顺利。邬廷芳老师对我颇为信赖，只是在最后临近完成时来检验把关。我剪得很用心，很仔细，没有出岔子。在剪辑制作预告片时，我冒险剪了声音，做了一次大胆的尝试。那时每部影片上映前都要制作一部预告片，四五分钟左右，在影院上映，为即将推出的影片做宣传。《关不住的春光》预告片中有一个场面：突然一声枪响，让起来反抗的农民群众一时怔住了。可是，由于枪声已被剪去了，没有声音，这个让农民怔住的场面就显得滑稽而不可理解。为了解决这个问题，根据剧情和画面的需要，我先把合成的嘈杂的群众声音剪开，嵌入一声枪响，把枪声的尾部剪掉，再连接上群众杂声，效果很好，王为一、徐韬看了都很满意。声音剪辑，由于要看声音波纹，只能大致估计，技术上难度很大，一般剪辑人员当时都不敢轻易下剪。我经过反复琢磨，认真估算，细心操作，总算取得成功，心中十分高兴，但手上确实捏了一把汗，生怕失败。预告片的制作成功，增强了我探索、钻研剪辑艺术技巧的勇气和信心。

《丽人行》的编剧是田汉、陈鲤庭，导演陈鲤庭。影片通过三个女性不同的生活经历，反映了抗战期间沦陷区人民的痛苦和斗争。陈鲤庭是当时影剧界的名家之一。早在三十年代初，他创作的街头剧《放下你的鞭子》就曾风靡全国。抗战时期，他在重庆导演了郭沫若所著历史剧《屈原》，更是名震山城。他注重电影艺术研究，翻译了普多夫金的《电影演员论》等苏联电影理论书籍，编著了有名的《电影规范》一书。他是我们昆仑的理论家，讲起话来成章成套，条理分明，引经据典，文采斐然。陈鲤庭很勤奋，每天工作到深更半夜，是有名的“夜猫子”。他上午无精打采，下午精神百倍，晚上劲头十足，与他一道拍戏、剪片，必须适应他这种生活习惯，才能有效配合。陈鲤庭拍片很讲究艺术性，预先精心设计，临场严格要求，后期精工制作，始终保持着一种清丽、悠扬、雅致的风格，达到了很高的艺术境界。与史东山、蔡楚生一样，陈鲤庭也是亲自动手剪片，我当助手，进行初剪，邬廷芳老师收尾完成。陈鲤庭有学问，懂艺术，他搞剪辑带有研究性质，一场戏，一组镜头，一个段落，打算怎么剪，应该怎么剪，为什么这样剪，他边剪边比较边研究，还同时为我们详加说明，对我深有启发，受益良多。他不仅将剪辑视为一种技巧的运用，更是将剪辑作为电影艺术的一种创作手段来对待，从理论上大大提高了我对剪辑艺术的理解和认识。跟着陈鲤庭剪一部影片，等于结合剪辑实践上了一堂生动具体、深入浅出的剪辑艺术理论课。

在剪辑昆仑影片的过程中，接触最为频繁的自然是影片的导演；同时，由于业务关系，也与各部影片的摄影师过从甚密。除韩仲良外，当时与我来往较多的还是吴蔚云、朱今明师徒。吴蔚云是中国第一代摄影师之一，在影坛享有盛誉。三十年代他拍过《桃李劫》、《逃亡》等名片；抗战期间，又在“中制”拍了《保卫我们的土地》、《日本间谍》等抗战影片。回到上海加入昆仑后，他担任《一江春水向东流》和《丽人行》的摄影顾问和技术指导。吴蔚云担纲拍摄了《关不住的春光》一片，充分体现了他构图灵动明快、画面真实自然、节奏舒缓流畅的摄影风格。吴蔚云早年进入影界学徒，靠自己的勤奋努力几乎学通了电影的全部技术行当，知道从艺创业的艰难，因此他特别热心扶植后进，培养青年摄影师，而拍摄了《一江春水向东流》、《万家灯火》、《希望在人间》等片的朱今明就是他的得意高足。朱今明早年在故乡南通与赵丹、顾而已等同学一起演出进步话剧，后进入明星公司学摄影，又参加左翼戏剧运动，成为舞台照明美术专家。抗战期间，参加救亡演剧队的宣传活动，后与赵丹等赴新疆时一同被捕入狱，经营救回重庆。抗战胜利后，先到上海在"中电"二厂拍了他担任摄影的第一部影片《遥远的爱》(陈鲤庭编导)，然后进入昆仑连续拍摄了《一江春水向东流》、《万家灯火》、《希望在人间》和《三毛流浪记》。《一江春水向东流》取得了巨大的成功，《万家灯火》更是体现了朱今明高深的艺术功力和独特的摄影风格。两部影片的摄影艺术皆可列入中国电影摄影史中的经典。朱今明为人正派，思想进步，对艺术执着追求，在摄影技艺方面有开拓有创造。吴蔚云懂得剪接(无声片时代的导演、摄影师一般都懂得剪接技巧)，时常就剪辑技巧的运用和处理提出建议。韩仲良、朱今明有时也就剪辑的有关问题与我们商量。摄影师提出的意见大都比较具体，很有价值，往往得到导演和剪辑的采纳。通过影片制作和剪辑工作的实践，我深深体会到，剪辑师与导演、摄影师的密切合作至关重要，在一定意义上说，它是影片制作取得最后成功最重要的保证。

11. 独立剪辑《三毛流浪记》

1949年初，上海解放前夕，在昆仑公司的《三毛流浪记》摄制组成立会议上，孟君谋宣布演职员名单时，明确指定我担任该片"剪辑"，表明我正式走上了独立剪辑的岗位。

《三毛流浪记》的编剧是阳翰笙，他根据当时影响甚广的张乐平的三毛漫画，编写了电影剧本。外界得知昆仑将把三毛推上银幕，纷纷表示支持。但国民党特务却寄来匿名信进行恫吓，说"不准将三毛搬上银幕，假如不听的话，将予以不利!"昆仑同仁不为反动派的威协恫吓所动，坚持拍摄。影片通过倔强、机灵、质朴、善良的三毛悲苦辛酸的流浪生活，尖锐地揭露了国统区黑暗腐败的社会现实，矛头直指国民党反动当局，具有强烈的现实意义。当时，人民解放战争节节胜利，国民党政权已处于风雨飘摇之中，阳翰笙和昆仑决定拍摄这部影片，就是要让三毛这一妇孺皆知的穷苦流浪儿的形象化作一枚重磅炮弹，射向反动营垒，促其崩溃毁灭。我首次独立剪片就能参加这样有意义的工作，也算是一件幸事。

《三毛流浪记》剧照

《三毛流浪记》的导演是赵明、严恭，都是三十多岁的青年进步文艺工作者，这是他们第一次执导影片。阳翰笙安排他们担任导演，是为了培养新生力量，为未来的新中国人民电影事业准备人才。再度起用朱今明为该片摄影师，提拔我为独立剪辑，都是同一目的。为了帮助赵明、严恭和我们这些年轻人，特别安排了陈鲤庭为该片的艺术指导，还让韩仲良帮助朱今明拍片。影片拍摄之前，阳翰笙、严恭曾经有意化了装，到上海流浪儿童栖身活动的“地龙”和排水道中去体察流浪儿们的悲惨生活，到警察局和“儿童教养所”了解流浪儿的有关情况。严恭还带着扮演三毛的小演员王龙基(作曲家王云阶的儿子，当时只有六岁多)去观察、感受流浪儿的痛苦辛酸。在阳翰笙、陈鲤庭、沈浮等人的指导帮助下，赵明、严恭以夸张风趣的讽刺喜剧形式，小演员喜剧化的表演，再现了流浪儿的真实生活，激发起观众对三毛等穷苦儿童的强烈同情，以及对黑暗现实的无比憎恨，影片取得了成功。由于局势动荡，加上国民党当局的阻挠，影片在上海解放前未能拍摄制作完成。一直到1949年5月底上海解放后，才将影片制作完成，在当年农历的中秋节开始上映，好评如潮。正是由于编、导、演等各方面的共同努力，执着追求，才使影片拍得真实、生动，极富儿童情趣，至今还受到广大观众尤其是少年儿童的欢迎。

我独立担任《三毛流浪记》的剪辑，是朱今明提议，孟君谋同意批准，还与史东山、沈浮的举荐有关。当宣布我为该片剪辑时，心中确实有些紧张。以前搞剪辑，都是在名导演指导下进行，又有邬老师“保驾”，总感到有拐棍可以支撑，有靠山可以依靠。现在独立剪辑，一切都要自己拿主意，一切都要靠自己了。我稳住神，静下心，决定充分运用以前积累下来的经验，按规矩办事，尽全力做好这部影片的剪辑工作。我很努力，真下了功夫，吃饭、睡觉都在考虑剪片的事，生怕出了岔子。严恭十分好学，也想努力学习剪辑技艺。他与我一道剪片，遇到问题互相商量解决。影片剪到一半的时候，陈鲤庭来看了看，提了一些具体的意见，并予以鼓励。我把片子剪完后与严恭、朱今明一道先看了一遍，都认为不错，可以了。不过，我再仔细一检查，觉得有些段落、有的对话剪得有点“松”，让场记记下来，又“修”剪了一遍。那时为了节省胶片，素材拍得不多，三毛的镜头也不够用，我只得插了一些空镜头来补救。片子混录后又修改了一次，很顺利地就“通过”了，在“大光明”影院上映时，反映很好，我的心才全放下来。严格地说，由于这是我第一次独立剪片，经验仍然不足，加上当时正值上海解放前后的动荡时局，缺乏一个适宜的创作环境，这部影片的拍摄、制作均有一些缺欠之处。但总体来说，《三毛流浪记》从编剧到摄影到表演到剪辑，都是成功的。我为自己初战告捷而高兴。我知道，之所以取得成功，除了自己的认真努力之外，还与陈鲤庭、朱今明、严恭的指导帮助，与昆仑公司的信任、关照、培养有直接关系。我感到，担任独立剪辑，首先要有主见，不要急切下剪，要有全局观念，要有把握分寸的能力。所谓全局观念，就是要通观全片，注意剧情总体发展的平衡和完整，杜绝不应有的停顿与割裂。有时，从局部看来进行某一剪辑处理效果甚好，但从全片来看则不合适，那么，这一处理就应舍去。剪辑往往是牵一发而动全身，应该仔细思量和认真处理。而在剪辑工作中，最考功力之处是分寸的掌握，无论是镜头长短的取舍，对话承接的松紧，还是节奏的掌握，情调的拿捏，都有一个分寸感和适合度的问题。而这个问题，需要不断摸索，总结经验教训，在不断的剪辑艺术实践中才能真正解决。

12. 在昆仑成家立业迎接解放

在昆仑，我由一名年轻的剪辑助理成长为能够独当一面的剪辑师，算是初步立业。同样是在昆仑期间，我这个单身汉结婚生子，组成了自己的小家庭。成家立业，皆受昆仑之惠赐，因此我一直对昆仑心存感激。

1947 年冬，我向公司请假回到武汉，11 月 10 日在汉口与万秀明结婚。当时，我 24 岁，秀明 18 岁。万秀明是汉阳县蔡甸（镇）人，在汉水南岸，距汉阳县城不远。她的父亲原在一钱庄工作，已辞世，留下她母亲和姐妹俩。岳母没有什么文化，平日喜欢打牌（麻将），后来改嫁一聂姓商人，开了家米行，生活并不富裕，常处于困顿之中。我与万秀明结婚，是经我的一位本家堂兄傅会之介绍的。他住万家对门，认为秀明不错，向我母亲提亲，我母亲答应了，催我回汉口完婚。成婚后，我带着秀明回到上海，居住在徐家汇三角地一间民房中。一年后，我又在三角地附近的殷家角租了一间带阁楼的平房，把母亲和弟弟从汉口接来。我们夫妇俩和母亲三人住在殷家角平房内,弟弟傅正卿住进昆仑公司集体宿舍。那时我拿着昆仑和“中制”两份工资,生活还算过得下去。

到了1948年底和1949年初,由于国统区上海滩经济崩溃、金融混乱、物价飞涨,加之大儿子傅国亮出生,添丁增口,生活就显得愈来愈窘困。当时,物价一日向上翻滚几次,而货币不断贬值,一大捆金元券银元券买不到一斗米,公司一发工资大家就上街抢购食品和日用品,但市场混乱,有钱也买不到大米白面,一般市民几乎断炊。昆仑总经理任宗德急忙通过他夫人周宗琼从重庆运来几木船大米,成包地发给公司职员,多少缓解了燃眉之急。第一个孩子出生时,接生要十元大洋,我只得到市上(徐家汇周围到处都是银圆交易市场)去倒卖洋钱,赚了十元钱,算是交齐了接生费。解放前夕,上海滩社会秩序的混乱,物资供应的紧缺,市民生活的痛苦,已经到了暗无天日、民不聊生的地步,人们都盼望着国民党反动派早日滚蛋,人民解放军早日到来。

然而,愈是黎明前的黑暗,反动派愈是疯狂挣扎。他们阻挠、破坏《三毛流浪记》的摄制,查禁、封杀《乌雅与麻雀》的拍摄,可谓无所不用其极。昆仑同仁在地下党组织的领导下,与反动派的特务爪牙们展开了巧妙的斗争。摄制工作明停暗不停,检查时停平时不停,实在不得已暂时停下来时,保管好有关资料、底片、样片,各部门人员分别修改剧本,增补措施,完善方案,一旦有条件立即恢复摄制工作。我曾将一大包有关《三毛流浪记》的材料上交孟君谋隐藏保管,同时尽力设法不中断该片的剪辑工作。国民党特务到四川北路蔡老家抓捕蔡楚生未能得逞,老羞成怒抓去了张客。地下党组织让任宗德总经理出面,经过多种关系全力营救,我也在要求保释的请愿书上签名,终于将张客救出了牢房。解放前夕,我还在剪辑《三毛流浪记》的同时,积极参加了地下党组织领导布置的护厂斗争。我们在厂区纠察巡逻,守护库棚科室,盘查可疑人物,防止特务破坏。见国民党反动派大势已去,“中制”与国民党方面关系较深的一些人如华惠英(摄影师)、洪世璜(照相师、张治中的亲戚)到昆仑来找到我和其他编制上仍属“中制”的人,劝说我们与他们一道离开上海到台湾去,我以结了婚有孩子为由拒绝了。我当时认定昆仑是进步的有前途的,根本不会考虑跟着腐败的国民党反动派跑到台湾去。就我所知,所有拿着“中制”、昆仑双份工薪,与“中制”有关系的人,如吴蔚云、韩仲良、韩尚义、邬廷芳、陈曦、王云阶等人,没有一位离开昆仑到台湾去。在历史转折的关键时刻,昆仑同仁除极个别人外,都做出了正确的爱国的政治选择。

5月下旬，解放军已经包围上海市区，攻占龙华，在徐家汇可以清晰地听到枪炮声。昆仑、文华公司的职工家属，都躲到三角地摄影棚内，摄制工作全部停顿下来。24日打了一天一夜的炮，25日清晨起来到街上一看，三角地周围的街道两旁全都睡满了解放军战士，他们抱枪和衣而卧，不扰市民，不进民房，体现了人民军队爱人民的革命本质，深深地打动了上海市民，大家纷纷拥上街头热烈欢迎。吴茵等演员都走出昆仑厂区前往慰问，送去茶水、鸡蛋，有的战士只喝了口茶水，鸡蛋一律不收。我和昆仑同仁一起参加了各种慰问、庆祝、游行活动，大家都沉浸在获得解放、欢庆胜利的喜悦之中。

上海一解放，夏衍、于伶、钟敬之等人就到昆仑来了，与沈浮、陈白尘、陈鲤庭、任宗德等人会面，商谈在新形势下影片拍摄事宜。同时，派徐韬、张客等人接管"中制"、"中电"等原国民党控制的电影机构，组建上海电影制片厂。大概是上海解放三四天后，钱筱璋身着解放军军服，到昆仑公司看望他的老朋友吴蔚云、官质斌、邬廷芳等人，后来又到我家来坐了一阵。我母亲看出他很忙，还饿着肚子，特地给他煮了一碗鸡蛋面。钱筱璋说他是为了拍摄大型纪录片《中国人民的胜利》到上海来的，看到我在昆仑成长为一名能够独立工作的剪辑人才十分高兴，对我讲了不少鼓励的话。临走时，他拿出两元大洋塞在我大儿子(当时才几个月)的襁褓之中。算起来，重庆一别将近十年，作为我的剪辑启蒙老师之一，他对我还是那么热情关怀，实在令我感动不已。

上海解放不久，昆仑公司就恢复了正常的摄制工作，我也重新投入了《三毛流浪记》的剪辑中。恰逢南京军政大学招生，我动员弟弟傅正卿前往投考，被录取，于是在建国前他就参加了解放军，进入革命队伍的行列。在这之后不久，万秀明的妹妹聂佩华也在上海被招录，去东北工作。那时我们都是青年人，革命热情高涨，坚信只要跟着共产党走，在初创的新中国一定会有远大的前程，一定会过上和平、安定、幸福的新生活。我怀着革命的激情，美好的期望，进步的追求，与昆仑同仁一道意气风发、精神振奋地走入了新生的人民共和国。

13. 剪辑故事片《武训传》

《武训传》是昆仑公司在建国后推出的第一部影片，也是我独立剪辑的

第二部影片。该片从筹备、拍摄、公映，直至遭受批判、停止发行和改革开放之后获得平反的全过程，真可谓复杂曲折，惊心动魄，影响深远。我有幸或曰不幸参与其艺术创作，心中感悟良多。

《武训传》编导孙瑜、主演赵丹、摄影韩仲良、美术丁辰、制片孟君谋，均为影坛一时之选，都是昆仑的创作骨干。孙瑜是四川自贡人，1900 年生，是中国电影界的前辈人物。早年他在天津南开中学、北京清华大学读书，后来公费赴美留学，先后在威斯康星大学、哥伦比亚大学 、纽约摄影学院学习文学戏剧、电影编剧、导演、摄影、洗印和剪接，是我国在国外经过专门学习的最早的一位电影艺术家。1926 年孙瑜学成回国，在“长城”、“民新”等影片公司任编导并拍了几部影片。三十年代初，孙瑜进入联华影业公司，导演了《故都春梦》、《野草闲花》等具有反封建意义的影片，受到广大观众特别是青年人的欢迎，声誉日隆。后来，他又导演了《共赴国难》、《火山情血》、《小玩意》、《大路》等进步影片，成为三十年代左翼进步电影运动的著名导演之一。尤其是《大路》一片，新颖明快，激情澎湃，具有强烈的时代感和冲击力，放映后轰动上海，成为三十年代左翼进步电影和孙瑜导演艺术的代表作。抗战时期，孙瑜先后在重庆“中电”、“中制”导演了《长空万里》、《火的洗礼》等抗战影片，颇有影响。1941 年在重庆纯阳洞“中制”厂区，我曾看见一位颇有学者风度很像史东山的洋派中年人，说着一口四川话，有人告诉我这就是有名的大导演孙瑜，正在“中制”摄制影片《火的洗礼》。我当时只是一名十六岁的学徒工，自然无缘和他交往。一直到差不多十年之后，当我担任《武训传》的剪辑时，才有机会彼此认识和交谈。孙瑜作为著名的资深的进步电影导演艺术家，在重庆、在当时、在这之后的岁月里，都给我留下了深刻的难以磨灭的良好印象。

就我当时和日后所知，早在 1944 年抗战时期，人民教育家陶行知先生就曾多次热诚地向孙瑜介绍了清代同治、光绪年间山东堂邑武训“行乞兴学”的义举，希望能将武训的业绩搬上银幕。孙瑜接受了陶先生的建议，经过多年酝酿构思，于 1948 年初完成了《武训传》电影剧本，7 月间在“中制”投入拍摄。11 月初，当《武训传》拍摄大约三分之一的时候，“中制”由于经济困窘等原因而停止拍摄；到 1949 年 2 月，昆仑以一百五十万“金元券”从“中制”购得《武训传》的拍摄权和已拍成的底片。上海解放以后，昆仑编导委员会在沪成员，就原有剧本进行了重大修改，突出了农民的反抗，加强了对武训的批判，力图使其成为一部适应新社会、新形势、新时代需要的新剧本，态度积极，用心良苦。1950 年，孙瑜带着《武训传》摄制组，到达山东武训家乡重新开始拍摄。孙瑜全力以赴，精心执导，拼命工作，拍得很认真，很细致，很下功夫，又快又好。由于素材丰富，场面精采，于是将原为一部影片的容量扩展为上、下两集。年底全片拍摄制作完成，1951 年初在上海、北京通过了有关部门和中央领导同志的审查，二月在全国上映，一时好评如潮，赞扬备至，轰动海内。摄制组成员和昆仑同仁都欣喜兴奋不已，为自己能为新中国奉献出一部文艺佳作而庆幸。但是，好景不长，5 月 20 日《人民日报》发表题为《应当重视电影〈武训传〉的讨论》的社论，认为《武训传》是一部“污蔑农民革命斗争、污蔑中国历史、污蔑中国民族的反动宣传”的影片，有“重要的思想政治问题”，要对其开展“严正的批判”。于是全国各地各类报纸刊物立即跟进，纷纷发表大批判文章，口诛笔伐，万炮齐轰《武训传》及相关的文章、画册和书籍，点名批评数十人，一场建国后首次开展的思想政治运动在全国范围内轰轰烈烈地展开。在空前的政治高压下，孙瑜、赵丹以至夏衍等人接连多次公开检讨，昆仑公司停止上映《武训传》，使其在政治上、经济上蒙受沉重打击和巨大损失而趋于破产。批判影片《武训传》，开创了以“左”的思想和方法大搞政治运动的恶劣先例，对日后中国的政治生活产生了长期的不良影响；同时，使文艺界尤其是电影界建国后第一次受到“左”的政治运动的严重冲击，使文艺创作包括电影创作一度陷于困境。批判《武训传》造成了严重的不良社会后果，使人民电影事业在起步初期就遭受到“左”的沉重打击。自此之后，《武训传》在中国影坛上消失，很多人不知道这部影片的存在。只是在“文革”中，为了险恶的政治目的，又将《武训传》作为“反动影片”在一定范围内放映，进行所谓“革命大批判”。直到八十年代改革开放的新时期，才对《武训传》予以“平反”，恢复、承认了《武训传》及其创作者应有的荣誉和地位。

实事求是地说，由于当时历史条件和思想认识的局限，《武训传》在人物评价及艺术处理上确实存在偏差和缺欠；但就其总体而言，思想上是进步的、努力倾向革命的，艺术上是精湛的、有着创新意识的，是一部思想进步艺术精湛的文艺片。导演运用、调度、创造了各种电影表现手法，从各个侧面努力刻画武训这个奇特怪异的历史人物形象，淋漓尽致地表现了他兴办义学的苦操奇行，演绎出一场行云流水、荡气回肠的悲喜剧情，加上赵丹出神入化、精彩绝妙的表演，使武训这个艺术形象昂然屹立、活灵活现，整部影片感人至深。老实说，在剪辑过程中，开始看样片时，我对武训的形象、行乞、动作，印象不佳，感到他肮脏、猥琐、无赖、落后；但随着剧情的发展，加之赵丹的表演，逐渐为故事所打动，感情发生了变化，对武训的形象和行为不再感到不舒服了，反而认为他为了让穷孩子读书办义学，难能可贵，精神可佳。很多同事和观众都说，在他们观看《武训传》时，也有一个同样的“转变”过程。由此足见影片的艺术感染力之强之深。影片不拘泥于一般的现实主义创作手法，而是有着浓重的浪漫色彩，多次出现幻影梦境，充满诗情画意，有着独特的艺术风格和高超的文化品位。值得一提的是，孙瑜在影片创作中使用了一些当时很少使用或没有用过的电影表现手法，丰富了中国电影的艺术表现技巧，增强了影片的表现力和感染力，很有创造性、开拓性，可惜因为影片受到批判而未引起重视。然而，事实和历史都已经证明，《武训传》是一部思想进步、艺术精湛的文艺片，理当进入中国电影史上的经典作品之列。

《武训传》的成功，与其主演赵丹的精彩表演直接有关。赵丹是江苏南通人，祖藉山东，早年参加左翼文化运动，三十年代以在影片《十字街头》、《马路天使》中的出色表演而闻名于国内，是进步的青年表演艺术家。在剪辑《关不住的春光》、《丽人行》等片时我曾与他有过接触，但交往不多；而到剪辑《武训传》时，过从就较为密切了。为了刻画好武训这个角色，赵丹可以说是倾其所长，力避以往舞台化过火表演之短，饱含激情，拼着性命，精雕细刻地塑造武训这个艺术形象；做到了精细准备、精心设计、精彩表演，获得了

《武训传》剧组停机纪念合影，后排右六为傅正义

巨大的成功。武训这一独特鲜活的典型形象的塑造成功，是赵丹表演艺术的一座高峰。赵丹对他在这部影片中的表演也很满意，多次高兴地对我说："小傅，你剪得很好，不错！把我演得好的片断都保留下来了！"我建议他注意一下化装的问题，感到有的地方不够一致、不够协调；他很重视我的意见，有所改进。赵丹很关心自己表演的成败，多次在剪接室无他人之时，让我给他放"毛片"、样片，观看自己的表演效果。赵丹在银幕上的精采表演，来自于他对于表演艺术的执着追求，使我对这位表演艺术家由衷地敬重佩服。

对于《武训传》的剪辑，我确实费尽心力，下了功夫，以不辜负昆仑公司对我的信任和器重。《武训传》是上、下集的大型历史人物传记片，剪辑起来有很大的难度。由于故事的延长、剧情的变化、情节的调整、线索的增减，更使这一难度加大。孙瑜先生精通剪接，他在剪辑过程中给予我很多指教和关照，使我得益匪浅，他人很随和，对我很客气，说着带有四川口音的国语，有点"结巴"，一副学者派头。该片的剪辑工作量很大，要求很高，在孙瑜导演的指点下，我可以说调动了当时可行的各种剪辑手段。有的地方，在剪辑的艺术处理上还有所创造、有所突破。比如，影片中有一大段"梦幻"场面，表现武训等不识字的穷人，被掌握了文化的阎王似的张举人打入地狱，遭受水深火热般的煎熬；武训由此梦境而大彻大悟，决心不惜牺牲个人的一切，要为穷孩子上学念书而集资办学。这一"梦境"，韩仲良利用镜子的折射、水面波纹的晃动，拍了两条地狱惨状的场景；我在剪辑时充分运用叠化等画面技巧，予以精心加工；周教大(洗印师)则使用洗印技术进行相应处理。这样，在三方的密切配合下，在当时没有特技处理的条件下，主要是通过剪辑手段，完成了"梦境"的设计和构思，生动地营造出地狱阴森恐怖的神秘氛围，效果甚佳，导演和公司都十分满意，受到各方面以至观众的夸赞。

不过，在剪辑《武训传》时，也出现过事故，差点酿成灾祸。那是在剪下集时，在原徐家汇厂剪接室上夜班，由于连日工作，甚为劳累，当时精力又集中在剪片上，没有注意到片架上的胶片距灯泡太近，突然"砰"地一声胶片燃起来了，烟气顿时弥漫蒸腾，差点儿把剪接室烧了。我连呼"完了，完了！"不顾一切地抢救片子，扑打火苗。幸好火焰很快扑灭，只是烧坏了一卷样片(一百多尺，底片尚保存完好)，未酿成大祸。当时的胶片都是硝酸片基，遇高温极易燃烧，我平时很注意，但当时确实太累了，又用了100瓦的大灯炮，所以稍一疏忽就造成了事故，是一次深刻的教训。孟君谋、杨师愈要我把大灯泡换成50瓦的灯泡，提醒我今后多加注意。这件事使我懂得，从事剪辑工作，必须严谨细致，任何疏忽，都会带来意想不到且难以弥补的损失。

对于《武训传》的剪辑，导演和公司都表示满意，邬廷芳等剪辑界前辈也予以赞赏。对我来说，这是一次难得的锻炼机会，如果说第一次独立剪辑《三毛流浪记》还带有某些盲目性、尝试性的话，那么，通过《武训传》的剪辑，我开始趋于成熟。批判《武训传》，由于我只是一位年轻的剪辑人员，在社会上和电影界没有多大影响，因此不会像孙瑜导演那样接连检讨受到沉重打击而从此一蹶不振，也不会像韩仲良老师那样因为对批判运动表示不满而从此厄运一生，只是从《武训传》的创作过程和罹难历程中所获甚多，感触良深。

14. 民营厂家联合制片时的剪辑业务

影片《武训传》受到全国性的大规模批判之后，昆仑公司在政治上、经济上均遭受沉重打击，大有难以为继之状。为了维持这家声誉卓著的进步民营影业公司，1951 年 4 月，昆仑公司暂时由上海市文化局代管。在拍摄《武训传》的前后，昆仑公司还推出了两部影片，即《人民的巨掌》和《我们夫妇之间》。

《我们夫妇之间》是根据萧也牧的同名小说改编的，编导郑君里，主演赵丹、蒋天流，摄影胡振华。这是我独立剪辑的第三部电影，在郑君里的指导下，剪辑工作进行得很顺利。郑君里拍片很认真，对剪辑工作很重视，在艺术创作上勇于研究和探索。有一场戏，郑君里准备这样处理：夫（赵丹饰）和妻（蒋天流饰）分别坐在写字台的两头，在同一画面内；第一个镜头是全景，第二个镜头是中景，第三个镜头是中近景；然后按全景稍长、中景稍短、中近景最短的长度比例连接起来，以造成一种前进式的有冲击力的节奏感，表现夫妻间的关系愈来愈紧张。郑君里问我这样剪辑行不行，能不能收到预期的效果。我对此也没有把握，说可以试一试。郑君里说，好，那我们就来做一个试验，来它一个“三级跳”！印出样片后，我按照郑君里的要求把这场戏剪辑出来，映出一看，吃了一惊，因为人物不动，环境不动，不但没有产生什么前进式的冲击力，反而有着强烈的断裂感。郑君里一看，连呼“大失败！大失败！”他很快就明白，这类“两同镜头”（同方向、同角度，不同景别）的分切连接是电影拍摄、组接的大忌，是必须力求避免使用的“死招”。于是这场戏进行了补拍，在角度上予以调整，放弃了“平”拍的手法，第一个镜头有些“俯”，第二个镜头从右边拍赵丹，第三个镜头从左边拍蒋天流；然后将三个镜头组接起来，效果良好，夫妻间的感情交流显得很顺畅。这场戏的剪辑虽有波折,但由此可见郑君里的创新意识和探索勇气,对我也是一种教育和鞭策。这部影片表现的是解放初期一对出身不同的夫妇,从老解放区进入上海这个大都会后思想感情的变化发展,清新明快,深刻细腻,很有时代感,艺术处理亦称上乘。没有想到也遭受到严厉批判,说它是“丑化工农干部”,“美化知识分子”,被打入另册。使我颇感惊惧的是,建国后我独立剪辑的两部本来颇为优秀的影片,都相继受到严厉批判,我不得不开始自省和思考。

在这之前,昆仑推出了影片《人民的巨掌》,是解放后第一部反特片。该片编剧夏衍,导演陈鲤庭,主演魏鹤龄,剪辑邬廷芳,我当他的助手。影片中有一个场面,是伪装进步的特务张荣(张翼饰)拍着桌子站起来进行煽动,陈鲤庭认为这个动作表现得不够激烈,要求重新剪,使这个动作“冲”起来。根据导演的要求,我将拍桌子的两个镜头分别处理:前一个镜头取用“拍”桌子部分,剪掉张荣站起来的部分,同时调高调大拍桌子的声音;后一个镜头剪去拍桌子部分,只用张荣站起来的部分。两个经过剪辑处理的镜头连接起来,就有了“冲”劲,动作显得格外激烈。陈鲤庭看了很满意,说:“好!我就要这样的效果!”由此可见,剪辑手段灵活巧妙地运用,可以起到烘托气氛、推动剧情、突出人物性格的作用。在这里,镜头长度、内容的选择,剪接点的掌握十分重要,只有通过长期剪辑实践的历练、积累,技艺达到熟练的程度之后,才能比较有把握地解决剪辑中出现的各种问题,才能满足不同导演对剪辑提出的要求。

1951年9月,昆仑与一家公私合营的长江影业公司(简称“长江”,厂长瞿白音)合并,组成公私合营性质的长江昆仑联合电影制片厂(简称“长昆”),拍摄了《劳动花开》、《纺花曲》、《为孩子们祝福》三部影片。我担任剪辑课课长,全课七八个人,政治学习、业务安排、行政管理一把抓。当务之急,主要是参照邬廷芳老师在上影厂订立的剪辑部门的有关规章制度,制定剪辑工作制度、人员管理规定和业务学习计划。我是第一次担任行政、技术管理干部,热情很高,积极负责,整日忙个不停。同时,我又独立剪辑了影片《为孩子们祝福》。该片编剧黄宗英,导演赵丹,主演王龙基。赵丹大概是第一次当导演,很用功,很努力,经常与我商量有关剪辑的事。影片中有一首儿童歌曲《亮晶晶》,为了声画和谐,我在剪辑上下了不少功夫。赵丹爽快洒脱,黄宗英文雅秀丽,都没有明星架子,对我在该片的剪辑工作颇为满意。这是我剪辑的第二部儿童片。不过,这部影片故事不吸引人,表演也一般,放映后没有引起多少反响,可以说是失败之作。之所以如此,可能是由于赵丹、黄宗英那时还不熟悉编导业务,也与赵丹因《武训传》和《我们夫妇之间》

接连遭受批判心态不好有关。长昆厂开展业务为时还不到半年，包括剪辑课在内的各部门的工作还没有走上正轨，就又合并到新成立的上联厂去了。

1952年2月，“长昆”又与“文华”、“国泰”、“大同”、“大光明”、“大中华”、“华光”等私营影业公司联合，成立了国营性质的上海联合电影制片厂（简称“上联”）。上联由上影厂厂长于伶兼任厂长，叶以群任副厂长实际负责。上联成员上千，鱼龙混杂。厂长办公处在淮海中路一座楼上，剪接部门仍在徐家汇三角地。上联管理剪辑业务的机构称为剪辑部门，宣布干部名单时正负责人是文华的剪辑师傅继秋，副负责人是我。剪接部门有十五六个人，都是原来八家电影公司的剪接人员，如傅继秋、韦纯葆等。当时剪辑部门的首要任务是进行人员登记，了解各自的工资状况、政治面貌、业务水平。同时，摸清各家电影公司有关剪辑的设备、工具和场地状况。为此，我曾多次到位于大木桥的大同、国泰等公司去调查摸底。部门的事，大都是我在安排处理，傅继秋有时过问一下，很少具体处置。因为我来自昆仑，大家都知道那是共产党领导的电影厂家，对我比较看重，我与大家也相处得很好。

傅继秋当年五十岁上下，是剪辑界的老资格，技术上很有一套，对人也和善可亲。他老成持重，世事洞明，处事练达，做出了一些很有意思的事。新来的同事告诉我，文华公司请曹禺导演拍摄故事片《艳阳天》，傅继秋任剪辑。曹禺是大戏剧家，但对电影摄制业务还不够熟悉，他学美国好莱坞的办法，分镜头时搞“沙盘作业”，拍摄、剪辑的方案不断变化，搞得剪辑师傅继秋很伤脑筋。有一次，曹禺指着“毛片”上一段画面说，女主角从窗口跳下落地时，屁股一沾地就剪掉。傅继秋怕曹禺的剪辑方案再发生变化，就说请先生写个条子明确一下以便遵行。曹禺提笔就写了张“从窗跳下落地即剪”的条子，交给傅继秋，傅继秋按照曹禺的要求进行了剪辑处理。影片完成后，文华公司在八仙桥黄金大戏院招待演艺界人士观看，当放映到女主角从窗口跳下之后，没有看见人已落地的展现，曹禺立刻叫起来，对陆洁（文华主管制片的负责人）说，傅先生把片子剪坏了！陆洁一听冒火了，说明天开会解决。次日上午九时开会，曹禺、傅继秋都出席了。用动画机一放映，确实女主人公没有落地的表现。傅继秋一语未讲，把曹禺写的条子拿出来，陆洁是行家，一看条子就明白是怎么回事了。傅继秋按照曹禺的要求，女主角落地即剪，沾地时只用了一个画格，转瞬即逝，因此没有“落地”的感觉和表现。按剪辑常规，“沾地”时至少要留8个画格，最好是8～12格，要“稳”一下，才能有女主角落地的最佳效果。陆洁心里明白，没有讲此事谁对谁错，从中调和抹过了此事。后来,傅继秋在女主角沾地时加了七八个画格,问题就解决了。陆洁问傅继秋:“傅先生,你是有经验的嘛,怎么还这样剪?”傅继秋答道:“这些大艺术家,一会儿一变,自己说的话过后又不算数,忘了!按他提出的方案剪,怕他又不承认,只好让他写张条子备查。”由此可见傅继秋的为人行事,同时也说明导演与剪辑师的沟通、合作是何等重要。

在掌握了各家公司剪辑人员、器材、场地的基本情况之后,我又在剪辑部门着手建立剪辑工作制度,制定技术操作规程,推动剪辑业务交流,还到郑崇兰开的维纳斯电影机器制造厂去增添了剪辑设备。“上联”存在的时间不长,只有一年多。那一年成天尽是开会,搞整顿,搞运动(“三反”、“五反”运动),几乎没有拍什么影片,我也没有剪一部片子。“三反”、“五反”期间,从山东大学和某个文工团调来五六十个学生,进厂来组织政治学习,开展运动。这些人年轻气盛,热情高涨,又自认为是从老解放区来的新生革命力量,说起话来口气很大,行事武断粗暴,“查五毒”胡来,“打老虎”上瘾。后来这批青年人有的当演员,有的学技术,有的留任政工、管理干部。“三反”、“五反”运动中,每个人都要谈认识,做检查,还要检举贪污、浪费的人和事,搞得空前紧张,鸡犬不宁。我们剪辑部门与钱财关系不大,没有查出什么问题,折腾一阵就算过关了。不久,1953 年 2 月,“上联”又与“上影”合并,我则进入上影剪接科,开始了我在上影的从艺生涯。

第四本
上影时期

15. 进入上影厂负责剪辑部门

上海电影制片厂建立于 1949 年。这年 5 月间上海解放，由中央电影领导部门派出的钟敬之等，会同夏衍、于伶随解放大军进入上海。在上海军管会的领导下，又与原在上海的党员电影工作者徐韬、池宁等人一道，接管了国民党在上海的“中电”、“中制”、“上实”(上海实验电影工场)等电影机构，实现了原在国统区的进步电影工作者与解放区来的文艺战士胜利大会师，并于当年 11 月 16 日正式宣告成立了上海电影制片厂。于伶任厂长，钟敬之任副厂长，徐韬、蔡贲任正、副秘书长，陈白尘、张骏祥任艺术委员会正、副主任。1953 年 2 月，上海电影制片厂与上海联合电影制片厂合并，简称上影。合并后的上影厂仍由于伶任厂长，叶以群、蔡贲、李资清、王其元任副厂长。厂部下设导演室、演员剧团和艺术、制片、技术、行政四个处，还有一个受文化部电影局领导、专为上影提供电影文学剧本的上海电影剧本创作所。合并后的上影，人员多，摊子大，热气腾腾，蒸蒸日上，是当时国内规模最大、出片最多的新型人民电影的摄制基地。

上影设有剪接科管理剪辑业务，归技术处领导，技术处处长是徐桑楚。建厂初期首任剪接科科长是邬廷芳，副科长陈曦。合并后，正式任命黄汉为科长，傅正义为副科长。邬廷芳老师因为体弱多病且病情加重，不愿再任科长之职。黄汉主理科内大事，日常具体事务统统由我负责处置。当时剪接科有四五十人，可说是人才济济，生气勃勃，大家都热忱地努力为建设新中国、服务新社会、推进人民电影事业而努力。剪接科人员分两类：剪辑(又分正片和底片剪接)和场记。剪辑方面的“能人”有黄汉、陈祥兴、邬廷芳、陈曦、朱朝升、傅正义、韦纯葆、储锦顺等。担任场记的黄祖模、梁廷铎、颜碧丽都很能干，后来当了导演，颇有建树。周国柱、张驾珊能说会写，很活跃，会办事，先学场记，后做剪辑，成绩显著。陈鲤庭后来的年轻夫人毛吟芬也是场记，工作认真积极。陈独秀的大女儿也在上影当过场记。当时的上影剪辑科真是藏龙卧虎，那些资深剪辑师的个人奋斗经历，可以说就是一部生动的中国早期电影剪辑史，值得关注、研究和传承。

黄汉，1915年生于上海的工人家庭，十四岁时进入明星公司制片部剪接间当学徒。他勤奋刻苦努力，进步很快，得到张石川、郑正秋等前辈电影导演的赏识，不久就第一次担任了郑正秋、蔡楚生联合导演的影片《桃花湖》(无声片)的剪接。无声片时期，剪接工作比较简单，只是剪接人物的张嘴闭嘴，即在张嘴闭嘴中间剪开，插接说明故事内容的对白字幕。那时电影厂没有专门的剪辑部门，只有在洗印部门中设有称做“接片员”的人员。1913年，上海亚细亚影戏公司拍摄了我国第一部故事片《难夫难妻》，这部无声片的导演是郑正秋和张石川，接片员是张石川的妹妹张英。于是，张英就成为我国最早的电影剪接人员。1931年，明星公司最先摄制出我国第一部蜡盘发音故事片《歌女红牡丹》，黄汉是这部有声片的剪辑。明星公司为了摄制“片上发音”的有声影片，特请早年留学美国的影剧家洪深专程赴美订购了全套有声电影设备，并重金聘请了四名美国技师来公司任职。黄汉被指定跟其中一名叫伦达的技师当助手，学习有声影片剪辑技术。但是，伦达为了垄断，始终不让黄汉接触关键性的技术。每当剪辑套片、声画合成时，他总叫黄汉站在远处，几个月过去了，什么也未学到手。每天，只见伦达在那个小若烟盒的尺码表上拉来拉去，却不知何以使声画合准，起步统一。之后，经洪深研究，终于帮助黄汉揭开了谜底。原来，在每个镜头前，都有几英尺记录镜头场景号的拍板画面，拍板打响时，声带上留下了音波。抓住这两个起步记号，在套底片时，将声带捅(提)在画面前19格半印片(声音捅前19格半印片，是受电影声画特性制约所致，因为声音是连续运行，画面则为间歇运行)，放映时就能达到声画同步，口型不乱。黄汉在洪深的帮助下，经过多少个不眠之夜的摸索、试验，终于掌握了有声片的剪辑技术。半年之后，明星公司辞去了伦达等美国技师。十七岁的黄汉，成为我国第一代有声电影的剪辑师，作为中国第一位正式的电影剪辑专业人员，登上了影坛。从1931年起，黄汉在明星公司担任了《狂流》、《春蚕》、《姊妹花》、《上海二十四小时》、《十字街头》、《脂粉市场》、《压岁钱》等二十多部著名的进步影片的剪辑，在长期的艺术实践中，积累了丰富的经验，成长为一名技艺高超的剪辑专家。黄汉在剪辑上最大的本事，是看着拷贝上声音的波纹就能进行准确的剪辑，真是了不得！他用这一绝招，解决了当时国内厂家影片后期制作时遇到的种种难题，妙手回春，在影界传为佳话。抗战爆发后，他在“大同”、

“国华”、“金星”等影片公司任职，转向导演业务。从1941年到1951年十年间，他共导演了《春水情波》、《自由天地》、《蝶恋花》、《女儿春》等二十部影片。进入上影后，黄汉感到上影从事导演工作的人员很多，主动提出回到剪辑老本行，担任了剪辑部门的负责人。作为剪辑科科长，作为剪辑界的先驱和权威，我自然对他十分尊重，以师辈视之。黄汉那时三十多岁，为人和善厚道，说话一板一眼，从不搞歪门邪道、低三下四之事，是一位爱国的正派的技艺高超的专家。他在上影虽然评为文艺五级，工资不低，但因为家庭负担重，生活上颇为困难。我一方面尽量分担一些他的工作，支持他上戏（1953年担任沈浮导演的《斩断魔爪》一片的剪辑）；一方面在可能的条件下予以照顾，多少有些帮助。黄汉在剪辑工作上、剪辑技艺上也给我不少指教，言简意赅，明确具体，有助于我全面提高剪辑业务水平。

陈祥兴，浙江定海人，1910年生。因家境贫困，十四岁时进入上海新人影片公司当学徒，备受艰辛。无声片时代，摄影、洗印、剪接是三位一体，苦干苦学五年之后，陈祥兴才得以使用手摇每秒16格摄影机拍摄了《父子英雄》等三部无声影片，并完成了这三部影片的剪辑、洗印工作。后来，陈祥兴转入天一影片公司，为了掌握有声片的染色洗印和声画剪辑技艺，陈祥兴几乎经历了与黄汉向外国技师学艺的同样遭遇，忍辱负重，刻苦钻研，终于先后从白俄技师派洛夫和美国技师史密斯那里，学得了染色洗印技术和声画剪辑技艺，制作出中国第一部有声电影《歌场春色》和第一部“五彩”影片（当时还有人称之为“七彩”影片）。1934年，陈祥兴经司徒慧敏介绍进入“电通”公司，担任了《桃李劫》、《风云儿女》、《自由神》、《都市风光》四部著名的进步影片的剪辑洗印工作。之后，又转入“新华”、“联华”等影片公司，担任专职剪辑，完成了《长恨歌》、《摇钱树》、《艺海风光》、《王老五》等片的剪辑工作。在三四十年代的上海滩，陈祥兴和黄汉，是剪辑界的头牌人物。解放后陈祥兴进入上影厂，剪辑了《南征北战》等影片。

1952年，陈祥兴与陈曦联合剪辑影片《南征北战》时，在国内第一次采用声画分离剪辑的新工艺，开我国影片制作时画面与声音分别进行剪辑然后再合成的剪辑技艺之先河。在此之前，我国有声影片的剪辑都是声带与画面印在同一条胶片上的，由于声画同步相差19格半画格的制约，严重束缚了电影艺术创作的手脚。这一重大改革为进一步提高影片质量、发展电影工艺技术创造了有利条件。同时，也使剪辑从此成为一门独立的专业艺术，不再从属于导演业务之下。解放前甚至建国初期，虽然有剪辑的设置，但剪辑的任务还是限于按照详细的场记单，按次序接动作，绝对不许调整镜头次序。那时，90％以上的剪辑主要是完成初剪，而细剪和精剪仍然由导演亲自掌握，只有少数剪辑师承担了从初剪到细剪、精剪的全过程。因为这个时期有声片的工作样片，声画印在同一条胶片上（即A拷贝），确实严重地束缚了剪辑手段的发挥，使其难以从技术上升到艺术的层面。《南征北战》的剪辑成功，突破了电影制作技术上的一大障碍，实现了声画分离剪辑，丰富了剪辑技艺的内涵，提高了剪辑的艺术层次，不仅在中国电影制作发展史上、而且在中国剪辑发展史上，都有着重要的里程碑式的意义。陈祥兴当时四十多岁，在剪接科算是年龄最长的专家，同事们对他都很敬重。他为人谦和，作风踏实，业务上精益求精，深受大家爱戴。他是剪辑界的“老前辈”、“老技师”，我以师礼尊之，他也经常在工作上、业务上给我指点和支持。我在上影剪接科副科长任内，曾主持过一次住房分配。陈祥兴自家没有房屋，居住相当窘迫。当时大家住房都颇为紧张，为争几间待分住房，几乎“打破了脑袋”。我力主将原中电二厂的两间住房分给了陈祥兴，他感激不已。有些人对我将房屋分给陈祥兴颇为不满，口出微辞，我做了不少工作，反对之声才平息下来。

邬廷芳，江苏人，1916年生。早年在明星等影片公司学习洗印、剪辑业务，剪辑过不少无声片。抗战时期进入“中制”，任剪接室管理员，剪辑了《火的洗礼》、《东亚之光》、《青年中国》、《好丈夫》、《塞上风云》等抗战影片。抗战胜利后，进入昆仑，继续负责管理剪辑业务，并担任了《八千里路云和月》、《一江春水向东流》、《新闺怨》、《万家灯火》、《希望在人间》、《乌鸦与麻雀》等片的剪辑。上影厂一成立，他就出任剪辑科科长，全面管理剪辑业务。由于身患严重的肺气肿，体弱病重，没有独立剪辑几部影片，而是着重剪辑业务的创建、管理和指导工作。邬廷芳在剪辑科科长任内做了三件事，影响巨大且深远。一是建立了剪辑工作管理制度和工艺操作规程。邬廷芳在副科长陈曦和助手周国柱的帮助下，将剪辑的任务、要求、程序制度化、规范化，形成文字，明确具体，条理分明，编成几大本，在厂内试行。我在长昆、上联剪辑部门工作时，就曾参照这些规章制度进行管理。同时，也为我到上影剪辑科后进一步完善、加强剪辑工作的制度建设打下了良好的基础。二是举办剪辑培训班，培养剪辑人才。经过培训，扩大了剪辑专业队伍，提高了剪辑技术艺术水平，涌现出一批新生力量。邬廷芳还与厂方技术处协商，合理巧妙地调配从影人员，让有经验的剪辑师扶持新进的年轻导演，让经验丰富的老导演带动历练不足的青年剪辑人员，互相促进，以保证和提高影片质量。这一办法后来推广到摄影、美术、录音等部门，收效甚好。三是提倡和推进采用声画分离剪辑新工艺，支持影片《南征北战》进行声画分离剪辑的首次试验。在《南征北战》开拍之前，邬廷芳与冀志枫一道给厂方写了一个报告，建议采用声画分离剪辑新工艺，指出国外早已实行声画分开剪辑，声画分剪已是国际通用标准，我们应该迎头赶上并有所超越，这对提高影片艺术技术质量极为有利。厂方接受了他们的建议，批准了《南征北战》的试验计划。上影剪接科又将取得成功的报告呈送中央电影局技术委员会(史东山、罗静予分别担任正、副主任)，建议采用声画分离剪辑新工艺，得到批准赞同。从此，声画分剪在全国范围内迅速推广开来，将我国剪辑艺术推进到一个新阶段。这三件事，不但提高了上影的剪辑业务水平，同时有力地推动了国内剪辑工作的发展，是邬廷芳对中国电影剪辑事业的重大贡献。邬廷芳是我的恩师，1940 年在重庆"中制"，他就是我的启蒙老师之一，后来又是他带我进入昆仑。邬廷芳老师为人正派，对人宽厚，业务精熟，经验丰富，准确流畅地剪辑了许多部名片佳作，在剪辑界有着很高的声望，我从他的言传身教中学得了不少为人处事的真谛。他夫人余官玉原来是四川某地的小学教员，他们有六七个孩子，大儿子邬小芳后来是上海电影技术厂厂长。我出任上影厂剪接科副科长时，邬廷芳老师以抱病之躯到厂里来帮助我建章立制，指出业务管理上存在的问题，成为我最可依靠的专业顾问。不久，我奉调前往长影，临行前特地前往邬家辞行，老师对我说了许多告诫、勉励的话。没想到这次分别竟成为师徒间的永诀，邬廷芳老师不幸于 1956 年逝世，享年才四十岁。后来，只要我有机会到上海，都要去拜望师母和邬家兄弟，以表我对恩师的感激和怀念之情。

陈曦，原名陈照熙，1915 年生于江苏松江一个清贫之家，1935 年进入上海艺华影业公司，在《化身姑娘》一片中任摄影、剪辑助理。抗战全面爆发后，到重庆"中制"剪接室工作，参与了几部抗战影片的剪辑。1941 年 11 月，因吸烟不慎引起剪片室大火，被捕入狱。后经史东山等人合力营救获释，遂改名陈曦。抗战胜利后随"中制"人员返沪，在上海分厂任职，兼任昆仑公司特约剪辑，参与剪辑了《一江春水向东流》等进步影片，成为电影界颇有声望的剪辑师。解放后上影建厂时，被委任为上影剪辑科副科长，协助邬廷芳、黄汉建立剪辑工作规章制度，出力甚多。鉴于自己失火的教训，陈曦在制订有关安全生产的条款时，特别认真仔细，务求严格、周密、可行。1952 年，他与陈祥兴联合剪辑《南征北战》一片，对推动声画分剪的改革，做出了重要的贡献。早在重庆"中制"时期，我就与陈曦相识。作为师长辈，在剪辑工作中，他也给予我不少的指点和帮助。

上海剪辑界历史悠久,阵营强大,人才辈出,业绩丰硕。剪辑前辈筚路蓝缕,勤苦为学,奋力探求,开拓进取的精神,是一笔宝贵的财富,值得后来者传习继承。我在上影剪辑科工作半年多,时间虽然不长,但能和这么多前辈和同辈的名家高手一道共事,交流切磋,在五十年代初期那种团结奋进的氛围中,工作、生活得确实十分愉快,很有劲头。这一段美好的时光,长驻在我的记忆之中。

16. 卓有成效的剪辑管理工作

我任上影剪接科副科长期间,在邬廷芳、陈曦制定的剪辑工作规章制度的基础上,在"笔杆子"周国柱的帮助下,对剪辑工作规程进行了多方面的扩展、补充和完善,建立起一套比较完整、科学、规范的管理制度。对于底片、正片的剪辑,就其工艺流程、保管维护、质量规格、运作方式等方面,都做了详细、周密、具体而又有可操作性的明确规定。将底片剪接与正片剪辑分开,既有联系又互不干扰。原始底片归洗印部门保管处置,但业务上由剪辑部门主导,底片剪接"不出门"(即均到原天通庵"中电一厂"处,即后来的上海技术厂做底片剪接)。在黄汉的指导下,我又请邬廷芳、陈曦和颜碧丽、周国柱参加,制定了场记工作的管理规程,明确具体地规定了场记的职责、权限和工作方式、程序,使场记业务趋于规范,避免了以往场记什么都要管而又什么都管不了的混乱现象。这些条文规章,都交付大家讨论,广泛征求意见,并在剪辑工作的实践中不断加以完善、修正,使其逐步达到科学化、规范化,形成一套健全、先进、严整的制度,以保证剪辑工作正常、健康、顺利地进行。这一制度的建设,不但有助于迅速提高上影厂剪辑业务的艺术技术水平,而且有力推动了新中国电影剪辑工作建章立制的进程。因为上影在这方面先行一步,成效显著,所以当时国内各兄弟厂都将我们制定的规章制度"拿"过去,结合自己的实际,参照执行。这是上影剪辑人员对全国剪辑界的一大贡献,我参与其中,深感荣幸。

剪辑科的业务管理,由于人多事杂,工作量很大。首先是抓业务学习,进行技术交流,提高艺术水平。当时政治学习与业务学习并重,大会小会不断,会前要准备,会后要总结,忙得不亦乐乎。政治学习除配合"三反"、"镇反"、"抗美援朝"等政治运动外,还要学习党的文艺政策方针,学习毛主席《在延安文艺座谈会上的讲话》,以树立革命的文艺观和世界观。业务学习除观摩苏联电影,学习他们的先进经验之外,还请名导演、大专家和老技师上课，讲解、传授电影创作和剪辑专业的理论、经验和技巧，收效甚佳。事实上，当时苏联电影的工艺流程和制作经验谈不上多么“先进”，上海或者说中国剪辑界推行的还是从欧美技师学来并经过自己改进发展的方法、手段和技巧，大家心知肚明，不过口头上还是说“向苏联老大哥学习”。那时大家的学习热情很高，都想学到新思想、新手法、新技巧，为建设新中国的人民电影事业做出自己的贡献。同时，为了提高影片质量，大力推广剪辑艺术技巧的新手法，继 1952 年《南征北战》一片采用声画分剪的新工艺之后，我们又在上影厂 1953 年拍摄的《金银滩》、《斩断魔爪》、《鸡毛信》、《妇女代表》、《梁山伯与祝英台》这五部影片的制作中推行声画分离剪辑，总结经验，完善提高，有力带动了这一剪辑新工艺在国内各电影厂迅速推广，使剪辑真正成为独立的电影艺术专业。

由于上影是原来上海十来家电影厂家合并而成，因而人员、器材、场地分散零乱，以剪辑科而论，除原昆仑、文华在徐家汇三角地一摊外，还有在斜土路(科教片厂)、大木桥(原国泰、大同)、梵皇渡路(美术片厂)、建国西路(原中电二厂)、天通庵(原中电一厂)和建国后成立的译制片厂等八九处摊子。我住在三角地，要在这八九处之间来回跑，协调处理业务。我们花费了极大精力，才将业务力量调配合理，配备好底片剪接人员，扩大了场记队伍，稳住了翻译片剪辑的思想情绪。新成立的译制片厂(室)，由齐闻韶负责，当时的主要任务是将国语片翻译成粤语片和少数民族语片(后来才主要是将苏联及东欧和西方国家的影片翻译为国语片)，厂内有剪辑四五个人，他们都不甘于译制片的剪辑工作，纷纷要求剪辑国产故事片。我一个一个地做思想工作，好不容易才说服他们留下来继续剪辑译制片，后来他们之中有几位干得很有成绩。

在此期间，我们继续与维纳斯电影机械厂合作，添置有关影片制作的设备。同时又自己动手设计、制作了一批新式剪接台，大体上是将长条书桌的中间挖下去一块，扩大了工作面，剪辑时有了更为便利的活动空间。以上这些措施加强了业务管理，促进了剪辑工作生机勃勃、卓有成效地开展。

剪辑科的日常行政事务不少，基本上都是我去处置。给我留下印象最深的是评职称定级和分房子两件事。分配住房本来是一件大好事，但因为僧多粥少，结果打得一塌糊涂。经过反复协商，动员大家互谅互让，首先是我们科长副科长带头不要房子，终于将几套住房比较公正合理地分配完毕，给像老前辈老专家陈祥兴这样的缺房户解了燃眉之急。虽然还有人私下表示不满意，但在表面上却也说不出什么道理来。我在上影任职虽然只有半年多，却至少两次经办了评职定级的事。根据上级有关规定，剪辑部门中，底片剪接评技术职级，正片剪辑和场记评文艺职级。文艺职级系列中，剪辑最高只能评到五级（录音最高亦为五级，美工为四级，摄影为三级，导演、演员为一级）。评定过程之严肃繁琐自不待言，评定结果，黄汉是五级，邬廷芳六级，我是九级，基本公平合理，大多数人感到满意。

在上影，我只参加了一部影片即《鸡毛信》的剪辑工作，这是我剪辑的第三部儿童故事片。《鸡毛信》编剧张骏祥，导演石挥，副导演谢晋，主演蔡元元，摄影罗从周。这是我第一次运用声画分剪的新工艺剪辑影片，效果良好。我从头至尾独自剪完了该片，石挥、谢晋看了很满意。后来厂方审查，提了很多意见，补拍了不少镜头，又在剪辑上调整了结构。这时我已离开上海调往长影，后续剪辑工作由陈曦完成，公映时片头字幕剪辑一栏亦以陈曦署名。剪辑《鸡毛信》一片，能与石挥 、谢晋二位导演合作，实感荣幸。

石挥，1915 年生于天津，早年是著名的话剧演员，抗战胜利后进入文华公司，主演了十二部影片，导演了三部影片，尤其是他根据老舍小说自编自导自演的《我这一辈子》一片，更是轰动一时，堪称经典。他是我国当之无愧出类拔萃的表演艺术家和导演艺术家。剪辑《鸡毛信》时，已不用导演亲自动剪，而是由剪辑师独立进行，但他还是提出了不少切实可行的真知灼见，对我极有启发和教益。石挥是很懂电影结构和表演的高手行家，在艺术处理上有独到之处，他对当时有些人出于多方考虑对《鸡毛信》提出的修改意见其实是不大同意的。我认为，如果按照石挥原来的导演意图制作公映，可能效果会更好，这也算是时代的局限所致吧。我剪辑《鸡毛信》时，石挥过问不多，与我直接打交道的是年轻的副导演谢晋。

谢晋，浙江上虞人，1923 年生，抗战期间在位于四川江安的国立剧专话剧科肄业后，到重庆中青剧社参加戏剧工作。1948 年到上海入“大同”、“长江”等公司，担任助理导演和副导演。我在“长昆”和“上联”期间就认识他，但未深交。剪辑《鸡毛信》时，才与之过往甚密。谢晋很聪明，很用功，努力学习各种电影理论与技巧，事业心、进取心很强。他看书很多，看片不少，深入钻研，认真琢磨，对待电影艺术创作肯下苦功夫。他对剪辑十分重视，认为剪辑是电影创作中极其重要的环节，不重视剪辑的人实际上是不懂电影制作的外行。他对我很客气，与我一起研究、讨论剪辑的艺术处理和技巧运用，热诚豪爽中透着谦逊平和。当时，他还只是一位副导演，但是，凭着他过人的才华，勤奋进取的精神，大家都认为他前途无量。确实，在这之后，谢晋以他辉煌的业绩，回应了人们对他的期望。多年之后，谢晋已成为拍摄过

《鸡毛信》剧照

《女篮五号》、《红色娘子军》、《舞台姐妹》、《天云山传奇》、《牧马人》、《芙蓉镇》等著名影片的大导演，在不同场合与我相遇，他还总是兴致勃勃地谈起剪辑《鸡毛信》的往事，一直对剪辑艺术的发展予以关注和推动。他长期担任中国电影剪辑学会的顾问，是影视剪辑工作者的良师益友。

初步剪完《鸡毛信》正片，等待厂方审查时，时值长春电影制片厂派干部到上影来“要人”。因为抗战胜利后留在长影工作的那批日本技师纷纷遣返回国，技术人才严重不足，影响了影片正常摄制，长影要求上影派出技术骨干支援，特别需要剪辑、洗印、配光、录音的专业人才。在这之前，上影应长影之邀，已派出一批技术人员到长影，但长影方面认为人数不够，技术也不够专精，要求上影派出能独当一面的技术骨干支援他们。上影是国内电影艺术技术力量最为雄厚的厂家，理当支援兄弟厂发展人民电影事业，厂方在电影局、市委的关照督促下，再次同意了长影的请求，决定派一批技术骨干支援长影。上影厂的上海人、南方人都不愿意到长春去，我因为工作开展顺利，家中又有老母幼子，也不愿去。时任上影厂人事处处长的史平找我谈话，她说，你是从重庆“中制”过来的，在昆仑培养成长，是剪辑部门的技术骨干，科长也当得不错，从我们厂本身来说是不愿让你走的。可是，支援兄弟厂的建设发展是我们的义务。长影是新中国电影事业的摇篮,协助它更是责无旁贷。你不是上海人,年轻能干,业务拔尖,又当过管理干部,去长影正合适。我们和长影的同志商量了,你到长影后仍然负责剪辑部门的业务管理,对安家落户予以照顾,还可以安排你爱人参加工作,条件很优惠嘛。长影地处老解放区,有优良的革命传统,政治气氛浓厚,你在那里可以受到很好的锻炼、培养,前途无量啊,去吧。

听了史平的一席话,加之那时人们都习惯于服从组织分配调遣,何况又是因为对你特别重视才做出这种安排,我很快同意前往长影。同时离开上影的还有许明(洗印专家)、杭子玉(印片、配光"大拿")、黄力加(录音高级技师)、张正刚(化学分析师、大学生)等人,都是能够独当一面的艺术技术专门人才。1953 年 9 月间,我离开上影前往长春,开始了我在长影的剪辑工作时期。

第五本
长影时期

17. 在长影的剪辑技术改革

1953 年 9 月 21 日，我带着妻子万秀明和三个幼子，与原上影厂同事许明、杭子玉等人一道，奉调从上海到达长春，开始了我两年多的长影工作时期。

早在 1946 年 10 月 1 日，经中共中央东北局批准，以抗战胜利后接管的伪“满洲映画株式会社”改建的“东北电影公司”为基础，在兴山(今黑龙江省鹤岗市)建立东北电影制片厂。在接纳了延安电影团、西北电影工学队、东北文艺工作团、东北军政大学文工团等大批解放区来的文艺干部和从上海、北平、香港等地来的电影艺术、技术专家后，1949 年 4 月，东影迁回长春。到 1955 年 2 月，即我进入东影一年多之后，由中央人民政府文化部决定，东影才正式更名为“长春电影制片厂”。我到长影时，厂长是李光复 ，副厂长王瑞麟，袁小平管制片，苏云管技术。李光复是老资格的共产党员，曾在东北长期做地下工作，坚持、领导反满抗日斗争。朝鲜领袖金日成访问长春参观长影时，还向李光复敬礼，引起大家的惊讶。王瑞麟更是电影界资深的艺术家和事业家，抗战时期在重庆“中制”我就认识他。抗战胜利后他出任“中制”副厂长，与厂长罗静予一道为支持进步电影、拒拍“勘乱”反动影片做了许多卓有成效的工作。解放后，1950 年调入东影，后任副厂长，负责影片的生产组织工作。由于他熟悉业务，能力突出，摄制中出现的种种难题现场立即解决。加之为人谦虚谨慎，作风朴实平易，又着意培养青年后进，因此受到大家的敬爱和推崇。到长影后，我还不时得到他的指点和关照。袁小平是山西太原人，1915 年生，比王瑞麟小十岁。他早年参加进步戏剧活动，抗战初期参加薄一波领导的山西决死纵队，后到抗日军政大学文工团工作。1947 年赴兴山进入东影，迅速成为电影创作生产制片的行家，很能干，有头脑，是位自学成才的电影事业家。苏云也是山西人，又比袁小平小十岁，与我同岁，早年在党领导的抗日剧团担任舞台美术等工作，后加入西北电影工学队，长途跋涉到达兴山，进入东影后，先任摄影科科长，后任技术处处长，是我们剪接车间的顶头上司。苏云刻苦勤奋，善于学习，很快成长为一名电影技术、制作方面的专家。他为人正派，工作扎实，给我留下了良好的印象。东影的各级领导者和主创人员，以从解放区来的革命文艺干部居多。那时，东影已拍摄了《光芒万丈》、《中华儿女》、《赵一曼》、《钢铁战士》、《白毛女》、《六号门》等一批优秀影片，在国内外很有影响。因此，说东影(长影)是新中国电影的摇篮，完全是名副其实的。

东影领导层欢迎我们这些从上影来的业务骨干，在生活上颇为照顾。东影厂区在长春市郊区，一般职工住平房，主创人员和技术骨干住红旗街的一排小楼。我家五口住在一幢小楼内，比在上海时宽敞多了。我怕母亲不能适应长春寒冷的气候，仍然留在上海，她老人家也不愿意到东北来。长春确实冷，冬天经常零下二十多度，穿着大棉袄戴着皮帽子还是感到寒风刺骨。饮食更不习惯，我和家人吃高粱米不消化，食堂里经常供应的好菜是白肉酸菜粉条汤，里面放上些小螃蟹，我们吃了就拉肚子。厂里每个月提供我家几斤大米和面粉，算是特别照顾。我在上影时的工资是126元，按照当时有关地区差价的规定，我应该下调20多元，但厂方维持原状没有减少，工资价值实际有所提高。但是，总体而言，对我们的优惠照顾并不如史平说得那么好。首先，东影并未给我爱人安排任何工作，万秀明只得长期在家操持家务。同时，也没有给我委任任何职务，只宣布让我负责组织剪接车间的有关人员进行业务学习。而且，厂里的一些人总是将我们看成“外来户”，是从“十里洋场”来的沾染了浓厚的资产阶级思想作风的“上海旧艺人”，是他们教育、改造的对象，因此彼此很难真正融为一体。当时，我也将东影看成是“革命的熔炉”，愿意在这里得到锻炼和提高，不断督促自己要努力尽快适应这一新的环境。

东影-长影剪辑车间有二十多人，主任可人(先是当演员，后来学剪辑，我离开长影后做导演)，成员有祖述志、王德安、汪大儒、周莹箴、王联、丁淑贤、贾文锦、沙书清、周华、杨秉坤、于莹、阮复山等人。可人管行政，抓全面工作。我的名义是剪辑技师，管业务，组织业务学习。祖述志为人忠厚老实，业务有经验，剪辑有水平。王德安比较公道正直，敢说敢为，后来当了剪辑车间主任。汪大儒为人敦厚，会写文章，有理论思维和实际操作技巧。王联、周莹箴等几位女青年积极能干，嘴巴厉害，从不饶人。我初到剪辑车间，碰上“生活检讨会”，不想相互批评变成了互相攻击，同事间视为寇仇，其言语的激烈、尖锐、刻薄、粗暴，我在上海时从未见过，令我大为不解。据我初步观察，剪接车间的成员都比较年轻，政治上要求进步，业务上努力学习，但相互之间矛盾不少，缺乏互助协作气氛，难以形成团结奋进的合力。我感到，在这种情况下要搞好业务学习，必须付出加倍的努力。

在长影剪接车间我虽然没有担任具体职务，但苏云明确宣布，由我负责业务学习，管理技术方面的事务。在长影两年半期间，关于剪接业务、技术，我主要抓了三件事：第一，组织业务学习。抗战胜利后，东影留下了十余名日本籍的电影艺术和技术上的专家、技师，他们很认真地教授、指导中国的从影人员，对提高东影的创作水平起了重要的作用。我曾看过内田吐梦等人写的讲稿和材料，涉及到电影摄制的各类艺术和技术，明确详尽，内容充实，颇有价值。日籍专家技师的回国，确实对长影的艺术尤其是技术水平的发挥有不利的影响，顿时缺乏有相当业务能力和工作经验的人才来带动业务的开展。剪接车间也是这样，资深老剪辑师很少，主任可人也是由演员转学剪辑的年轻人。在此情况下，我从东影-长影的实际情况出发，结合日籍专家技师留下来的教材，引进上影的先进工艺，开展业务学习，毫无保留地奉献出自己的工作经验，明确、具体、针对性强，有可操作性，收到了很好的成效，有力推动了东影-长影剪辑的总体水平的提高。当时，东影已经开始着手采用声画分剪的新工艺，我将上影在这方面的经验带来，促进了这一新的剪辑方法的推广施行。第二，完善、修定剪辑工作规章制度。在此之前，东影参照苏联、日本和老解放区文艺团体的有关艺术、技术管理章程，已经建立起一套影片创作、制作的规章制度。但是，还不够完善、健全，有的条文照搬外国规定而不符合中国电影业的实际，有的还有着明显的战争年代进行文艺管理的痕迹。我根据长影的实际情况，参考在上影建章立制的经验，与主任可人一道，对有关剪辑的规章制度进行了一番修订。这其中，尤其对剪辑的工艺流程、技巧运用、技术规格做出了明确的规定，使其规范化、制度化，弥补了以往的不足。不过，大概是由于东影长期处于战争环境，又深受苏联“一长制”的影响，等级制度可以说渗透到社会生活与艺术创作的各个方面，以至于影响到剪辑这个具体的部门，反映到有关制度的执行中。比如，在制片工艺、剪辑程序和权限上，如果需要补拍一个镜头，必须层层报批，一个审核批示的环节都不能少，这既不利于摄制工作的顺利进行，也不利于发挥导演、摄影、剪辑人员的主动性和创造性。这一条，我多次建议修改或争取有所松动，但都得不到有关领导的同意，得不到丝毫改进，我感到无能为力。第三，推进技术革新。当时国家和厂方都号召开展技术改革运动，事实上长影剪辑车间的机器、工具也已落后老化。我将在上影进行技术革新的那一套搬来，与同事们一道，在可人、苏云的支持下，得到修配车间的帮助，开展了规模不小的技术革新活动。我们改进制作了一批剪接台，设置了分镜头柜，还自己动手装置了一台动画（放映）机。因为这台用于剪辑的动画机的制造成功，厂方还发给我一笔技术革新奖金。事实证明，这些举措，确实有助于提高长影剪辑人员的艺术素质和技术水平，有力地推动了长影剪辑业务的开展和进步。虽然不如在上影剪辑科工作顺手，但我在长影剪辑车间工作还是努力的，积极的，收到了良好的成效，做出了自己应有的贡献。

18. 剪辑长影故事片《虎穴追踪》

长影当时拍片数量不少，剪接车间工作任务很重，十分繁忙。比如，1955 年，长影就拍摄了《怒海轻骑》、《祖国的花朵》、《神秘的旅伴》、《平原游击队》、《董存瑞》、《秦香莲》等几部很有影响的优秀影片，质高量大。虽然如此，剪辑车间有二十多人，一人分剪一片办不到，人多片少，业务上又“吃不饱”。我和可人曾打算安排两人合剪一部片子，既可使大家都能剪片，又有利于保证影片艺术技术质量，但遭到大多数人的反对。为了不与同事为剪片“上戏”发生冲突，在 1953 年 9 月到 1956 年 4 月期间，我只在 1955 年剪辑了一部影片《虎穴追踪》（1956 年出品）。而且，这部影片是调到长影不久的黄粲独立执导的第一部影片，摄制组成员新手居多，并不为大家看好，剪辑多不愿参与，我是特地“派”去“加强”创作力量的。《虎穴追踪》原名《保卫战士》，反映了解放初期我公安战士同潜藏的敌特分子之间尖锐复杂的斗争，是一部惊险样式的故事影片。编剧王应慈、任桂林、王玉堂，导演黄粲，副导演陈怀皑，摄影聂晶，主演印质明、赵联、李景波、莽一萍、李林。从拍出的镜头画面来看，编导虽然已经接触过影片摄制，但对电影的艺术处理还不够熟练，对后期制作剪辑加工还不甚了解。我根据在上影剪辑的经验，在该片的摄制过程中，多次向黄粲、陈怀皑建议，要从惊险片这一样式的特殊要求出发，努力制造悬念，不要把“戏”说白了；要善于提出问题，牵着观众的“鼻子”走，直到解决问题，不能随意露出破绽；剧情发展要紧张，要有贯穿动作，镜头衔接要紧凑，少用一般性的交待镜头；要特别注意营造紧张激烈的节奏，但又不能从头至尾紧绷到底，中间要以适当的舒缓来过渡；单一镜头不能太长，多用短镜头和两级镜头，慎用画面附加技巧；充分发挥声音、音响、音乐的作用，对话力求简洁明快，运用声音效果增强影片的神秘惊险气氛。这些建议,黄粲、陈怀皑和聂晶都尽量予以采纳,我也力求在剪辑中体现出来,在影片的摄制过程中收到了实效,得到了大家的赞扬。那时胶片控制很严格,胶片比规定是 1∶3 或 1∶25,镜头少,胶片条数少、剪辑发挥作用的余地也少,最多只能是对镜头“一剪两用”或利用废镜头,有时很难办,很难做出较为“理想”的处理。我跟着摄制组到外景地大连,边拍边剪,提高了摄制效率。长影拍片,一般剪辑都不出外景,我去了,可能是一个特例,是领导上对黄粲的支持。在大连,我在苏联人开的商场(可能是秋林公司),为妻子买了一台“标准牌”缝纫机,算是额外的收获。影片剪辑完成后,黄粲一看很满意,长影上下颇感惊喜,赞叹不已,1956 年上映后反响热烈,票房收入很好。这是我在长影剪辑的唯一一部故事片,影片取得这样的成功,我也感到十分高兴。

黄粲是一个传奇式的人物,引起了我浓厚的兴趣。他是湖南长沙人,1911 年生。1926 年他十五岁时就参加了共产主义青年团,在家乡发动农民,组织农民协会。大革命失败后,他参加了湘赣边界的秋收暴动,起义失败后到上海,考入上海美专进入“新华艺大”从事学生运动,并参加了“南国社”的进步戏剧活动及左翼戏剧家联盟,导演、演出进步话剧。抗战全面爆发后,又与刘保罗、葛琴、王朝闻等人组织浙江流动剧团(后扩大为战地演剧队),在华东、华中进行抗战宣传活动,1937 年由共青团员转为共产党员。“皖南事变”前后,黄粲和演剧队一起参加了新四军,先后任抗敌剧团艺术指导员、第二师政治部宣传部文艺科长和师、军文工团团长。解放战争时期,1948 年冬他被调到北平军管会文教接管委员会任秘书主任。1949 年 5 月又出任南京军管会文教接管委员会文艺处处长,接管国民党南京各文艺单位及“中制”、“中教”、“中农”三家电影制片厂。全国解放后,黄粲在袁牧之、陈波儿的动员下,进入电影界,被调到文化部电影局任导演科科长。为了熟悉和掌握电影特性和创作规律,他参加了影片《龙须沟》的摄制工作,任副导演。又参加了影片《宋景诗》的拍摄,任制片主任。他努力学习,认真实践,争取尽快由外行变为内行。我就是在上影摄制影片《宋景诗》时认识他的。没有想到,他和我先后调到长影,并且能在摄制影片《虎穴追踪》时合作。对于具体剪辑,黄粲一般不参与,但是他对剪辑提出的意见,我非常重视、虚怀接纳、尽量采用。黄粲为人诚朴正直,对人热情如一团燃烧的火,从不摆“老资格”,极易相处,很愿帮助他人尤其是青年人。在摄制《虎穴追踪》期间,我们合作得很愉快,我从这位“老革命”、“老干部”身上学到不少有益的东西。这之后,他在长影还导演了几部影片。可惜的是,他也未逃过 1957 年的厄运，经历坎坷，后来辗转到了珠影。二十多年后，我在广州见到黄粲，他已是一位瘦骨嶙峋但仍然精神矍铄的老人了。他不服老，老而弥坚，七十多岁高龄还拍摄了儿童故事片《白龙马》，受到少儿观众的欢迎。

《虎穴追踪》摄制组全体人员合影，二排左三为黄灿，左五为傅正义

在剪辑《虎穴追踪》时，我接触最多的是陈怀皑。他当时 35 岁，借调到长影，帮助黄粲拍《虎穴追踪》。解放初期，陈怀皑曾在中央电影局任副导演，与黄粲熟识。黄粲认为陈怀皑是个人才，邀他同往长影合作拍片。陈怀皑确实是个人才，学问根底扎实，头脑机敏灵活，聪明能干。他对有关电影的理论、技巧十分关注，努力钻研，经常与我探讨有关影片剪辑的要领和方法，一点就通，进步很快。他从编剧、导演、演员的角度来谈剪辑的有关问题，对我也颇有启发。《虎穴追踪》一片的合作，增进了彼此的了解，为日后我们之间的长期协作奠定了基础。同时，我也认识了借调在长影拍片的摄影师聂晶，他比陈怀皑小一岁，关东大汉，为人热诚豪爽，艺术上执着追求，给我留下了良好的印象。他从摄影的角度，我从剪辑的角度，对摄制工作都提出过一些建议，多能相互契合，心灵沟通，彼此采纳后取得了良好的效果。

在长影的两年多，逐渐认识了众多的主创人员，也比较深入地了解了长影的历史和现状。长影有一批知名的电影导演，如翟强、王滨、沙蒙、吕班、林农、郭维、苏里、武兆堤、王家乙、严恭、刘国权、张辛实等，都是卓有成就的电影艺术家。翟强曾任艺术处处长，能力很强，令人佩服。严恭是昆仑时期的老熟人了，多有交往。长影的乐团也很不错，有尹升山、张棣昌、刘炽、向异、雷振邦等音乐家坐镇。译制片部门也是人才济济，白景晟、刘迟、黄野、黎歌、尹广文、林白、王述、向隽珠、张玉昆、赵双城、张桂兰等都是优秀的翻译片配音人才。由于管理剪辑业务和工作关系，我和这些电影艺术家都有较多的接触交往。那时长影有千人左右，创作、技术人员和党政、后勤人员大约各占半数。平时工作，周日有晚会，大多是放映中外电影。政治学习、工作总结、生活检讨、党团工会活动，也占据了不少时间，大会小会接连不断。政治空气浓厚，革命意识张扬，可以说是长影的特色和传统。不过，由于“左”的倾向愈演愈烈，人们之间的关系越来越紧张，已经给影片创作带来严重的不良影响。加之等级制度森严，下级对上级惟命是从，缺乏民主气氛，不利于一个和谐的创作环境的形成。当时，吕班、沙蒙、郭维三位导演很活跃，力求突破陈规有所创新，拍摄讽刺喜剧勇闯“雷区”，成绩突出，影响深远，同时也招致不少人的攻击和非议。我和他们有所往来，他们也邀请我参加他们的“创作集体”，关系比较密切。后来到了1957年，吕班、沙蒙、郭维在长影的反右运动中被划为大右派，我因已离开长影，逃过了这一劫，是不幸中之大幸。与长影愈来愈“左”的大气候一样，剪辑车间的“内部斗争”也愈趋尖锐，人际关系也很紧张。一些人认为我业务上水平高，政治上不突出，是“白专典型”，总是推销上影的那一套，技术至上，业务第一。多少年之后，汪大儒对我说，当年你是业务尖子，年纪不大，工资不低，没有职务却经常发号施令，大家对你有看法，会上不说，会下议论不少。我当时年轻气盛，脾气大，性子急，一看到剪辑错误或操作不当就要批评指责，自以为是出于对工作负责，没想到伤害了他人。我尤其对有些人把我看作上海滩来的“旧艺人”深为反感，我认为自己早年在地下党领导的昆仑公司工作，投入进步电影运动，参加革命并不晚，所以很不服气。但不管我怎么想，长影的一些人确实对我干了一些很不公道的事。可人曾对我说，这太不公平了，让你受了委屈。由于诸如此类大小事情的刺激，加上爱人安排工作的事久拖不办，一家大小都不适应东北的严寒气候，遂萌发去意。1954年，我女儿在长春出生，由于不适应长春的气候条件和生活环境，右腿落下残疾，使我终生为憾，深感对不住她。当时，已有不少人感到长影不是久留之地，想方设法离开了长影。可人与我关系很好，他真诚地对我说，从私人关系和工作需要出发，我不愿意放你走。但长影的关系这么复杂，你母亲又来不了，从现实情况考虑，还是设法走吧。我听从了他的忠告，决意设法调离长影。

1956年初，我先托戴浩给电影局带去一封信，要求离开长影，调往北京电影制片厂。戴浩是文艺界、电影界的活跃人物，豪爽重义，乐于助人，早年相识。他对我说，汪洋带着实习团从苏联回来，要在北影大干一番，你别回上海了，到北影去吧。我听从了他的建议，争取调往北影。为此，我找到长影副厂长王瑞麟，说明情况和要求，他深表同情，说既然老人来不了，小孩子都那么年幼，爱人又安排不了工作，那就想办法走吧，我同意放你走，也让其他部门不要为难你。那时长影厂厂长已是亚马，我与他不熟，没有直接找他。不久，时任电影局副局长的司徒慧敏到长影视察工作，我给他写了封信说明自己的情况并提出调离请求，得到了他的回应。司徒慧敏不仅是我从事剪辑工作的启蒙老师，而且在我事业的关键时刻再次给我以极大的帮助。他不只是因为师徒熟人关系对我特别照顾，也是按照电影局的既定安排为北影搜罗、汇集艺术技术人才。司徒慧敏和袁小平等人在厂长会议上讨论了我的调离要求，得到了长影领导的批准。此时，我已托戴浩带信给汪洋厂长，要求调入北影工作。汪洋回复表示同意，欢迎我早日进入北影。1956年5月，我离开了工作两年零七个月的长影，乘火车到达北京，进入北影剪接车间工作，开始了我剪辑人生的北影时期。从此，我就在首都北京工作、生活、定居下来。

第六本
北影时期（上）

19. 进入北影剪辑车间

1956 年 5 月 25 日，我正式调入北京电影制片厂。我一人先到北影报到。当时北影厂部在西城区新街口大街 32 号。8 月，我爱人万秀明带着四个孩子从长春到达北京，一家人安排到太平胡同的北影宿舍区居住。不久，厂部接纳万秀明到北影摄影车间工作，这样，我们夫妻二人均成为北影厂的正式职工。那年，我三十周岁，从此开始了我在北影工作、生活的剪辑生涯，直至今日。

北京电影制片厂与人民共和国同龄。1949 年 4 月 20 日，在北平军管会接管的原国民党“中电三厂”的基础上，由东北电影制片厂新闻工作队、华北军区政治部电影队、原中电三厂三部分人员组成，建立了“北平电影制片厂”。田方任厂长，汪洋任副厂长。10 月 1 日，中华人民共和国成立，建都北京，北平电影制片厂遂改名为“北京电影制片厂”。当时北影的主要任务是拍摄新闻纪录片，同时拍摄故事片和科教片。1953 年 7 月，中央决定成立新闻电影制片厂，不久科教电影制片厂又建立，北影遂成为专门拍摄故事片的厂家，汪洋出任北影厂厂长。1954 年 8 月，文化部组成十多人的中国电影赴苏实习团，汪洋为团长、成荫为副团长，到苏联莫斯科电影制片厂实习。1956 年 1 月，实习团回国，其成员基本留在北影工作。汪洋回国后仍任厂长，调集人才，全面规划，厉兵秣马，建章立制，准备一展宏图，大干一番。同时，由总工程师罗静予负责，在北郊小关建造年产量可达十五部左右故事片的北影新厂。我正是在北影生产停顿两年（1954 年和 1955 年）、汪洋等回国后图谋北影大发展的重要时刻进入北影的，可以说是适逢良机，前景一派光明。

我进入北影后，一直在剪辑车间工作。进厂初期，北影剪辑车间还未与新影剪辑车间分开，由严尚华负责。后来，随着小关新厂第一期工程逐渐完工，北影的各个科室逐步从新街口大街32号原址转移到新厂区办公，遂决定建立北影剪辑车间。这时，厂领导要我出任剪辑车间主任，被我婉拒。我不想当官，只打算专心搞业务，剪片子。我在长昆、上联，尤其是在上影当过剪辑科副科长，杂务太多，成天开会；在长影分管业务，也是杂事不断，人事难办；在上影、长影的三四年间，只剪辑了一部半片子，实在于心不甘。因此，我再三向厂领导恳请说明，不愿意担任剪辑车间主任或副主任。厂领导接受了我的请求，不担任行政职务，但是从1956年起安排我为北影厂技术委员会委员。北影剪辑车间由技术部门(处)领导，第一任主任是严尚华，后来由崔琤任支部书记兼副主任，当时在剪辑车间一道工作的有邵养珍、朱小勤、顾德荣、周剑恒、齐玉玲、王诚、杨雪明等人。

严尚华，上海人，1916年生。1936年进入上海艺华影业公司当徒工，经过刻苦努力，学会了底片正片剪接，并兼做放映工作。解放前，进入"中电"三厂等厂家，剪辑了几十部影片，成为有相当影响的剪辑师。解放后，先到华北大学学习，1953年后任新影、北影剪辑车间主任，团结大家开展剪辑业务，进行技术革新，培养剪辑人才，做了大量工作。在我进入北影之前，他剪辑了《民主青年进行曲》、《走向新中国》、《智取华山》等故事片。在此之后，他剪辑了《林家铺子》、《革命家庭》、《烈火中永生》、《阿娜尔罕》、《小花》等名片，作出了突出的贡献，是北影剪辑车间的老专家、老领导。邵养珍，河南清丰人，1929年生。1947年加入中国共产党，后参加八路军，当过文工团演员。1949年在东影任摄影助理，1950年进入北影从事剪辑工作，是解放后成长起来的剪辑人才。朱小勤，1928年生于上海，1949年任华东军区文工团团员，同年转入上影从事剪辑工作。在上海时，我和她早已相识。1956年我调入北影后，她也调入北影剪辑车间，是与我长期相识共事的同行。顾德荣，三十年代在明星公司学习洗印、剪辑，与钱筱璋是师兄弟，是上海滩老一代的剪辑师。解放后进入北影，长期在剪辑车间工作，为人热诚宽厚，起着传、帮、带的良好作用。周剑恒也是从上海调来的老剪辑师，业务熟练。齐玉玲，河北滦县人，1921年生。从国立北京师范学院毕业后，到日伪华北电影公司实习。1949年进入北影剪辑车间任剪辑师。我到北影之前，她已剪辑了《小白兔》等片。这之后，她又剪辑了《祝福》、《红旗谱》、《早春二月》、《风筝》、《李四光》等名片，成就显著。杨雪明，北京市人，1927年生。1945年毕业于北平影艺学院，1946年入"中电"三厂当演员，1949年转入北影当演员，1952年改行从事剪辑工作。之后，担任过《六十一个阶级兄弟》、《女飞行员》、《矿灯》、《欢天喜地》、《海霞》等片的剪辑，有时还在话剧、影片中客串出演一些角色。杨雪明是谢添的夫人，齐玉玲是聂晶的夫人，还有一位叫王诚的女同志，她们三人都是原"中电"三厂的人，也是老一代北影剪辑车间的重要成员。五十年代后期，虽然国内运动不断，政治严重冲击业务，但总的说来，剪辑车间业务开展得比较正常，艺术、技术水平提高很快，成为国内剪辑界一支技艺高超、实力雄厚的创作力量，大有后来居上之势。

我到北影后，根据厂方的安排，协助严尚华主任抓业务工作，主要是组织业务学习，交流剪辑工作经验，培养新生力量，进行技术革新。我们经常举行剪辑业务座谈会、学习会、培训班，请导演、专家讲授电影理论和技巧，观摩影片并就剪辑技巧的运用进行探讨，交流各自的心得体会，形成一种浓厚的学习、探索、力求创新进取的气氛，有力地推动了大家在剪辑技艺上的进步。在各自负责剪辑影片的同时，我们还互相就影片的剪辑处理提出意见，群策群力以图改进。根据车间的安排，我也带了几位年轻的"徒弟"，帮助指导他们的剪辑工作。我们大搞技术革新，制作了新式的剪接台，改进了储片柜，添制了剪辑设备。北影领导对剪辑工作是十分重视的，各方面提供条件，努力提高剪辑的业务水平，充分发挥剪辑的作用。比如，在影片筹备阶段，资深剪辑师往往被邀请参加分镜头创作，使剪辑通过分镜头对全局和局部有一个总体的认识，对导演的总体构思有一个明确的了解，这对设计、把握、实施影片的剪辑方案极其重要；在摄制阶段，剪辑大都参与，出外景参加实拍，比之于长影和上影，北影在这方面是做得最好的，有制度作保证；在后期制作阶段，剪辑师在一定程度上挑起了大梁，与导演一道，会同摄影师、录音师、美工师，共同完成影片的制作任务。在我参与的影片剪辑过程中，我感到汪洋、罗静予等厂领导很重视剪辑工作，注意听取、采纳剪辑的意见，不少影片摄制工作中遇到的难题，厂领导都要求导演与剪辑师运用剪辑手段予以解决。在处理创作上的一些问题时，厂领导能听取各方面的意见，艺术上比较民主，全厂有一种在艺术上切磋、探讨、进取的浓厚气氛。同时，北影很重视搜集、培养、使用人才，充分发挥各类专门人才的作用，在各个部门都安排、树立、重用专家能人，可以说做到了人尽其才，惟才是举，是一个搞艺术搞创作的好地方。我庆幸三十岁之后能到北影工作，心情愉快，干劲十足，颇有成就感。我为能成为北影的一名创作人员而兴奋，而骄傲，决心为北影做出自己应有的贡献。

北影厂风气正，技艺强，成绩大，与其掌门人汪洋治厂有方直接相关。汪洋，祖籍浙江萧山，1916 年生于江苏镇江。1934 年，经李公朴等人介绍，进入明星公司任美工助理，后与朱今明一道搞舞台美术装置，因话剧《大雷雨》的舞美设计而轰动上海滩。抗战爆发后他参加了救亡演剧四队，辗转到达重庆。1938年春到延安，加入共产党，考入抗大二分校并随分校到达晋察冀边区，先后担任抗大二分校文工团副团长、抗敌剧社副社长，开展抗日文艺宣传活动。抗战胜利后，汪洋受聂荣臻司令员指派，到东北原“满映”取得部分电影器材和技术人员，1946年冬于河北涞源建立了晋察冀军区政治部电影队，这个“一辆大车的电影制片厂”制作出四集新闻纪录片，放映后反应强烈，影响巨大。1949年北平解放后，汪洋参与了北京电影制片厂的创建工作，被任命为副厂长、厂长。1954年他率赴苏电影实习团到达苏联，在莫斯科电影制片厂进修两年。1956年初回国，仍任厂长，重新组建北影，开始了他电影事业家生涯的新阶段。汪洋头脑灵活，气魄宏大，艺术修养高深，通晓电影技术，有组织能力，有管理经验，加之资历深厚，作风正派，是一位难得的实干型文艺领导者。汪洋善于发现、使用、爱惜人才，是电影艺术家、技术专家的良师益友。他性格豪迈爽朗，大嗓门，大气派，讲话富有号召力、煽动力，善于调动各方面人员的积极性，受到大家的拥护和爱戴。我在剪辑工作中与他不断交往，得到他的关照、鼓励和帮助，为他的品格气慨所感染，受教良深。在他的领导下工作，确实感到愉快、顺心、有干劲、有奔头，是在为一个共同目标一道努力奋斗。汪洋确实是一位德高望重、成就卓著的好领导，他对北影和中国电影事业的贡献，将铭记史册。

20. 在北影剪辑的第一部影片《上海姑娘》

到北影剪辑车间后，我剪辑的第一部影片是《上海姑娘》。这部影片，是导演成荫从苏联实习进修回国之后的首部创新之作，其经历曲折奇特，影响重大深远，很有值得记述议论之处。我有机会参与其事，颇有感触，慨叹良多。

成荫是党一手培养出来的很有作为的电影艺术家，在同辈同行中可说是出类拔萃的文艺奇才。成荫是江苏松江人，1917年生。1938年到延安进入陕北公学，后转入“鲁艺”戏剧系学习，年底赴晋绥边区加入战斗剧社从事文艺宣传工作，任编剧、导演和剧社领导。1947年10月奉调加入西北电影工作队，经半年长途跋涉到达兴山东北电影制片厂，开始了电影编导生涯。1948年7月，他首次拍摄了纪录片《东影保育院》。1949年初，他第一次编导了故事片《回到自己队伍来》。之后，又在东影拍摄了《钢铁战士》、《在前进的道路上》等影片。其中，《钢铁战士》荣获1951年第6届卡罗维·发利国际电影节和平奖，及1956年文化部优秀影片一等奖，是新中国电影最早在国际电影节上获奖的影片之一。而《在前进的道路上》（原名《荣誉属于谁》）一片，虽然题材新颖，立意高远，有强烈的时代感和现实意义，但由于触及到某些“政治原因”，上映不久后即被“停映”，成为建国后第一部因为影片“有问题”而被有关领导机关明令“停映”的影片（后虽经编导大刀阔斧修改后再度上映，但影片已元气大伤，不复旧有面目）。1952年，成荫到上影与汤晓丹合作，导演了影片《南征北战》，标志着成荫在掌握电影艺术特性，调动电影特殊表现手段，运用各种蒙太奇手法等方面已趋于成熟，具有了驾驭宏大场面、表现重大事件、刻画众多人物的能力，成为从革命队伍中成长起来的年轻导演艺术家的杰出代表。1954年，由汪洋任团长、成荫任副团长的中国电影赴苏实习团到苏联莫斯科电影制片厂进修，在差不多一年半的时间内，成荫跟随一些苏联电影大师，学习电影导演业务，颇有收益。1956年初回国后进入北影，准备运用从苏联学到的新观念、新手法、新技巧，结合自己的艺术创作经验，在题材上开拓，在艺术上创新，拍几部有新意有品位的好片子。当时，党提出了“百花齐放，百家争鸣”的方针，文艺界人士都受到极大鼓舞，纷纷响应号召，行动起来，要用自己的创作业绩去迎接文艺繁荣的春天。全面反映人民群众建设社会主义的现实斗争，深刻体现革命的时代精神，热情讴歌社会主义改造的胜利业绩，成为电影工作者的自觉行动。在“双百”方针的指引下，刚从苏联回国的成荫立刻投入这一浪潮之中，他暂时离开了拍摄革命历史战争影片的轻车熟路，决定拍摄一部反映现实生活同时在艺术上有所创新的影片。经过权衡、比较，成荫和汪洋共同选中了青年作者张弦创作的小说《甲方代表》，由作者改编为电影剧本《上海姑娘》，准备在创新的道路上大干一场。

影片《上海姑娘》编剧张弦，导演成荫，摄影朱今明，主演陶白莉、赵联。影片通过某建设工地技术员陆野和上海来的大学生白玫之间的交往，表现出他们在工作、生活和爱情等方面的差异、冲突和融合，赞扬了青年知识分子通过社会主义建设实践所取得的进步。影片在1957年的春天投入拍摄，外景地在武汉市一个建筑工地。我也随摄制组前往，回到我少年时生长的地方，还特地去浏览了新建的武汉长江大桥。在拍摄过程中，成荫一再强调要努力突破戏剧化的模式，追求生活真实，注重细节描绘，着力人物心理刻画，追求清新淡雅风格，力求拍出一部富有生活实感、带有散文特点、充满青春气息的影片。我也完全感觉到，成荫确实是满怀创作激情，憋足了劲儿，要在电影创作上有所突破，要在艺术上有所创新。在影片拍摄过程中，“反

《上海姑娘》剧照

右"运动已开始，成荫虽然已经感受到不小的压力，对剧情处理做了一些调整，但仍坚持初衷不变，保持着那股锐意创新的气势。由于有长期从事文艺领导工作的经验，又有长期担任导演并取得成功的艺术实践，所以成荫很会做人的政治思想工作，善于走群众路线，调动各方面人员的积极性，有着很强的凝聚力和指挥艺术。因此，他的创作意图和创新要求能在摄制组顺利贯彻执行。成荫带领的摄制组，往往都是团结协作、锐意进取、效率极高的战斗队伍。

因为成荫在艺术上是内行，所以他特别重视剪辑在影片制作中的作用。这也可能与他在拍摄《南征北战》时受汤晓丹影响有关。在影片后期制作进行剪辑时，成荫对我说，我拍的素材就是这些了，你不要只根据分镜头剧本的镜头次序进行剪辑，可以从素材、剧情、镜头的实际情况出发，予以调整。这表示出他对我的信任，完全放手让我充分发挥剪辑的创造性。我感谢他对剪辑工作的重视，知道他在艺术上懂行明理，加之《上海姑娘》既是我在北影剪辑的第一部故事片，又是我从事剪辑工作以来剪辑的第一部彩色片，因此在剪辑过程中特别认真，努力运用各种剪辑技巧，支持他在影片摄制上的创新追求。在影片的剪辑中，我在不少环节上做了创造性的处理，得到了成荫的首肯和支持。比如，影片中有一场戏，表现男女主人公下班后在汽车上对坐无言而又通过眼神进行着感情交流，拍了三个较长的镜头来描述。我对成荫说："这场戏，我想这么剪……"我还没有把准备使用"分剪插接"的方法说出来，成荫抢先道："你是不是要把后两个镜头分开剪，以加强男女主人公二者的交流？"一下子将我的打算说了出来，使我颇为惊奇、佩服。其实，他在拍摄时就考虑到要运用剪辑的技巧，发挥剪辑的作用，以表现男女主人公情感的交流，因此三个镜头都拍得比较长，给剪辑留下艺术处理的空间。大多数导演都要看过全部素材之后才能提出剪辑的意见和要求，而成荫在拍摄时就考虑到如何发挥剪辑的作用以增强艺术表现力，充分说明了成荫导演艺术的高超和成熟。和这样的导演合作，既有挑战性，剪辑必须开动脑筋有创造性，同时又感到顺利愉快，深得教益。

这场戏原素材共有三个镜头：

1. 全景：男女主人公在汽车里相对而坐。

2. 近景：男主人公无言地看着对方。

3. 近景：女主人公无言地看着对方。

这场戏的第一个镜头是交待环境、时间，工人们下班了，男女主人公随着众人上到汽车里相对而坐。第二个镜头和第三个镜头主要是表现男女主人公的心理动作，在无言的相互对视中传递着爱慕之情。没有语言，没有形体动作，只是用眼睛告诉对方心中的秘密。仅以原始素材而言，镜头单一，节奏缓慢，相互交流不够，形成不了必要的心理活动。因此，为了加强节奏感，增强戏剧性，刻画人物心理活动，我采用了"分剪插接"的剪辑手段，将后两个镜头一剪二用，形成：

1. 全景：男女主人公在汽车里相对而坐。

2. 近景：男主人公深情地看着对方（一剪二用）。

3. 近景：女主人公爱慕地看着对方（一剪二用）。

4. 近景：男主人公深情地看着对方（一剪二用）。

5. 近景：女主人公爱慕地看着对方（一剪二用）。

这样组接，使原来的三个镜头变成了五个镜头，而后四个镜头着重刻画了人物内心的活动。男主人公看着女主人公，女主人公看着男主人公，反切回来男主人公从女主人公的眼睛里看到了真情。再切回来，女主人公从男主人公的眼睛里看到一种坚定的信念而更增添了对男主人公的倾心和依恋。这种组接方式，对男女主人公的心理活动进行了细致的描绘和刻画，比原来单一的、没有呼应的画面更有感染力，而观众的情绪也将随着男女主人公情绪的进展而变化。在这里，男女主人公外部形体是静止不动的，而内心却并不平静，甚至可以说是心潮起伏、激动万分，这种复杂的内心活动是通过眼睛这一心灵的窗户传递出来的。因此，在取舍画面的长度时，不能像取舍静止的景物镜头那样，2 秒 3 秒即可，而是要根据剧情的要求、情节的进展，以及人物此时此刻的情绪表露，在人物脸部最有表现力的"地方"和"时刻"选择剪辑点。这包括眼睛的移动、嘴的细微动作、各器官的微妙变化及动作的起幅落幅之处，经过比较斟酌，取舍镜头的长短，使人物的情感交流相互呼应。这场戏，通过"分剪插接"手法的运用，加强了表现力和戏剧性，推动了情节的进展，节奏明快，激情迸发，人物刻画也更为真实生动，达到了影片创作预期的目的，成荫、朱今明和摄制组成员看了都很满意。

不论是拍摄阶段，还是后期制作，成荫都是心中有数，指挥若定，当机立断。因此，他当导演，片子拍得快，剪得快，效率高，绝不拖泥带水，延宕时日。当然，这样干，有的地方缺乏修饰加工，显得有些粗糙，如果再打磨得精致一些，剪辑得更仔细一些，就能增色添彩不少。不过，这只是我的一种看法，可能不适合成荫的导演风格和办事作风。《上海姑娘》完成样片在厂内初次试映，迎来的是一派赞扬声。大多数人认为，影片的艺术上摆脱了公式化、概念化的老套子，以生活化、散文化的表现形式，表现了青年知识分子投身社会主义建设的热忱和干劲，批判了官僚主义和个人主义思想作风，充满了生活情趣和时代气息，格调清新，节奏明快，在思想上艺术上有所突破，是电影创作上一次成功的探索。但是，当时正值"反右"运动的高潮，像这样赞扬知识分子、在艺术上追求探索创新的影片，自然逃不过"左"的思潮的冲击，在"拔白旗"的挞伐中受到严厉批判。该片的"罪状"是：没有体现党的领导；美化、夸大资产阶级知识分子的作用；丑化工人阶级。上级提出影片有"严重政治问题，需要修改"。于是成荫在强大的政治压力下，只得回到公式化、概念化创作的老路，对影片进行修改。在影片修改时，增加了一位党支部书记和一位老工程师，让他们对女主人公白玫进行"帮助"；增加了老工人师傅的戏，让他们支持鼓励白玫的正确行动；同时删掉了一些暴露官僚主义作风的情节，删掉了一些颇有生活情趣的戏。修改后的片子打乱了原来的构思，显得生硬、拘束、别扭，明快清新的格调没有了，失去了影片原有的情趣和风貌。经过多次修改，影片元气大伤，直到 1959 年春才准予上映。在放映时，海报上还特意加注："该片有严重缺点错误，希广大观众批判"，开创了中国电影有史以来"批判公映"的先例。这是成荫继 1950 年拍摄《在前进的道路上》受挫之后，由于力图表现当代生活和现实斗争，追求在艺术上进行创新而再一次遭受的沉重打击。在拍摄影片《在前进的道路上》之后，成荫曾说过令中国文艺界人士感慨不已、为之心酸的名言："不求艺术上有功，但求政治上无过"。《上海姑娘》受到批判后，成荫在和我们反复修改影片时，虽然不再说这句话，但他用行动做出了抉择，在这之后他长时期放弃了现实题材的创作，而回头去拍他熟悉的革命历史题材（顺便说一句，直到"文革"前夕，他出于社会责任感和创新意识，按捺不住又拍了一部现实题材影片《浪涛滚滚》，结果还是遭受批判，打入冷宫）。我参加了《上海姑娘》的摄制工作，经历了其间的曲折波澜，感慨万分。有意思的是，建国后我剪辑的

第一部影片《武训传》，被定为“反动影片”，受到全国性的批判。现在，进入北影厂剪辑的第一部影片，又被定为“有严重缺点错误”的“白旗”，受到首次“批判公映”的待遇，难道其中真有某种宿命存在？老实说，我一直都认为《武训传》、《上海姑娘》拍得不错，有新意，有品味，为什么都遭此厄运？于是，我不得不反思自己政治觉悟不高，看不出“反动”、“错误”之所在，警告自己要加强思想改造，加强政治学习，以赶上革命运动前进的步伐。这就是我当时的思想状态：既追求进步又颇多不解，虽然积极进取又有些无奈。

21. 经历“大跃进”前后的政治运动

1957年夏秋之际，我随《上海姑娘》摄制组从外景地武汉回到北京，正值“反右”运动处于高潮时期。由于我到北影时间不久，属于一般业务干部，当时又“上戏”在摄制组剪片，因此没有参加“鸣放”，没有卷入运动之中。回京后，只在“小西天”演员剧团办公处参加过两三次动员会和批判会，其他活动皆未曾参与。相对而言，北影领导对运动有所控制，错划的右派分子不算多，共十八人，除戴浩外，我都不熟悉。其实戴浩“鸣放”时正“出外景”，没有什么“右派言论”，把他划为“右派分子”，大家都感到有点莫名其妙。事后，听说他与“二流堂”有关，因此“老账新账一起算”，打成右派。我们技术部门本来没有划一名右派分子，后来将从八一厂调回北影的柳洪洋(时任照明车间主任)“提拔”出来，说他攻击厂领导，划为右派。当时运动来势凶猛，人人自危，但对我们这些一般技术业务干部和党外群众冲击还不算很大。

不过，在运动中，长影派人到北影送来有关我的“错误言论”的材料，却着实让我大吃一惊，心怀疑惧。长影“反右运动”搞得很“火”，无中生有地搞出了一个“沙蒙、郭维、吕班右派反党集团”，牵连了他们所在的创作集体和与之有关系的许多人，我所认识的编剧王震之、导演齐兴家、演员方化等五十五人被打成右派分子。长影送来的材料“揭发”我与吕班、郭维、沙蒙等人关系密切，有不少“攻击领导”的言论，“问题严重”。运动之后我听长影的人说，运动中，凡是从上影调到长影的业务人员，除调离长影者外，几乎都被打成右派或内控右派。我如果不离开长影，必定划为右派分子无疑！我庆幸自己调离了长影，逃过了这一劫，真是不幸中之大幸！对于长影送来的材料，北影领导没有按来人的要求处置，因为北影领导也认为长影运动搞得太过火了。“反右”运动，我虽有一场虚惊，但总算平安度过，没有受到牵连、冲击和迫害。不过，看到那么多有才华的知识分子被打成右派分子，想到与我熟悉的戴浩、石挥、吕班、郭维、沙蒙等卓有成就的艺术家被划为右派，从此坠入苦难的深渊，颇感震动，深为不安。我告诫自己要谨言慎行，戒骄戒躁，克服“个人主义”思想作风，切勿自傲逞强，蹈入劫难之地。

“反右”运动之后，在全国掀起了热火朝天的“大跃进”。北影职工在“鼓足干劲，力争上游，多快好省地建设社会主义”的总路线的鼓舞下，纷纷投入“跃进洪流”，打擂台，比进度，“放卫星”，拍摄了一批事后看来完全是一堆废品次品的“跃进片”。那时提倡“集中兵力打歼灭战”，实行所谓“五边”（边拍摄、边洗印、边剪辑、边录音、边审查）工作法，片子（素材）来了，立即洗印，马上剪接底片，然后进行正片剪辑和交付录音，厂领导和有关人员尽快审查样片。这样做，确实能及时发现问题和加快摄制进度，但很不规范，不符合正常的创作程序和工艺流程，结果可想而知，艺术处理上都很粗糙，除了豪言壮语和热闹红火的劳动场面外，谈不上有什么感染力和艺术性。那时拍片提倡“大协作”，调集各方面的创作力量，力争在最短的时间内“协同作战”，“大放卫星”。最典型最有代表性的是“大跃进”后期拍摄的纪录性艺术片《为了六十一个阶级兄弟》，根据《中国青年报》上报导“平陆事件”（山西平陆县 61 位民工食物中毒，经全国各行业协同配合抢救脱险）的一篇通讯，谢添等导演用了 22 个小时写出剧本，一批著名导演、摄影、美工齐上阵，明星演员大客串，组成了五个摄制组，采取到有关地区、部门、机关、商店、机场边访问、边分镜头、边写对话、边拍摄的摄制方法，只用了 15 天就全部拍摄完毕。我们剪辑车间的主要剪辑人员都参与其事，我自然也积极投入，五个摄制组从各地各部门送来的原始素材胶片，随到随洗印随剪辑，如同流水作业一般。大家都不休息，很少睡觉，日夜苦战。剪辑的速度自然很快，可以说摄制组拍摄完了，我们也基本上剪辑完毕。这当中，还比速度，赶进度，展开竞赛，什么艺术上的斟酌琢磨、精雕细刻，根本无从谈起。摄制完成，那时反对“名利思想”，提倡“集体创作”，大多数人在字幕上都不署名，剪辑一栏只上了杨雪明一个人的名字。从这部影片的摄制过程，可以想见当时大批“跃进片”的拍摄、剪辑情况。有的“跃进片”摄制组搞得更出格离奇，竟然放出了一日拍出一百几十个镜头的“特大卫星”。在“大跃进”那狂热痴迷的日子里，确实干了许多现在看来十分荒唐可笑的事，给国家、人民、电影事业造成了重大的无法挽回的损失。

为了投入“大跃进”的洪流，为了加强对文艺工作者的思想改造，根据文化部的安排，一百多名北影职工分别到江苏省兴化县和吉林省通化县下放农村劳动锻炼。我分到江苏兴化下放劳动，带队的是厂长汪洋。我们在扬

在江苏兴化戴南镇参加田间劳动

州地区兴化县戴南镇（乡、公社所在地）下属的合作社（后来是生产队）劳动锻炼，为期一年，到1959年初才返回北京，其间经历了农村“大跃进”、兴办“人民公社”、贯彻“八字宪法”等运动，增长了不少见识。我和吴生汉（摄影师）、施文心（资深编辑）三人一组，与农民（社员）“同吃同住同劳动”，实行“三同”。我住在生产队队长家里，条件仍然较差。在农家吃饭，顿顿稀饭，吃不饱，过一会儿就饿了。上级规定，下放劳动期间，不准到镇上进饭馆，不准买点心，怕产生“不良影响”。后来看大家干活太饿实在顶不住，才松口说可以买些饼干之类的点心填补填补，但不要让社员群众看见。插秧、挑粪、锄地、割谷等农活虽然都干过，但社员和生产队长照顾我们，总是让我们干一些较为轻便的农活。我是搞宣传的小组长，经常组织农民读报、唱歌、听有线广播、出黑板报、宣传“人民公社的优越性”，鼓动农民群众投入“全面大跃进的高潮”。老实说，在兴化下放劳动一年，我最深刻的感受是，农民家家户户确实穷得很，社员生活太苦了，心里这样想，嘴上却不敢说，在搞宣传、写思想汇报时，还要说农村形势大好，农民干劲十足，“大跃进”成就辉煌等等。那些乡里、县里，以至省里放出的令人惊讶不止的“高产卫星”，我们有的从报上看到，有的亲自去参观，嘴上都兴奋地连声夸赞，但心里总是怀疑，觉得不合常理，不可思议。当时，对那些亩产千斤万斤以至百万斤的“卫星”只能说好，不能有半点非议，否则就会被别人斥为“右倾”、“保守”、“反对三面红旗”（总路线、大跃进、人民公社），那可是严重的政治错误，要遭受严重的批判打击。当时，农村中的浮夸风、共产风刮得很厉害，农业生产、社员生活受到极大的损伤和破坏，不久就进入了大饥荒的悲惨年代。由于生活苦，环境差，工作忙，干活累，到1958年秋冬之际，我突然害了场大病，高烧不退，四肢发冷，昏迷数日，好像是“打摆子”（疟疾），到镇上公社小医院住了半个多月才见好转，待到痊愈之时，我们已经收拾行李准备回京了。兴化下放劳动一年，没想到以生病住院而告结束。

1958 年在江苏兴化拍摄《水乡红旗》纪录片期间，左一为傅正义

但兴化的事并未完全了结。回京后，我又立即投入了以反映、歌颂兴化“大跃进”成果为内容的影片《水乡红旗》的剪辑工作。这是一部大型纪录片，主要内容是表现兴化农民群众修水库、改河道、治田土、搞养殖的成绩，其中有湖里挖肥、沤粪改地、栽桑养鱼等镜头，歌颂“大跃进”，赞扬“公社化”，展现兴化的“大好形势”。影片的导演是魏荣，摄影张庆华、程默，制片彭厚嵘（新影厂副厂长，党委书记），场记邢榕。全片七本，内容丰富，从头至尾由我剪辑，再配上音乐、解说，还看得下去。影片后来在全国发行，并将拷贝送给兴化县委，算是北影对兴化的支持。为此，兴化县委书记还特地到京来厂回访，对影片的拍摄表示满意和感谢。《水乡红旗》是我剪辑的第一部大型纪录片，虽然影片内容有当时难以避免的浮泛虚夸之弊，但从剪辑角度来说，我有机会得到了一次难得的锻炼，掌握了纪录片剪辑的某些规律和特点，确实有所得益和收获。

22. 加入北影第二创作集体

1959 年 9 月，北影正式成立了四个创作集体，是改进企业管理的一件大事。建立创作集体，是在吸取了国外有益经验，结合国内电影生产实际的基础上，在创作机制上的一项重大改革。在厂方统一安排调配下，志趣相投、风格相近的艺术家相对自由地组合起来，形成了几股雄厚强劲的创作力量，这对于活跃创作思想，促进创作流派、创作风格、创作个性的初步形成，开展艺术创作竞赛，调动艺术家们的创作积极性，起到了极大的推动作用。虽然创作集体内外还有许多深层次的问题难以解决，但总的说来，它还是当时一种比较适应计划经济体制下计划管理的创作组合及创作机制。四个创作集体，以号称北影导演“四大帅”（水华、崔嵬、凌子风、成荫）和“四大制片”

(史平、胡其明、何云、杜子)为负责人，几乎包括了全厂所有主创人员，形成了四股相对独立、各具特长、互为竞赛伙伴的创作力量。我在崔嵬的盛情邀约下，参加了第二创作集体。

第二创作集体，以崔嵬任艺术指导，胡其明任制片主任，导演有陈怀皑、许诃等，摄影师有聂晶、吴生汉等，编剧和编辑有葛琴、曹硕龙等，美工有秦威，录音有陈燕嬉，化装有孙鸿魁，剪辑有我，制片有张起等等。当时，第一、第二集体都要我参加，陈怀皑多次催促崔嵬，要他找汪洋等厂领导，力争把我调配到第二集体，做了不少工作。事后史平对我说，我们第一集体想要你，可是争不过崔嵬和胡其明，没办法让你来！就这样，我加入了“二集体”，带着唐彦琳、战强两位年轻人。结果，严尚华到了“一集体”，齐玉玲到了“三集体”，邵养珍到了“四集体”，也分别带了几名年轻的剪辑人员。当时，我们这些剪辑人员的行政管理系统和政治业务学习仍在剪辑车间，而业务活动、剪辑工作一般在创作集体开展。剪辑人员要参加创作集体的大小业务会议，参与制定计划、讨论剧本、分镜头、出外景、观摩样片、实施剪辑，直至修订完成片、制作预告片，几乎要参与创作集体影片创作的全过程。第二集体的创作活动，给剪辑工作人员发挥才智、做出贡献提供了充分的条件和广阔的空间。

第二创作集体的主帅是崔嵬，他是著名的导演、表演艺术家，也是老资格的革命文艺活动家和领导者。崔嵬 1912 年出生在山东诸城乡下一个贫农家庭里，种过地，当过童工，上学时因反抗反动统治多次被开除驱逐，后考入山东省立实验剧院编剧班，参加了党领导的左翼戏剧家联盟，走上了革命和艺术道路。1935 年崔嵬到上海，继续从事革命戏剧运动，改编和演出了陈鲤庭创作的著名街头剧《放下你的鞭子》，影响深远。抗战爆发后，他参加了党领导的救亡演剧一队，辗转于西北各地，后赴延安。1938 年崔嵬在延安参加了中国共产党，参与筹建“鲁艺”之后，到晋察冀边区华北联大文学院、冀中军区火线剧社工作并担任领导职务，与根据地军民一起生活、战斗、生死与共地度过了抗战的艰苦岁月。1949 年，解放战争胜利之际，崔嵬随军南下，被任命为中南文化局局长，领导中南地区的文艺创作。其后，他到上影参加了影片《宋景诗》和《海魂》的拍摄，担任主角，以其雄浑大气的表演风格，震动了影剧界。1956 年初，崔嵬“辞官为民”调至北影，任艺术指导，但他长期在外拍片(如饰演《老兵新传》主角战长河)，直到 1959 年担任北影第二创作集体艺术指导，拍摄庆祝建国十周年“献礼片”，与陈怀皑联合执导影片《青春之歌》，他才正式担任起电影导演的工作。崔嵬博学识广，对文学、戏剧、中国戏曲、民间文艺都有深厚的修养，通过实践，又较快地掌握了电影艺术特性。同时，他从艺经历长久丰富，有着特殊的艺术创作组织能力，所以大家都很佩服他，尊重他，听从“崔大帅”的调遣。崔嵬是“二集体”的“大拿”，抓主要工作，总体把关，抓创作上的“大政方针”。对于崔嵬的建议和意见，厂长汪洋也是“礼让三分”，大都采纳。北影厂有句“民谚”：全厂“怕”汪洋，汪洋“怕”崔嵬。这里的“怕”字当“听”字讲，其实他们彼此谁都不怕谁，只是不少事“英雄所见略同”，汪洋比较尊重崔嵬的意见罢了。崔嵬这位山东大汉声如洪钟，性情豪爽，行事果断，对革命、对艺术、对同志都是“一团火”似的赤诚热情，极富感染力。但他性格梗直刚烈，遇事容易冲动，有时脾气不小，所以有人说他“霸道”。其实他很讲道理，热诚待人，表里如一，从来不摆什么“大导演”、“大明星”的架子。他最看不惯偷奸耍滑、投机取巧之人，一见就骂。有一次，有位置景工人偷懒未完成工作任务而影响了影片拍摄，崔嵬大为光火，斥道：“不好好干就滚蛋！三条腿的蛤蟆找不到，两条腿的人到处都是。”为这句话，“文革”中他反复挨批。有时，崔嵬也自叹自嘲，说“房子越住越小，车子越坐越大”，但从不向上伸手，搞生活特殊化。崔嵬很重视剪辑工作，他说剪辑的优劣对影片的成败关系极大，许多在拍摄时难以解决的问题可以通过剪辑手段予以处理，效果往往出乎预料的好，要充分发挥剪辑的作用。他经常与我讨论影片摄制过程中遇到的难题，鼓励、督促我充分运用剪辑技巧。每当我通过剪辑帮助他消除了影片摄制过程中的困难和障碍，或者是运用剪辑手段使剧情进展、人物刻画取得了预期成效的时候，他总是欢快而由衷地叫喊起来：“太好了，太好了，剪辑神妙，妙不可言！”又对我说：“从你对电影艺术的把握看来，你完全可以胜任当导演。不过，由于学识、阅历、经验的局限，你当不了大导演，只能当个中不溜儿的、但是合格的导演。你如果愿意当导演，我可以给汪头儿说说，起用你试一试？”但我有自知之明，决心还是发挥自己所长，争取当一名好的剪辑师。在“二集体”，我一直担任崔嵬导演的影片的剪辑，与他保持长期良好的合作关系。同时，他也是我的师长领导，在思想意识和艺术创作上，都对我有着不少的影响。

在“二集体”中，陈怀皑是崔嵬最重要的合作伙伴、最得力的助手和最高明的“军师”。“二集体”的负责人是崔嵬和胡其明，同时陈怀皑在实际上也发挥着极其重要的作用，这与他深厚的学识素养和高超的运作能力直接有关。陈怀皑是福建长乐人，1920 年出生，早年在家乡参加剧团演出，从事抗日宣传活动，1941 年秋到四川江安考入国立戏剧专科学校，师从洪深、曹禺、陈鲤庭、张骏祥等人，接受了系统的中外戏剧理论教育，后留校任教。抗战胜利后，“国立剧专”复员南京，陈怀皑参加了爱国民主运动，受到国民党反动当局的迫害，遂应张骏祥之邀，到香港永华公司参加拍摄影片《火葬》，任副导演，从此步入影坛。之后，他投奔华北解放区，参加华北大学第三文艺工作团，任戏剧队长，并参加了反映工人斗争生活的影片《红旗歌》的编导工作。1949 年北平解放，陈怀皑被调到中央电影局任副导演，次年参加了影片《陕北牧歌》的拍摄。1951 年，陈怀皑被调至中央电影局所属“表演艺术研究所”任教员，在教学中对电影表演艺术有所研究和阐发。1953 年，调入北京电影演员剧团任导演。之后，相继在长影的《虎穴追踪》和北影的《祝福》两部影片中出任副导演。1956 年，演员剧团划归北影，陈怀皑也正式成为北影的导演，在 1957 年、1958 年独立执导了影片《生活的浪花》和《山里的人》，前者因为“干预”现实生活反映青年知识分子情态而在后来的“反右倾”、“拔白旗”运动中受到点名批判。在进入“二集体”前，陈怀皑已经担任过多部影片的副导演，独立导演了两部影片，通过艺术实践，加上他有深厚的艺术理论功底，又特别好学肯钻研，很快地而且是比较全面地掌握了电影的理论体系、创作方法和摄制技巧，编、导、演、摄、美、录、剪辑、制片门门通晓，成为电影界的行家里手、奇才高人。他学养深厚，精明能干，思维敏捷，头脑灵活，主意高，点子多，从影片拍摄到后期制作，从工艺过程到生产管理，他都有一套办法，人称“铁算盘”，确实是一位不可多得的影片制作管理专家。不但崔嵬就“二集体”的艺术创作、生产管理以至行政事务上的事经常听取采纳陈怀皑的意见，厂长汪洋也经常就有关全厂的创作规划、人员安排、影片摄制、生产管理、业务把关等方面的工作与陈怀皑协商讨论，要他出谋划策，提出高见。陈怀皑总是尽心尽力，为汪洋、崔嵬当好参谋，因而受到重用，同时也遭到某些人的嫉恨和攻讦。崔嵬在艺术上很有素养，很有天赋，很有作为。但由于他是演员出身，以前没有从事过电影导演工作，在影片创作的总体把握、结构处理、节奏营造等方面难免时有缺欠，而陈怀皑正可补其不足，确实对崔嵬的导演业务有所帮助。陈怀皑很尊重崔嵬，从来都把崔嵬放在“主帅”地位，甘当“二传手”，协助崔嵬“主攻”艺术高峰。崔嵬、陈怀皑在艺术创作上的合作关系，堪称楷模。我与陈怀皑在 1955 年拍摄影片《虎穴追踪》时就熟识，彼此留下良好的印象。后来，我到北影和加入第二创作集体，都与他的热诚举荐有关。陈怀皑是对剪辑艺术持有真知灼见的导演，在“二集体”，我们经常就如何在影片摄制中充分发挥剪辑的作用交换看法，并就影片的剪辑方案和具体艺术处理提出意见。他从导演角度提出的建议与要求，十分中肯，对我实施剪辑方案很有启发；同时，在我运用剪辑技巧有所突破有所创新之际,他都给予积极热忱的支持,并且力图从艺术理论上加以说明和诠释,对我提高自己的理论认识水平很有帮助。因此,陈怀皑和我一直保持着良好的合作关系。计算起来,以个人而论,陈怀皑是我与其合作共事时间最长、剪辑所导影片最多的一位导演。这种建筑在电影艺术创作基础上的友谊,天长地久,永远难以忘怀。

聂晶也是在电影艺术创作上对崔嵬帮助很大的人。聂晶是北影摄影的"四大帅"(朱今明、聂晶、钱江、高洪涛)之一,有着深厚的艺术素养和高超的摄影技艺。聂晶,1921 年出生在辽宁锦州农家,1939 年他在锦州师范毕业后,考入长春伪"满洲映画协会",先做群众演员,后当摄影助手。1943 年初到北平"华北电影公司"当摄影助理,抗战胜利后入"中电"三厂开始与他人合作拍片。1949 年新中国成立后进入北影任摄影师,参加了《开国大典》、《军旗》等纪录片的拍摄,又拍摄了《赵小兰》、《一件提案》两部故事片。1951 年和 1955 年,聂晶前后两次借调到长影(东影),独立拍摄了《卫国保家》、《高歌猛进》、《国庆十点钟》、《虎穴追踪》和《边寨烽火》等片。在长期的摄影艺术实践中,聂晶潜心钻研,刻意探求,掌握了摄影的特殊表现技巧,创造了"人物局部测光法",把握了彩色底片的特性,探索到胶片光比、密度、色彩变化的规律,在场面调度、镜头运用、色调处理等方面都很有一套独到的功夫,成为一名业绩突出、卓有成就的电影摄影师。崔嵬很欣赏聂晶的摄影风格、基调和韵味,两人在追求中国气韵、民族特色的电影表现方式上,有许多共同语言,引为知音。在影片创作时,心有灵犀,常生共鸣,艺术处理经常不谋而合。聂晶还往往运用摄影技巧对崔嵬的导演艺术处理有所生发,有所增益。他们二人既是珠联璧合的合作关系,又是艺术探索道路上的良师益友。崔嵬有了陈怀皑、聂晶二人的帮助,真是如虎添翼,直冲云霄。我与聂晶在长影拍摄《虎穴追踪》前就已认识,交谈甚欢。聂晶很了解剪辑在影片摄制工作中的重要性,在我们合作的过程中,他总是在拍摄时就考虑到剪辑的功能,为剪辑创造条件,留下余地,充分考虑剪辑提出的有关建议和要求。聂晶是位关东大汉,身高头圆,寡言少语,慈眉善目,经常以微笑对人。他工作起来不要命,经常是赤膊上阵,奋力苦干,精细认真,追求艺术上的完美,多次被评为先进工作者。我很佩服聂晶为电影艺术而拼搏献身的精神,历来以师长视之。

秦威是国内著名的美术家、水彩画家,也是电影界享有盛誉的美术设计师(美工师)。他是河北邯郸人,1911 年生,比崔嵬还大一岁,是"二集体"中的长者。他自幼热爱美术,1929 年考入北平大学艺术学院西洋画系,学习期间多次举办过画展。1935 年东渡日本，考进东京日本帝国美术院研究班，学习各种美术形式的理论和技巧，同时担任进步话剧《五奎桥》、《洪水》的舞台美术设计。抗战爆发前后，秦威回到祖国，在上海、山西等地以各种美术作品(壁画、版画、招贴画、水彩画等)宣传抗日。1938 年初，到四川成都参加"西北电影制片厂"，参与拍摄了抗战影片《风雪太行山》、《老百姓万岁》。还与贺孟斧合作，创作了音乐短片《在太行山上》，影片以冼星海作曲的著名歌曲《在太行山上》为主题歌和主旋律，选辑了一些真实记录八路军将士转战太行山区的电影画面，并配以秦威创作的二十四幅版画画面，生动地表现了共产党领导的抗日斗争生活。这不但在电影艺术创作上是一次成功的尝试，而且在政治上也是一项生动有力的抗日宣传，使广大后方人民真实地了解到共产党、八路军的抗日功绩，激发了同胞们的爱国热情。抗战胜利后，秦威到上海入国泰影业公司，担任《无名氏》、《忆江南》、《裙带风》等片的美术设计。1947 年冬，秦威赴香港入永华影业公司，担任《山河泪》、《火葬》、《静静的嘉陵江》等影片的美术设计师。1949 年春，秦威和夫人欧阳红樱先后到达北平，作为特约代表，参加了第一次全国文代会。会后，进入北影工作，担任过影片《吕梁英雄》、《赵一曼》(东影)、《儿女亲事》、《陕北牧歌》、《智取华山》、《小白兔》、《黄河大合唱》、《杜十娘》、《上海姑娘》、《山里的人》的美术设计师。秦威艺术功底深厚，往往匠心独运，在美术设计上有其独特的构思和创造，具有强烈的真实感和历史感。在尊重中国传统文化艺术，吸收民间群众文化营养，追求民族文化特色，洋为中用，古为今用，创造先进的现代的中国电影文化上，崔嵬与秦威的观点几乎完全一致，在电影创作中做到了互为补充，互相激励，相互推进，这表现在故事片尤其是戏曲片创作中两人在艺术处理上的高度和谐，在"二集体"和电影界传为佳话。秦威的美术设计精美雅致，布景、服装都很考究，每个场景、每位人物形象都画出来，有草图，有彩图，场景布置适合拍摄与表演，服装的色彩质地能突显出来，其设计图本身就是优美的美术作品。秦威为人正直，待人和善，要言不烦，有长者之风。我在参与摄制《上海姑娘》一片时，才真正和他开始有合作关系，受教良多，尤其是在剪辑时如何保持画面色彩的协调、衔接，以及全片色调的大致统一等方面，秦威都给予了大力的帮助和指导。

陈燕嬉是北影著名的资深录音师，在"二集体"的艺术创作中起着重要的作用。她是广东顺德人，1923 年出生于知识分子家庭。早年随父亲到北平读书，1943 年毕业于北京大学理学院物理系，后到华北电影公司和"中电"三厂从事电影录音工作。北平解放后进入北影，参加了《毛主席莅平》、

《百万雄师下江南》等纪录片的录音工作，相继担任故事片《民主青年进行曲》、《走向新中国》、《一贯害人道》、《龙须沟》、《祝福》等片的录音师，独当一面，成绩显著。陈燕嬉不仅录音技术高明，而且艺术修养深厚，努力发挥声音在电影创作中渲染气氛、营造意境、刻画人物、控制节奏等方面的重要作用，以增强影片的表现力和感染力。陈燕嬉在录音工作中有着强烈的美学追求，在声音的艺术处理尤其是戏曲曲调的录制方面多有创造，为崔嵬、陈怀皑所赞赏。由于剪辑工作，我与她在"二集体"前后有着长期的合作关系。那时虽然声、画已分离剪辑，但声音的剪辑还是剪辑部门的事，所以我们之间经常联系，密切商讨，甚至共同制定声音的艺术处理方案，以发挥剪辑和录音在提高影片声画质量上的作用。陈燕嬉非常敬业，任劳任怨，乐于助人，群众关系很好，在很多方面都起到了模范作用，因此她在"二集体"工作期间入了党，多次被评为先进工作者，是大家尊敬的好大姐，在北影厂是有口皆碑，反映甚佳。

制片主任胡其明，是"二集体"的"大管家"，行政负责人。他是安徽人，1928 年生，出身革命军人家庭。早年参加革命队伍，1944 年加入共产党，1949 年在山东大学文学系学习，1955 年考入北京电影学院制片管理专修班，1957 年分配到北影担任剧务主任、制片主任。胡其明精明强干，勤奋务实，努力学习汪洋的治厂之道，在制片管理上很有一套，人称"二汪洋"。他很尊重崔嵬、陈怀皑、聂晶、秦威等艺术家，尽量给他们提供有利的创作条件和后勤保证，推动了"二集体"影片摄制工作的顺利进行。胡其明头脑灵活清醒，作风扎实，尊重艺术规律，讲究合理化管理，经常受到大家的好评。汪洋对胡其明也很欣赏，每每委以重任，加意培养。因之，"文革"后胡其明出任中央电影事业管理局副局长、北影厂厂长，成为有名的电影事业家，就不是偶然的事了。

由于崔嵬等一批艺道精深的电影艺术家的创造性劳动，由于胡其明等制片人员在生产管理上的有力保障，由于创作集体全体成员的通力合作，"二集体"在电影艺术创作上取得了极大的成功，相继拍摄了《青春之歌》、《百凤朝阳》、《游园惊梦》、《杨门女将》、《暴风骤雨》、《北大荒人》、《野猪林》、《小兵张嘎》、《穆桂英大战洪州》、《天山的红花》等影片，成就卓著，影响深远。同时，"二集体"也成为一个大力协作，团结奋战，锐意进取、成绩突出的艺术创作团队，在北影厂和电影界赢得了颇高的声誉。1959 年，北影第二创作集体被评为北京市文化教育卫生系统先进工作集体，崔嵬、陈怀皑、聂晶、秦威、陈燕嬉、胡其明、张起和我被评为先进工作者，出席了表彰大会，并

1959年，北影第二创作集体被评选为北京市文教卫生系统先进集体时的合影。后右二为汪洋，后右一为陈怀皑，前右一为朱今明，前右二为傅正义

领有每月八十元津贴奖励至今(从1958年8月至1962年7月，北影一度“下放”北京市领导)。1960年，“二集体”又被评为北影厂先进集体，我和聂晶等人被评为先进“标兵”。“二集体”的成员，多次被邀参加表彰大会、先进代表会议和文艺界聚会。1959年，周恩来总理在北京饭店宴请在京文艺界人士，我和“二集体”的其他几位艺术家参加了，甚感荣幸。后来，汪洋请夏衍、司徒慧敏等前辈在四川饭店吃饭，“二集体”的几位艺术家也都入席，我坐在夏公旁边，听他谈笑风生，很有兴味。我以能在北影第二集体工作为荣，对它很有感情。在第二集体的创作活动，是我剪辑生涯中最重要、最有成效的部分之一。

1959年9月“二集体”正式成立时，我们都还在新街口外大街32号厂部原址工作，正处于“大跃进”的高潮之中。在这之前的1958年11月间，为了拍摄庆祝国庆十周年的“献礼片”，建立了三个固定摄制组和一个青年摄制组，成为后来四个创作集体的原型和先声。到1960年年底，北郊小关新厂建成，“二集体”随厂部搬迁至新建厂区。新厂由罗静予总工程师主持修建，也听取了苏联专家的一些意见，第一期工程修建了摄影棚三座、特技摄影棚一座、录音楼一座、综合技术楼一座和各车间、办公楼、食堂、宿舍等配套设施。我当时仍住在新街口附近的太平胡同，每天往来于新街口和小关之间，颇多不便。1960年全国人民进入“三年困难时期”，供应全面紧张，生活用品紧缺，人民体质迅速下降，不少人在饥饿线上挣扎。北京因为是首都，食品副食品供应相对还好，厂里也想尽办法度过难关，到外地买鸭子、鲜鱼等食物发给职工，有时摄制组出外景也设法带些副食品回京供给大家。那时人们与困难作斗争的心气很旺，没有因为生活困苦而影响艺术创作和影片生产。尤其是我们“二集体”，更是众志成城，团结奋战，努力克服困难，攀登电影艺术高峰，几部名垂电影史册的戏曲片如《杨门女将》、《野猪林》等都是在“困难时期”拍成上映的。不过，那时我的家庭经济生活状况却是比较困难，原因是孩子多，三男一女，正上小学和幼儿园，小女儿腿有残疾，需要特别照顾。我母亲1959年到北京与我们住在一起，年事已高，对北方生活又不大适应，常有病患。因此，我与万秀明两人的工资合起来往往入不敷出，不到月底就捉襟见肘了。那时，我经常向工会和朋友借钱，以度难关。到北影后不久，我已由原来的文艺九级调升到文艺六级，进入高级职称，工资也有二百多元，但仍不够家用。困难时期，国家照顾高级知识分子，有“特供”，每月供应一条烟、一斤油、一斤白糖、两斤肉、两斤鸡蛋、两斤黄豆，对于解决家庭生活困难起了重要的缓解作用。我家的这种状况，比之于一般市民、外地城市和广大农村，还是强多了。在最困难的时期，不少湖北黄冈乡下的亲友写信来人要钱要粮票要衣物“救命”，他们说家乡已是赤地千里，饿俘遍地，人们在死亡线上挣扎，我的几个堂侄和幼时教过我的老师谭礼成都饿死了。我听到这些消息心中十分悲痛，只能在力所能及的范围内对乡亲予以救助。到1964年，“困难时期”过去，各方面有了起色，这时又掀起了“阶级斗争”的狂澜，“批资”、“反修”的浪潮高涨，加之所谓“文艺整风”席卷电影界，创作集体被批判为“复辟资本主义”的“黑样板”，不久就被强行解散。成就辉煌的“二集体”自然更是难逃厄运，在一派批判声中黯然消失，退出了历史舞台。不过，在此之后，我还是与“二集体”的艺术家们有着长期的艺术上的合作关系，直到“文革”前后。

23. 剪辑献礼片《青春之歌》

1959年，为了庆贺建国十周年，北影拍摄了一批“献礼片”，《青春之歌》

是其中的重点。这是第二创作集体拍摄的首部影片,是崔嵬与陈怀皑联合执导的第一部影片,也是我加入第二集体后独立剪辑的第一部影片。

小说《青春之歌》的作者是北影编剧杨沫,她与汪洋和崔嵬是老熟人、老战友。小说发表以后,在全国尤其是青年读者中引起巨大轰动,好评如潮。同时,由于"反右"运动之后"左"倾思想泛滥,有些人尖锐激烈地批判小说《青春之歌》充满了资产阶级情调,颂扬未经改造的小资产阶级知识分子,是一部思想上艺术上都有"严重错误倾向"的文学作品。汪洋、崔嵬不同意这种"左"倾观点,认为小说生动深刻地表现了20世纪三十年代进步知识分子走向革命的必经之路,是一部值得改编为电影的好作品,表现出了难得的政治和艺术胆识。崔嵬不避风险,不顾非议,坚定地说:"我们就是要拍这部电影,不怕那些不懂生活也不懂历史的人的反对!"改编意向确定后,又出现了由谁改编和谁来主演的争执。早在小说《青春之歌》初稿完成之后,杨沫的妹夫,即白杨的丈夫上影导演蒋君超就写出了改编的剧本,准备由白杨出演女主角林道静,在上影投入拍摄。汪洋以故事发生地在北平(北京)、编剧是北影人为由,在北京市委的支持下,经过多方面工作,终于取得由杨沫亲自改编、由北影拍摄的结果。为了选择适合对路的演员,在报上发消息,召开座谈会,广泛征求、倾心听取社会各方面的建议,一时反应热烈。当时在演员问题上争论的焦点是选用老演员还是起用青年演员。不少人建议由白杨饰林道静,赵丹饰卢嘉川,金焰饰余永泽;而又有不少人希望起用年轻人;两方面争论激烈,相持不下。结果,崔嵬、陈怀皑、聂晶、秦威经过反复磋商,认真考虑,在取得汪洋和北京市委宣传部长陈克寒的支持下,决定起用年轻人来唱这一曲青春之歌,由谢芳饰林道静,康泰饰卢嘉川,于是之饰余永泽。谢芳是湖北歌舞团的青年演员,崔嵬在武汉任中南文化局长时就认识她,虽然从未演过电影,但崔嵬认为她从气质、素养和形体、风韵上都是饰演林道静的上选人物,经过试装试演,遂在众多候选演员中确定为林道静的饰演者,再次鲜明地表现出崔嵬独到的艺术眼光。在影片的筹备阶段我做的工作不多,只是参加了几次对剧本和分镜头剧本的讨论,但发生的这些争论、争执和处理过程我是知道的,我一方面为影片尚未拍摄就遭遇到这么多坎坷和压力而为崔嵬、陈怀皑捏了一把汗,另一方面又为他们的胆识、魄力和取得的初步进展而赞叹和兴奋。

在大跃进的热潮中,摄制组成员意气风发、干劲十足,《青春之歌》的拍摄工作进行得快速顺利,成效颇高。那时北影厂"下放"归北京市领导,市委对《青春之歌》的拍摄非常重视,市长彭真亲自过问,陈克寒具体领导,副市长王昆仑坐镇大游行拍摄现场当指挥,从各方面保证影片拍摄的顺利进行。在前门附近拍摄游行示威、集会演说、军警镇压、群众声援等场景时,我也在现场协助维持秩序。当时断绝交通,车站街道做旧,调集一辆辆旧式机车、电车、警车、人力车,组织一批批在校大学生充当群众演员,出动一队队公安干警维持现场秩序,这种实拍场面令人惊叹。其中市委市府确实做了许多保障工作,成为摄制组坚强有力的后盾。崔嵬、陈怀皑以饱满的热情,雄豪的气度,柔美的情调,舒展的韵律,通过运用凝练的镜头语言,展现精彩的场面,营造精美的意境,去刻画人物,展开情节,体现主题,显示出卓越的导演艺术功力。摄影师聂晶在拍摄中调动了各种造型手段,致力于人物形象的刻画,体现出人物的内心世界。片头的"荷花出水图",点明了主题,充满了诗意;片中林道静夜读苏联小说《铁流》的特写镜头,饱含激情,突显出女主人公思想感情的飞跃。而狱中林红就义一场对光影、色彩、镜头移动的处理,将片中人物和片外观众的情感推进到一个崇高的境界。真是精彩画面迭出,令人过目难忘。美术师秦威的艺术处理大气洒脱,富于民族特色和东方美感,为影片增色不少。作曲瞿希贤在片中准确、适当、巧妙地运用了当年流传甚广的《流亡三部曲》、《五月的鲜花》等歌曲的旋律,烘托出浓郁的时代气氛,表达出革命进步青年的呼声。主演谢芳虽然初登银幕,但能较快地进入角色,准确地把握住林道静进步的心路历程和发展变化的轨迹,演得个性鲜明,情感丰富,有层次,有力度,创造出一个光彩夺目的青年知识分子形象,达到了甚至超过了编导和观众对她的殷切期望。于是之饰演的余永泽,赵联饰演的戴瑜,秦怡饰演的林红,康泰饰演的卢嘉州,都很出色,为中国影坛增添了光彩的银幕形象。可以说,在市委、厂领导的支持下,经过摄制组各部门的通力合作,《青春之歌》的拍摄确实很有成效,达到了很高的水平。

《青春之歌》人物多,场面大,故事曲折,线索复杂,因之镜头也多,变化较大,剪辑任务颇为繁重。我带领几位年轻人,盯现场,出外景,原始底片洗印出来的样片随到随剪,之后即刻按照有关意见进行细剪,从不停歇,日夜奋战,十分紧张。当时我三十三四岁,虽是身强体壮、血气方刚,也累得有些撑持不住了。每天都要剪片,都要加夜班,干个通霄不是稀罕事。那时没有分隔放置柜,欲找镜头素材,就要到一个个累积成山的片盒中去翻,边找边扔,遍地都是片盒。因此,陈怀皑开玩笑说:"傅正义剪片——'鸽子'(盒子)满天飞!"剪辑《青春之歌》,主要是陈怀皑与我商量进行,崔嵬参与不多。除了我带领剪辑车间的唐彦琳、战强参加该片的剪辑外,还有天山厂的陈刚和刘光翠、天津厂的马秀华和刘景文,也来跟我学习剪辑业务。我对《青春之歌》的剪辑工作特别重视，力求尽我所知所能“剪出戏来”，剪出水平，以达到崔嵬、陈怀皑提出的高标准高要求，也满足“徒弟们”要学到高超、精到、实用的剪辑技艺的愿望。对于《青春之歌》的剪辑，我在各方面确实下了一番功夫，取得了较好的成效。这里就其中几个段落(或称几场“戏”)的剪辑处理，以及有关预告片的制作，略做介绍。

影片第一本的“开场戏”，小说和剧本都描述的是林道静乘火车到北戴河去：她“只一个人坐在车厢一角的硬木位子上，动也不动地凝望着车厢的外边……”。这样“开场”，没有动作，缺乏悬念，引发不了观众的注意和兴趣。崔嵬、陈怀皑、聂晶等经过研究协商，决定改为“林道静跳海，余永泽抢救”，与我商议，要用短镜头和“叠化”技巧予以表现。于是拍摄和使用了一系列短镜头：天空乌云翻滚，海浪冲击礁石，林道静站立礁石的面部特写，余永泽跟随而来的惶惑神色，浪花飞溅，潮水轰鸣，林道静绝望的神情，她跃身跳海，余永泽入海相救……。紧接着，林道静被救之后叙述自己的遭遇时，采用了连续“叠化”的技巧显现往事：出现了林家客厅，林母贪图钱财，巴结权贵，要把林道静嫁给老政客胡梦安等多个镜头，然后又采用“叠化”的技巧，回到现实中林道静向余永泽讲叙的情景。这样处理，既有强烈的动作，制造出无尽的悬念，又有简洁明快的情节进展，使观众很快“进戏”；既渲染了人物内心的剧烈冲突，又提示了人物非同寻常的命运遭际；给主人公一个奇特的“亮相”，给观众一个异想不到的“碰头彩”，有着很强的视觉冲击力和情感震撼力。这是对至关重要的“开场戏”的精彩处理，也是合理、准确、巧妙运用“叠化”等剪辑技巧的成功例证。

《青春之歌》一片，游行示威、集会宣传的群众场面很多，规模浩大，牵涉面广，加之受时间、条件的限制，拍摄的素材有限，又不可能进行补拍，因此剪辑起来难度很大。我在这方面做了一些尝试和探索，努力调动剪辑手段，将群众场面表现得很有气势，有规模，有重点，有层次，力求在真实、生动、恢宏的群众场面中展现时代风貌，推进剧情发展，刻画主要人物。比如，影片中以整整一本(第七本)、长达八百多英尺的篇幅，表现了革命者与学生集会纪念“三·一八”并同反动派军警展开搏斗的情景，是重场戏。剪辑时，我根据导演的艺术构思和具体的分镜头，从突出集会的气势、构成台下与台上的呼应来考虑，对拍摄的素材加以取舍。选择了慷慨陈词的演说镜头，庄严悲愤的听众反应镜头，紧张激烈的厮打场面等镜头。舍弃了那些表现力不强、表情不鲜明、动作不准确的镜头。在具体的剪辑处理上，首先以演讲人镜头为主，适当留长，突出学生运动的领袖和地下党的领导人，这也是为林道静受到演讲内容的启发走向革命做好铺垫。同时尽量使用林道静的反应、思索、觉悟的镜头，穿插在演讲当中，既与台上的演讲呼应起来，又将林道静与这场戏的主要人物和主要事件有机地联系起来。难办的是，这场戏林道静拍的镜头不多，素材不够用。于是，我运用“一剪多用”的手法，将一个镜头剪为多个镜头，再分别巧妙插入，算是解决了这一难题。在剪辑学生与军警扭打的场面时，我主要强调动作性，将镜头适当剪短，既可营造紧张激烈的气氛，又具有强烈火爆的节奏感，真实而有力度地表现了爱国学生的满腔热忱和林道静在斗争中受到的冲击。对群众场面的这一处理，达到了编导和剪辑预期的目的。

与其相似的艺术处理，是影片结尾部“游行示威大搏斗”一场戏的群众场面剪辑。由于拍摄地点在北京闹市区前门一带，断绝交通时间不能太长，两次上街拍摄只获得 14 个镜头，未按计划拍完全部镜头，但已无法补拍。这时崔嵬、陈怀皑与我商量解决办法，决定量材使用，要求我发挥最大的创造性予以补救和完善。我认真地审看全部素材，经过仔细斟酌，反复推敲，将 14 个镜头剪为 28 个镜头，抓住镜头的动作、造型、时空因素，利用音响、歌曲、音乐，重新加以安排和组接，终于有声有色、气势磅礴地构成了影片结尾壮观热烈的感人场面。崔嵬、陈怀皑都说，这是“剪辑师发挥无限作用”的一个实例。

同时，我与录音师蔡军、王泽明合作，在声音剪辑方面大做文章。国内的电影制作，包括影片剪辑历来都是重画面，轻声音，不利于电影作为声画艺术的表现力的发挥。我们运用剪辑和录音的手段，努力发挥声音艺术、音乐语言的作用，力求做到声画交融、声画并茂，以增强影片的艺术感染力。比如，在“戴瑜叛变”这场戏中，按照规定情境，戴瑜在特务头子胡梦安办公室昏暗的灯光下，静立在沙发前。在他对面站着胡梦安和吸烟的女特务，女特务暗示胡梦安对戴瑜进行严厉凶狠地审问。“怎么样?!”在胡梦安与女特务的威逼下，此时此刻的戴瑜是一副紧张忧郁的面孔，表现出恐惧、犹豫的复杂情绪，最后终于跌坐在沙发上以低头而示意投降叛变。就在这种无言的情境中，利用由弱到强、由慢变快的滴答滴答的钟摆声(称剧情音响)，恰如其分地衬托了人物的内心活动，展示了戴瑜的心理动作。这是利用音响刻画人物、推动剧情发展的一个成功例证。至于利用进步歌曲、音乐旋律抒发情感，烘托气氛，营造节奏的剪辑处理，在该片制作中可以说比比皆是，不再单独列举。

在《青春之歌》的剪辑过程中，我尽力运用各种剪辑手段，体现崔嵬、陈怀皑豪迈爽朗而又柔美舒展的导演艺术风格。片中以严谨的结构，雄浑的气势，柔美的情调，从容不迫的叙述方式，张驰有度的节奏处理，营造出一个个独具特色、动人心魂的场景：公寓中，东北流亡学生含泪唱着“流亡三部曲”；在家里，林道静冬夜阅读革命小说《铁流》；监狱中，林红赠红毛衣给林道静，然后从容走向刑场；在船上，江华与林道静互道衷肠，小舟划向湖心深处……。这自然是编、导、演、摄、录、美合作经营之功，但剪辑确实在其中起到了再创作的重要作用。多少年之后，主演谢芳在其文章中说道：“从第一个镜头开始到最后一个镜头结束，其间的起、承、转、合，轻、重、缓、急，无不严丝合缝。分场之间，以动接静，以静接动，以动接动，以静接静，真正是云开见日，云行雨施，百川归海，尽如人意。”她在这里讲的既是全片的艺术结构，也是全片的剪辑处理，用的更是剪辑的行话和术语。事实证明，影片《青春之歌》的艺术处理，包括剪辑技巧的运用，是成功的，有着高度的艺术水准，值得肯定和总结。

不过，经过三十多年历史的考验，今天看来，《青春之歌》的剪辑处理确实还存在不少遗憾之处。一句话，剪得太“松”，不紧凑，不简练，以至有的段落情节拖沓，节奏缓慢，结构松垮。全片十八本(180 分钟)，太长了，如果剪去三本(30 分钟)就好了。有些出色的场面，如林红就义一场戏，现在看来，也可以剪得再紧凑一些，处理得再精炼一些。之所以出现这些遗憾，是因为当时在电影界戏剧式结构占统治地位，不论是导演，还是剪辑，都习惯于以传统的方式进行艺术处理，按部就班起承转合，难以自觉超越陈规和经验，何况崔嵬、陈怀皑二位又是讲究戏剧章法、深谙中国传统艺术之道的专家。虽然身处“大跃进”的高潮，但在社会生活中，人们的生活节奏普遍比较缓慢，这种情况也影响了当时的艺术创作。“大跃进”中，日夜苦战，身心极度疲劳，艺术感觉时而亢奋，时而麻木，至使节奏感、分寸感难以准确把握，难免造成失误。加之当时大搞“打擂台”，“赶进度”，“放卫星”，剪出一段戏大家都说“可以了”，连忙“通过”去“报喜”，根本没有时间也不容许你去仔细加工修改，其结果可想而知。老实说，当时我也是激情满怀，热衷于“比学赶帮超”，加之大家都对剪辑出来的片段连声叫好，自己也有点昏头胀脑，对存在和可能出现的问题毫无察觉。正是这些主观客观的原因影响了影片艺术质量和剪辑水准的进一步提高，留下了难以弥补的遗憾。这是三十多年后对该片剪辑工作的个人反思，并不影响对影片《青春之歌》的评价和定位。

而我同时剪辑的《青春之歌》的预告片，却是简练准确，干净利落，极富

傅正义与谢芳的合影

表现力的。这是由于预告片的长度有限(三分半钟),素材甚多,必须在很短的时间内介绍剧情,点明主题,推举角色,提出问题,留下悬念,吸引观众前来观看欣赏。这就要求预告片必须将原片的精华予以高度的浓缩、集中组成一部严谨、生动、明快、有冲击力的宣传片。因此,制作预告片,绝不能拖泥带水,复杂拼凑。在制作《青春之歌》预告片时,我真是煞费苦心,殚精竭虑,下了一番苦功,才收到了较为满意的成效。借此机会也简略地谈一谈电影预告片剪辑的特点和要领。

预告片的画面素材,首先要选用能够显示出影片题材、风格的画面,其次要选用能反映时代背景,能代表片中人物精神面貌和动作性强的画面。《青春之歌》预告片的第一个镜头是群众的游行队伍在前进,接着第二个镜头是警察在马路旁如临大敌地监视游行队伍,借此反映影片所表现的尖锐斗争和时代背景。两个简短、强烈的镜头,达到了多个目的,开宗明义,引人入胜。

预告片在结构上一定要采取虚实结合的方式,因为它不可能把影片内容全盘托出,让观众一览无余,但也不能使观众一无所得。这里的所谓虚,主要是指省略那些次要的情节和人物,给观众以想象和预示,引起观众的期待和错觉,从而加强悬念。所谓实,主要是指把影片中的主要情节、主要人物以及关键性细节具体而简洁地表现出来。在《青春之歌》预告片中,王晓燕在亭子中对林道静说:“噢,我知道了,他是值得你爱的。”之后,林道静和江华划船,和余永泽相拥……这样,让观众很好奇,不明白林道静究竟爱的是谁。就在这种虚实之间,造成观众的悬念,引起观众的兴趣。因此,预告片的最大特点就是提出问题,而不解答问题,制造悬念,吸引观众。

为了更集中、更洗练地介绍剧情,造成吸引观众的效果,在预告片的剪辑中,总是较多地采取对列组接和连续组接的技法。在《青春之歌》预告片中，卢嘉川被捕投入监狱时伏地抬起头看（近景），与林道静看卢嘉川留下的标语（中近景）这两个镜头的主体方向是对立的，把它们连接起来，表明一个革命者被捕了，另一个革命者又站起来，革命在不断前进。这样，利用对列的组接使镜头之间有了内在的联系，产生了新的含义。又如，将林道静看进步书藉的三个特写镜头接在一起，利用连续组接技巧，构成了画面流畅的转换与情绪的连贯，从而表现了主人公豁然开朗心花怒放的情感。显示出她在思想上的迅速觉悟和要求参加革命的强烈愿望。

字幕和画面技巧在预告片中占有重要地位，可以起到点明主题、解释内容、协调节奏、增强悬念的作用。在《青春之歌》预告片中，林道静看传单时，一条字幕自上划下："描写一个女青年知识分子前进的道路"，道出了影片的内容和主题。又如，在前例中，卢嘉川被捕入狱（全景）一抬头（近景），在此处使用了一个由小而大的圆圈技巧，划到林道静看标语的中近景镜头上。这样的技巧运用，正适应了这两个镜头的对列组接，使镜头之间在画面内容上产生有机的联系，把两个人物的思想活动互相紧密地勾连起来，也给观众造成了一种联想和思索。

预告片中声音的选择、运用、处理，是剪辑过程中极为重要的一环。首先，对白应当选择能够反映主题思想和人物感情的关键性语言。在《青春之歌》预告片中，林道静看卢嘉川留下的标语时的道白是"革命的烈火是扑不灭的，共产主义像初升的太阳，一定会照遍全世界"（画面叠印出卢嘉川）。这句话对林道静是启发，是鼓舞，对她思想的进步有着重大的意义。而余永泽的一声叫嚷："你不要忘记你是我的妻子，你必须服从我！"把他丑恶猥琐的思想实质暴露无遗。这些关键性话语的使用，有画龙点睛之效，会引起观众极大的关注和兴趣。

音响在预告片中可以起到渲染气氛、表达情感和增强节奏的作用。在《青春之歌》预告片中，林道静"啪"的一声，打掉了胡梦安手中的一沓钞票。这一效果声是配合画面主体动作的，但也衬托了林道静不肯被金钱收买的崇高品德。这样的效果称之为"主体音响"。在另一处，警笛声响起，相继出现警车疾驶，戴瑜被捕，林道静化装逃跑，林道静和俞淑秀在监狱铁窗旁叫唤"郑姐姐"等镜头，这一声响效果强调了白色恐怖的气氛，并且贯穿了那些零散镜头，使结构严密、紧凑，可称之为"背景音响"，实现了声音与画面的对列组接。

《青春之歌》预告片开始的一段音乐是从影片中的《救亡进行曲》中节选而来。开始的画面是游行队伍前进（全景），接着是警车出现（大远景），再接着又是群众游行队伍前进(中景)。贯穿这些镜头的音乐是“工农兵学商,一齐来救亡”的雄壮歌声。画面与相应的乐曲结合,使群众游行显得气势磅礴。在剪辑方法上,采用了画面与声音的对位组接。而预告片结尾的一系列镜头,突出主题,将全片的气氛推向了最高潮。结尾一段的音乐,仍然以《救亡进行曲》的开头和结尾组成,音乐开始是一阵急促的小鼓声,在画面上,这段小鼓声正好配合着林红走出监狱准备就义的场面,震撼心灵。紧接着,“工农兵学商,一齐来救亡”的歌声再度响起,画面上出现警察出动,群众集会,警察镇压,林道静在电车上撒传单呼口号,群众游行示威,军警与群众激烈搏斗等镜头。音乐越来越强烈,结合着群众游行的步伐,使整个结尾呈现出慷慨激昂、英勇不屈、共赴国难、奋勇前进的气氛,与开始部分形成了一种鲜明的呼应,使全片显得激越、明朗和完整。对白、音响和音乐在预告片中的合理、巧妙、准确地运用,不但可以构成一个有机的完整的听觉形象,而且还能够起到显示影片情调、风格和特色的作用。

由于在制作《青春之歌》预告片之前有周密严谨的设计方案,制作时努力将画面、声音、字幕、画面技巧四者有机巧妙地结合,突出了影片的特点、“亮点”和“卖点”,使观众感到既完整又生动,既引人入胜又耐人寻味,达到了预期的介绍、宣传和推销的作用。业内外人士对《青春之歌》预告片连声叫好,认为艺术、技术质量很高。导演谢添看了预告片,称赞“棒极了!有水平,有特色,短小精悍,以少胜多,把片子宣传到家了!”说以后他导演的影片要我在剪辑上多多帮忙。副厂长田方也对预告片大加赞赏,要我写文章总结创作经验,要上升到理论层面,以指导影片和预告片的制作。预告片虽然短小,但制作起来要看真功夫,应该引起我们的高度重视。

经过艺术家们的日夜奋战,通力合作,影片在1959年摄制完成,参加了建国十周年的庆祝活动,成为北影厂的“献礼片”之一。影片以主人公林道静的成长过程为主线,出色地将文学思维转化为电影叙事,气韵贯通,情调柔美,形象鲜活,多侧面多层次地展现出三十年代革命运动的历史风云,有着强烈的艺术感染力。因此,影片一上映,立即风靡海内外,人们交口称赞,好评如潮,主人公林道静成为亿万中外青年男女追求进步事业、投入革命洪流的人生楷模。经过近四十年历史风浪的淘洗,影片《青春之歌》仍然是一座屹立在中国影坛的艺术高峰。1995年,为纪念电影诞生100周年、中国电影诞生90周年而举办的中国电影世纪奖在北京举行,《青春之歌》获得“中国电影90年优秀影片奖”,成为中国电影有史以来的十大名片之一。我为影片《青春之歌》获此殊荣而欣喜,为有幸参加影片的摄制而骄傲,同时也激起了我对功勋卓著的崔嵬、陈怀皑、聂晶、秦威等艺术家无尽的追思和怀念。

24. 剪辑歌舞片《百凤朝阳》

1959年，摄制完成影片《青春之歌》以后，北影第二创作集体接受了拍摄纪录性彩色舞台歌舞艺术片《百凤朝阳》的任务。影片导演陈怀皑，摄影聂晶，美术秦威，录音陈燕嬉，我带着唐彦琳和八一厂几个学习剪辑的年轻人担任剪辑。为了庆祝建国十周年，在北京举办了全国文艺汇演，从中挑选出十一个兄弟民族向国庆献礼的十六个歌舞节目进行拍摄，制作成舞台艺术片推荐给广大观众。北影四大摄影师都投入拍摄，交叉轮番上阵，聂晶拍得最多。歌舞团分别根据安排白天进摄影棚参加拍摄，晚上到剧场演出，时间紧迫；节目拍摄都是"一次过"，演完拍完的歌舞团都立即离京回省，不能补拍，给摄制工作带来一定困难。这就要求拍摄时要有高效率，要求剪辑有随机应变进行补救完善的能力。陈怀皑是第一次执导歌舞片，他很精明能干，想了不少办法，出了不少新招，努力促成电影艺术手段与歌舞表演艺术完美地结合，力图突破舞台限制，在表现歌舞艺术的电影化方面做足文章。我也是第一次剪辑这样的大型彩色歌舞片，根据导演意图和歌舞片的特点，在剪辑艺术处理方面也做了一些尝试、探索和努力。

歌舞片的摄制一般都采取前期录音的工艺流程。先把音乐、歌唱录在一条磁带上(那时录音工艺已发展到磁带录音)，根据声音分镜头，再进行拍摄。在剪辑时，画面必须服从声音，这就要求摄影机、录音机、还音机三者必须绝对同步(每秒钟24格)。因此，在拍摄前，摄影机、还音机必须测试，用连锁马达控制同步。剪辑时，原则上声带不能随意剪断，歌唱时要等一句唱词唱完时才能剪断。声音要对准画面上的动作、口型，上下镜头要多留2～6秒钟，以便从中选择剪辑点。动作要有连续性，多为手舞足蹈的形体动作的剪辑，同时也要拍摄一些情绪动作(如眼神、面部表情之类)以备剪辑使用。演员表演准确，剪辑起来比较好办。表演不到位，剪辑起来就麻烦了，一般用插接镜头(观众反应、剧场装饰、乐器特写、情绪动作等)予以解决。歌舞片的剪辑，尤其是像《百凤朝阳》这样的纪录性舞台艺术片，对剪辑的局限性很大，剪辑自行发挥的余地不多。关键是选好剪接点，这一条把握住了，歌舞片的剪辑就会得到成功。

不久以后，我又剪辑了一部歌舞片《东方歌舞》。它以舞台艺术纪录片的形式，展示了享誉中外的东方歌舞团表演的十几个亚、非、拉美的歌舞节目，精采纷呈，很有欣赏价值。有了《百凤朝阳》的摄制经验，我在剪辑这部歌舞片时可以说是驾轻就熟，游刃有余。可惜的是，这部歌舞片因故未能上映，颇以为憾。不过，改革开放之后，在电视屏幕上，有时还可以看到我们当年摄制的那些歌舞节目，也算是没有白费功夫，尚可聊以自慰吧。

在此，附带谈谈有关《洪湖赤卫队》一首歌曲唱段的剪辑。《洪湖赤卫队》是北影和武汉电影制片厂 1961 年合拍的歌剧故事片，导演谢添、陈方千、徐枫。一天，谢添急匆匆地来找我，说影片中主题歌“洪湖水浪打浪”这一唱段中的戏总是处理得不理想，要我帮忙解决。我去一看，确实难办。原因是拍摄时由于抢时间，赶进度，镜头（素材）拍得很少，不够用；加之事先考虑不周，在湖中拍摄时条件有限，致使声音（歌唱）与画面上人物（歌唱者）的口型不对，有时相差甚远。经过认真观察思考，我决定从现有镜头（素材）的实际情况出发，采用“对型与非对型相结合的”剪辑方式，运用多种手段，来解决这一难题。首先，我采取“移花接木”的手法，从拍摄的素材中选择相关镜头，在不用“对口型”的地方，移过来酌情使用，比如湖中风景、游击队员活动的情景等；第二，起用废镜头，如游击队员采藕、捕鱼等镜头；第三，“一剪多用”，比如韩英划船、刘闯叉鱼等镜头，都是“一剪两用”。这样，原来的 14 个镜头，剪为 21 个镜头，延长至 3 分 18 秒，基本满足了唱完歌曲的需要。除了 4 个主要对口型的镜头和原来的声带位置没变更，其余的都变了，使声音和画面对应吻合，显得合谐顺畅。我前后反复剪辑达十五次之多，好不容易“救活了”这一唱段，完成了剪辑任务。谢添看了十分高兴，直向我道谢。田方看了也连声称赞，说这是创造性的剪辑，要我以后多给学习剪辑的年轻人讲讲剪辑的特殊作用和重要功能。

通过多次艺术实践，我认为歌舞片剪辑的特点是：动作受音乐的限制，画面受声音的限制，画面服从声音，声画有着密切的联带关系。剪辑歌舞片，关键在于剪接点的掌握和处理各种素材的问题。歌舞片的剪接点的选择只能在上下镜头舞蹈动作重复的有限长度中、紧密结合音乐、选择适合舞蹈动作所要求的剪接点。由于歌唱和舞蹈动作、表演情绪、音乐旋律、节拍、乐句、唱词内容等紧密地联系在一起，不能截然分开，因此歌舞片剪接点的选择颇有难度，必须精心处理。在歌剧片《洪湖赤卫队》中，歌唱部分剪接点的选择都是以唱词内容、表情动作结合音乐节拍，精心寻找有机的剪接点。而在歌舞片《百凤朝阳》中，剪接点的选择，着重于动作和情绪，结合音乐旋律、节拍、乐句、乐段的有机联系，掌握镜头组接。由于各种歌舞剧的内容不同,各个民族的舞蹈又具有不同的特点,因此,还要注意舞蹈动作的一致性、准确性,注意情绪的饱满与贯穿。因此动作、情绪、节奏,又是歌舞艺术片中的首要问题,同时也是歌舞剧片在镜头组接上的一大特点。在队形变化上,力求多样化,切忌单一,特别要避免一、〇、八队形。剪辑要了解甚至掌握各种歌舞剧创作、表演的基本规律,从而使剪辑技巧适应歌舞剧的特点,发挥镜头的蒙太奇作用。如果能将舞蹈语汇、音乐旋律和视听语言巧妙、有机地结合起来,融为一体,可以说歌舞片的剪辑任务就高质量地完成了。

由于歌舞片对剪辑师发挥技艺能力局限较大,有时又由于条件、环境和技术等原因,往往用力甚大,收效不彰,"出力不讨好",因此不少剪辑人员不愿意剪辑歌舞片、戏曲片以至美术片。我认为,作为一名剪辑工作者,倒是应该有意识地尝试和进行各个片种的剪辑,这对于开阔眼界,增长知识,加强文化素养,认识民族文化特色,提高剪辑艺术水平,都很有帮助。从影以来,我总是力争尝试各个片种影片的剪辑,确实感到锻炼了自己,增强了本领。应该明白,只会剪辑故事片,而对其他片种的剪辑所知甚少,上不得手,下不得剪,算不上是一名真正技艺高超的剪辑师。

25. 剪辑戏曲片《杨门女将》

戏曲片是中国电影独有的特殊片种,其精品享誉海内外,是中国电影文化宝贵的组成部分。戏曲片的剪辑自有其规律和特点,值得剪辑工作者努力探索和认真掌握。

京剧《杨门女将》在建国"十周年大庆"期间上演后,以其昂扬激越的爱国主义情怀,精采清新的戏曲表演艺术,轰动了中外华人社会,普遍认为是建国以来京剧"推陈出新"所取得的重大成果。周恩来总理看了该剧的舞台演出后,称赞是"百年难遇的好戏",亲自建议"拍成电影"。北影第二创作集体接受了拍摄任务,导演崔嵬、陈怀皑,摄影聂晶,美术秦威,录音陈燕嬉,剪辑傅正义(助手战强),制片主任胡其明。1960 年虽已进入"三年困难时期",但"大跃进"的余威尚存,每天还是日夜奋战,"打擂台",搞竞赛,比进度。在胡其明的督促下,有一天拍了八十多个镜头,放了个"卫星",受到市里和厂方的表扬。总的来说,《杨门女将》摄制比较顺利,这主要得力于那批青年演员,主演王晶华、杨秋玲、梁幼莲、郭锦华、孙岳、王望蜀、冯志孝、寇春华等人基本功扎实,表演上乘,拍摄、剪辑起来减少了不少麻烦,效率大为提高。比如,"探谷"一场,用了长镜头,杨秋玲(饰穆桂英)唱了四分钟"南梆子”，一气呵成，由于表演准确到位，拍摄、剪辑下来，口型、动作都很吻合，效果甚佳。崔嵬、陈怀皑虽然熟悉中国传统戏曲，对京剧有所研究，但拍摄戏曲片还是第一次。我也未曾剪辑过戏曲片，愿意尝试一番。《杨门女将》给“二集体”的艺术家们提供了一个难得的机会，大家都很珍惜，力争不辜负周总理和广大观众的期望。

戏曲片的剪辑与歌舞片一样，都是属于前期录音的剪辑方式。戏曲片的摄制过程也不同于故事片，自有其步骤和特色。第一步，影片开拍之前，摄制组全体成员到剧场看剧团（中国京剧院四团）演出，对全剧有一个整体的了解。第二步，摄制组主创人员与剧团的主要演职人员商谈如何对戏曲演出剧本进行压缩改编。因为一部电影放映时间最多两小时，而该剧演出时间达三四个小时，必须大幅度压缩删减。第三步，根据商谈结果整理出“删改本”，剧团按照删改本演出，摄制组全体人员再度观看，确认对原舞台演出的取舍之处，若演出时间仍然超过两小时，再予以压缩。第四步，进摄影棚，演员一面表演，导演一面分镜头（摄、录、美和剪辑、场记参与），有时“拿掉”一段过场戏，有时删去一段唱腔伴奏，有时将“场景搬家”，有时增添一段“锣鼓经”转场过渡，边演边改边分镜头，细致复杂，费心费时。第五步，根据分镜头剧本，在棚内再演出一遍，各方面都认为适合了，大致确定下来，就开始录音。第六步，导演与剪辑一道，在声带上分镜头，明确拍摄场次内容，美术师根据已经变动了的舞台演出场面画出布景草图，一边搭景，一边录音，一边排演。经过这六个步骤，依照最后以声带所录戏曲音乐为根据的分镜头剧本，影片才正式开拍。剪辑从头至尾参加这一筹备和摄制过程，对于熟悉京剧程式、了解导演意图、提高剪辑效率大有好处。实际上我们是用创作电影艺术片的手法进行拍摄，而不同于一般的舞台纪录片或文献资料片，努力追求戏曲艺术与电影艺术二者尽可能完美的结合。因此，崔嵬、陈怀皑导演的戏曲片，独具“京派”特色，在保持京剧传统格调风韵的基础上，采取风格化的布景陈设，大气舒展，浑然天成。通过“二集体”的电影艺术家与剧团的新老京剧艺术家的密切合作，很快就高效优质地完成了影片的拍摄任务，大家都兴高采烈，十分振奋。

在剪辑《杨门女将》的过程中，我力求体现导演意图，发挥“京派”戏曲片的特色，经过与导演、摄影、美术、录音的合作，运用各种剪辑手段，对“寿堂”、“灵堂”、“校场”、“探谷”、“战场”等重场戏进行了妥贴、合理、精确的艺术处理，成效显著。比如“寿堂·灵堂”一场戏，先是用了一个360英尺的长镜头，以穆桂英出场亮相的长段唱腔抒发她对杨宗保的深情和在做寿吉日

《杨门女将》摄制组合影。第二排左五为陈怀皑，第三排左四为傅正义

的喜悦，充满了欢乐气氛。而当佘太君发现焦、孟二将神情不对时，有一大段由猜疑到盘问的唱腔。为了打破长段唱腔的拖沓感，强化节奏，连续使用了一系列佘太君和焦、孟二将的对切镜头，而且镜头越来越短，景别越来越近，直到问出实情，进入高潮时，已成为一对大特写，突显出急迫焦虑的心情。紧接着，随着情绪突变，又切出一个大全景，表现柴郡主昏倒、穆桂英悲痛和众女将的震惊。之后，是佘太君在灵堂上慷慨陈词，述说杨家为国献身连年征战的大段唱腔，我们以镜头的运动与变化衬托、渲染这一唱段，同时用了一个较长的摇移镜头表现了众位杨门女将悲愤激昂、请战出征的情景。这样，通过镜头的运动和组接，造成了大喜大悲再到壮烈求战的气氛，展示了人物的内心活动。通过电影艺术表现手段增添了戏剧的感染力，是戏曲片剪辑的一个成功例证。

影片《杨门女将》上映后，再次在全国引起轰动，观者如云如堵，使戏曲片在中国影坛上的地位顿时飚升。1962 年，《杨门女将》获得第一届电影百花奖“最佳戏曲片奖”，领受殊荣。通过该片的拍摄，北影“二集体”迈开了摄制“京派”戏曲片的雄健步伐，我也取得了剪辑戏曲片的初步而难得的宝贵经验。

同年(1960 年)，我又担任了昆曲彩色艺术片《游园惊梦》的剪辑工作。该片的艺术指导是崔嵬，导演许诃，摄影聂晶，美术秦威，录音吕宪昌，制片主任胡其明，主要演员梅兰芳、俞振飞、言慧珠。《游园惊梦》根据中国古典戏剧大家汤显祖的《牡丹亭》改编，是中国戏曲的精华所在。而梅兰芳、俞振飞、言慧珠都是中国戏曲表演的泰斗级大师，他们在这出戏中的精彩表演，斐声海内外，乃戏界之宗，戏中之宝。在崔嵬 、许诃的导演下，剧组充分运用电影的表现手段，真实生动地将梅兰芳等艺术大师的精采表演记录下来，又从昆曲的特点出发，不破坏长段唱腔的完整性，适当使用近景、特写镜头，加强剧中人物的心理刻画，收到了较好的效果。昆曲曲调慢，拖腔多，徐缓悠长，意韵雅致，其行腔曾被崔嵬戏谑为"鸡——鸭——鱼——肉"，典雅敦丽，风韵独具。因此，在剪辑时，我特别注重在镜头的分切组接中，努力保持唱腔和表演的完整、连贯和准确，掌握好昆曲特有的舒缓优美的节奏韵律，以增强其艺术感染力。应该说，《游园惊梦》摄制得很有水平，既保留了昆曲艺术和梅兰芳表演艺术的精华，又运用电影手段提升了它的格调意韵，是成功的戏曲片创作。但是，大概是当时为《杨门女将》的盛名所掩，或者是由于它过于典雅令大众难于接受，上映后反映不够热烈，仅为戏曲界所推重称赞，至今奉为经典不时观摩。有这样的结果，我们这些创作人员也甚感欣慰。要强调的是，本片导演许诃也是拍摄戏曲片的高手。许诃是福建泉州人，1912 年生，早年学习美术，在雕塑上颇有建树。三十年代参加左翼戏剧运动，任《扬子江暴风雨》等剧的舞台美术设计。不久，经同学吴永刚介绍入联华影业公司，担任过《神女》等片的美术设计。抗战爆发后，加入"中制"，是《保卫我们的土地》和《八百壮士》等抗战影片的美术设计。1940 年夏到延安，在"鲁艺"任教，同时出任《前线》、《带枪的人》和《白毛女》等名剧的美术设计。1942 年许诃加入共产党，抗战胜利后赴东北参加了"东影"的筹建，任编导组组长等职，导演了陈波儿编剧的影片《光芒万丈》。1949 年初，北平解放后，调中央电影局工作，不久分配到组建不久的北京电影制片厂，担任了第一任艺委会主任。1957 年，导演了彩色舞台艺术片川剧《杜十娘》，初试身手，即告大捷。在崔嵬的指导帮助下，他执导的《游园惊梦》取得了更大的成功。许诃对我在这部影片中的剪辑处理甚表满意，说是从容沉稳，不愠不火，充分表达出昆曲和梅兰芳表演艺术高雅优美的格调意韵。

1962 年，北影与香港大鹏影业公司合拍了彩色京剧舞台艺术片《野猪林》，编剧李少春，导演崔嵬、陈怀皑，摄影聂晶，美术秦威、程荣远，录音陈燕嬉，制片主任胡其明，我还是剪辑(战强给我当助手)。主要演员有李少春、袁世海、杜近芳、苏维明、骆洪牟，可谓阵容强大，名优荟萃。《野猪林》是中国传统戏曲的经典剧目，李少春、袁世海、杜近芳是享誉海内外的名角大家，该片的拍摄成为戏曲界、电影界的一桩盛事，引起广泛的关注。

影片《野猪林》的拍摄程序，与《杨门女将》一样，也经历了六七个步骤，只是因为积累了摄制经验，进行得更为周密、顺利一些。京剧《野猪林》舞台演出时间长达四小时，经过编导（主要是李少春、崔嵬）反复修改增删，影片最后压缩为14本即2小时20分钟。崔嵬、陈怀皑很尊重京剧艺术，尊重京剧表演艺术家，始终密切地和舞台导演及三位主要演员沟通艺术构思，交换处理意见。经过一段接触，李少春等人发现崔嵬、陈怀皑等电影人很懂戏曲，很懂京剧，由衷地表示佩服和尊重。李少春、袁世海都有大家风度，名角派头，遇到艺术处理的重大问题也只有崔嵬这样资历深厚、既懂电影又懂戏曲的艺术家才与他们谈得“拢”，谈得通。这样，两方面的艺术大家精诚合作，共同打造戏曲艺术影片精品。进棚后，几度排演，几度改动，尽力发挥戏曲艺术的精采之处，努力运用电影手段增强京剧表演的艺术感染力，在场面调度和分镜头上狠下功夫，待各方面对全剧艺术处理皆表满意，才正式开始拍摄。由于演员功力深厚，表演准确纯熟，因此能够完全满足前期录音的要求，口型、动作都很吻合。武打动作则是重新设计，现场拍摄，剪辑后再根据画面录音。以崔嵬为代表的“京派”戏曲片风格，在拍摄《野猪林》时又有所发扬，影片拍得十分考究，京味十足，既保留了戏曲精华又在戏文、唱腔、表演等方面有所改进，有所超越，取得了巨大的成功，李少春等京剧艺术家都表示满意和赞扬。

有了《杨门女将》等戏曲片的剪辑经验，在剪辑《野猪林》时就比较顺手便利。但是兹事重大，所以我在剪辑时还是十分认真投入，发挥创造性，尽力为影片增光添彩。戏曲片是画面服从声音，唱腔随着胡琴的演奏运行，程式化的舞蹈动作根据“锣鼓经”施展，因此，剪辑应当熟悉曲牌腔调和锣鼓经，这对正确、合理、巧妙地选择剪接点十分重要。表演准确，分镜头准确，副导演、场记的工作认真细致，对剪辑师准确选择戏曲片的剪接点关系重大。如果表演马虎，分镜头不严密，场记有失误，画面质量实在不行，就要补拍，再行剪辑。根据我的意见，得到导演同意，《野猪林》也曾补拍过一些镜头。不过，提出补拍镜头的建议要十分慎重，只能是不得已而为之。在一般正常情况下，还是要尽量利用已经拍摄得到的镜头（素材）对出现的失误予以补救。在《野猪林》的剪辑过程中，我多次利用当成“下脚料”的“剪余镜头”、“废镜头”，解决了由于拍摄失误而带来的难题。崔嵬、陈怀皑和胡其明看了剪辑成果都很高兴，认为打掉了摄制过程中的“拦路虎”，节省了时间和成本，解决了大问题。其实，只要肯动脑筋，发挥创造性，就能手出奇招，剪下生花，变废为宝。戏曲片的剪辑，要在局限性很大的空间里，努力运用剪辑的手段，去弥补导演在拍摄过程中难以避免的失误，并且进而使剧情发展和演员表演更为顺畅精采。“白虎节堂”一场戏的艺术处理，就是全片众多精采场面中一个绝好的剪辑实例,在此举例略述。

"白虎节堂"是全剧矛盾冲突的高潮戏,为了充分表现这一正邪双方短兵相接的精采片段,在拍摄、剪辑时做了巧妙的安排处理。当这场戏开始之时,原来的设计是牢子手们举起林冲(全景),大喊一声:"太尉升堂!"人物随着音乐(锣鼓经"急急风")走动,接节堂内两个静止的"高"府灯笼(特写——全景)。从样片看,镜头这样组接,存在着空间跳跃和节奏不够流畅的弊病,同原来的设计有着一定的差距。剪辑时对症下药,根据镜头的运动和音乐的节奏,利用剪余镜头"白虎节堂"匾额(变焦距中——近景),插接在两个镜头之间,剪掉了"高"府灯笼静止部分。于是,插接的运动镜头变成了林冲的主观镜头,使得空间转换连贯。又由于三个镜头中,前后两个主体都在运动,中间又是推镜头,这样组接起来,不但节奏流畅,而且烘托突显出"白虎节堂"的阴森气氛。

当林冲(近景——特写)在"白虎节堂"大喊冤枉之后,悲愤地问道:"我岂不是要冤沉海底?"高俅(近景)无言可对,"嗯"了一声,要打林冲八十大棍。由于拍摄时的失误,上一个镜头长度不够,所以上下两个镜头之间相差一段没有合适内容的画面。于是依据人物之间的关系和情节发展的要求,又从剪余片中选出一段陆谦尴尬回避的中景镜头插接进去。这样一举两得,既解决了两个镜头之间相差的部分,又强调了林冲的正义,突出了陆谦和高俅色厉内荏的丑恶嘴脸。

"屈打林冲八十大棍"这段戏,拍摄的镜头不够,并且施行拷打的牢子手的头像是没有动作的呆照,他们拷打的过程也只是一条简单的画面,给影片制作出了道难题。和导演多次研究后,我决定采取镜头分剪交替插接的方法予以解决。我将牢子手的头像镜头和他们拷打动作的镜头"一剪多用",交替插接,同时适当地插入高俅、陆谦、"回避"牌、"肃静"牌的镜头(长度在8格左右,短促明快;角度俯、仰、正、斜交叉,有所变化),同时配以"啊!""打!"的吼声、叫声和锣鼓经"马腿"的打击乐,组接成23个镜头(全长73英尺,时间48秒16格),虚实结合地呈现出这场尖锐激烈的戏剧冲突,将剧情发展推向高潮。

而当林冲被屈打八十大棍之后,仍然拒绝招认,高俅恼羞成怒,动大刑夹起林冲。林冲这时已经一切都明白了,道出了一大段韵白来揭露高俅的阴谋。原来设计这段话是在同一镜头内表现的,显得过于呆板,又缺乏客观的反应镜头。于是根据人物道白的内容和"戏"的要求,在林冲(近景)说到"不想就误中奸人卖刀之计"时,从选余镜头中找出高俅一惊看刀的中近景

傅正义万秀明夫妇与幼子傅国航在一起

镜头插接进去，并且挖剪去原镜头相应部分的长度，在一声锣后切回林冲（近景）说道“这与刀卖刀……”。经过这样的剪辑，除调整了节奏外，还突出了林冲道白的内容和指向，一下击中了高俅恶毒阴谋的要害。

“白虎节堂”一场戏的剪辑，有虚有实，有增有减，巧妙地利用了“剪余镜头”，合理地运用了“一剪多用”、“交替插接”等手法，推进了剧情，营造了气氛，协调了节奏，为这场精彩的戏曲片段锦上添花。

《野猪林》全片共设计搭建了13堂布景，拍摄了388个镜头，大大超越了原舞台演出的局限和舞台纪录片的镜头数量，艺术表现力感染力大为提高，使这出经典曲目演化为戏曲电影经典影片。《野猪林》在艺术创作上比《杨门女将》等优秀戏曲片更进一步，创造性地处理了戏曲艺术的虚拟性、程式化与电影艺术的真实感之间存在的矛盾，使两种艺术形式水乳交融，珠联璧合，成为中国戏曲艺术片的一座高峰。通过剪辑这部影片，我感到自己在美学思维、艺术境界和剪辑技能等方面都大有提高。

1963年，北影又与香港繁华影业公司联合摄制了彩色京剧舞台艺术片《穆桂英大战洪州》，改编崔嵬，导演崔嵬、陈怀皑，摄影黄心一，美术秦威，录音陈燕嬉，剪辑傅正义，制片主任胡其明、黄兆义。当时，崔嵬、聂晶和我都主要在参加故事片《小兵张嘎》的摄制工作，因此，这部影片的导演实际上是陈怀皑，摄影是黄心一，而剪辑工作主要由战强承担，我实际上过问不多。经过从《杨门女将》到《野猪林》的历练，陈怀皑已经完全是一位拍摄戏曲片的行家里手，他对“京派”戏曲片拍摄成功本身就有突出的贡献，因此《穆桂英大战洪州》一片拍得不错，完全可以进入优秀戏曲片的行列。我只是在拍摄时去看了看，战强剪完全片后审查了一遍，提了几处需要调整修改的意见，基本上没有动手剪辑。有鉴于此，同时为了扶植年轻人，我主动提出战强在字幕剪辑一栏上名。胡其明经过考虑，同意该片由我和战强共同上名。但是，不知是什么原因，出于何种考虑，最后影片上映时字幕剪辑一栏只有我的名字，而没有战强。我当时就向有关方面提出了意见，但难以更改，至今仍然感到遗憾。

通过以上四部戏曲片的拍摄，北影戏曲片的摄制技艺由起步迅速走向成熟。如果说影片《杨门女将》还存在一些舞台框框的束缚的话，那么《野猪林》在戏曲电影化方面就获得了更大的创作自由，在戏曲艺术和电影艺术的融合上取得了极大的成功。作为拍摄"京派"戏曲片的代表人物，崔嵬出于对戏曲艺术的深刻理解和充分尊重，既努力保留和发挥戏曲剧目的艺术特色，又尽力运用电影技巧手段丰富戏曲的表现力，勇于创新，自成一格，蔚为大家，对中国戏曲电影的发展做出了杰出的贡献。陈怀皑对戏曲艺术有很深的造诣，有着拍摄戏曲电影的丰富经验，尤其在戏曲片摄制中的场面调度、结构处理、动作安排、节奏掌握方面有独到之处，对"京派"戏曲片风格、特色和摄制方式的形成功不可没。聂晶努力以电影的表现手法来适应、强化戏曲表演艺术的特点，在拍摄方法上有不少创新之处。在《杨门女将》"寿堂"一场中，他大胆地使用近景、特写直接跳跃到全景、远景的"两极镜头"，增强了情节气氛和矛盾冲突，是充分运用镜头的运动、变化、分切功能的成功范例。秦威在戏曲片中，经常匠心独运地采用装饰性较强的写意手法，设计民族化风格化戏曲化极强的电影拍摄布景，对戏曲演员的虚拟表演起到了很好的陪衬烘托作用。这样的成功例子很多，比如《杨门女将》中的"葫芦谷"一景，《野猪林》中"野猪林"一景，简洁，写意，既有剧情所需要的险恶的环境气氛，又有富于民族特色的装饰性的形式美，营造出情景交融、虚实相宜的优美意境。崔嵬一直反对用实景和故事片的布景方式拍摄戏曲片，而秦威的美术设计，正好符合了崔嵬的艺术趣味和要求。实际上秦威的民族化风格化的布景设计，也是"京派"戏曲片摄制方式的重要组成部分。陈燕嬉在戏曲片的录音工作中，总是努力调动多种录音手段来增强戏曲的艺术效果，充分发挥戏曲唱腔优美婉转的长处，合理利用锣鼓经来加强、协调节奏。比如，在"葫芦谷"一场中，在怪石嶙峋、浓雾弥漫的葫芦谷画面出现的同时，传来穆桂英的画外唱腔"风萧萧，雾漫漫，星光惨淡"。这句唱腔的声音从远到近，由弱渐强，带着山谷的回声，其间还有几声战马的嘶鸣。接着，响起穆桂英的第二句唱腔："人呐喊，胡笳声，山鸣谷动"，演唱音量逐渐加大，山谷回声逐渐减弱，声音越来越近，穆桂英率领军士上场出现在画面之中。这样的声音处理，延展了画面空间，揭示了山高谷深的环境特点，抒发了穆桂英策马探谷的英雄气慨，增强了唱腔的韵味和力度。

正是编、导、演、摄、录、美和剪辑等各方面的通力合作，才使"京派"戏曲片的创作取得了极大的成功，登上了艺术的高峰。

通过几部戏曲片的摄制工作，我逐步认识、熟悉、掌握了戏曲片剪辑的特点和规律，总结出一些戏曲片剪辑的特点和要领，概括如下：

①戏曲的特点是歌、舞、剧三者合一，其表现形式是唱、念、做、打，通过程式化的表演来塑造人物形象和表达剧情。剪辑要了解、熟悉所摄制的戏曲片的剧种、剧目及其表演上的风格流派。

②创作、剪辑戏曲片的关键是如何适当、准确、巧妙处理戏曲时空的假定性与电影时空的逼真性之间的矛盾，也就是必须处理好戏曲的“虚”与电影的“实”之间的关系，从而通过蒙太奇手段的处理，促使戏曲与电影两种艺术有机结合，将戏曲“电影化”。

③戏曲片剪辑的特点是按照戏曲的程式化动作，结合经过适当调整的戏曲音乐的旋律、节奏、锣鼓经来进行镜头组接的处理。

④戏曲片采取前期录音的方式（武打场面后期配音）。剪辑应参加排练、现场拍摄和前期录音的全过程，了解导演意图、演员表演、存在的问题等情况，以便在后期制作时通过剪辑予以补救。

⑤因为是前期录音，画面必须服从声音，因而戏曲片的镜头组接深受戏曲音乐的制约。剪辑必须根据剧情和程式化的表演动作，紧密结合曲调、唱腔、道白、锣鼓经去选择、确定剪接点。

⑥为了适合戏曲比较柔和的基调，多用“淡出、淡入”和“叠化”之类的画面技巧来做转场或时空变化的处理。

⑦在处理节奏时，要注意保持戏曲节奏的特点，要特别考虑音乐的节奏，使“戏”和“曲”的节奏和谐统一。

⑧为了弥补拍摄中的失误和不足，在后期制作进行最后剪辑时，可适当运用“镜头插接”的方法予以处理。

把握住以上几点，就可以使戏曲片的剪辑准确、生动、流畅，剪出一部唱做俱佳、声情并茂、影戏同辉的戏曲片。至于后来出现的电视戏曲片，也可按照电影戏曲片剪辑的特点和要领进行创作。

26. 剪辑协作片《以革命的名义》

所谓“协作片”，是“大跃进”期间电影界的产物。为了“持续大跃进”，提倡“全国一盘棋”，实行“各方大协作”，北影领导积极组织、推动四个创作集体的各类艺术技术人员“协同作战”，联合摄制影片。这类共同突击摄制出的影片，人称“协作片”，这在当时被认为是“多、快、好、省”的先进的摄制模式，是“大跃进”、“大协作”精神在电影制作中结出的“丰硕成果”。

1960年摄制的影片《以革命的名义》就是“协作片”的成品之一。它根据苏联剧作家米·沙特洛夫的话剧《列宁与第二代》翻译改编，在北京话剧舞台上演出时，颇为轰动。为了进行革命传统教育，为了配合反修斗争，作为完成一项政治任务，北影决定将这部话剧推上银幕。北影领导从四个创作集体中抽调业务骨干，组成摄制组，可谓阵营强大，声势浩大，真有点“大跃进”、“大协作”的气概。影片《以革命的名义》导演李恩杰、史大千，摄影指导钱江，摄影刘洪铭、周坤，美术池宁、杨予和、范思廉，录音吕宪昌、傅英杰、陈燕嬉，剪辑傅正义，制片主任何云，其中钱江、池宁、吕宪昌既是赴苏实习团成员，又是各部门的领军人物，可谓实力雄厚。李恩杰、钱江、杨予和、傅英杰、何云是“三集体”的，史大千、池宁是“一集体”的，我和陈燕嬉是“二集体”的，吕宪昌是“四集体”的，真是各路才俊大协作。可以看出，这个摄制组是以“三集体”为主干的，调池宁、吕宪昌、陈燕嬉和我参加，是为了加强这个创作班子。应当说，在影片的摄制过程中，不论是哪个集体的人员，大家都很卖力，各展所长，日夜苦战，都想把影片拍好。但是，或许是由于缺乏长期合作而难以在艺术创作上形成默契，或许是由于拼命赶进度连日鏖战导致人困马乏，影片拍摄得颇为粗糙，没有突破舞台话剧表演的框架，艺术处理上差强人意，成绩平平。不过，由于在国产片中第一次出现了由中国演员成功扮演的革命导师列宁的形象，由于演员们的出色表演（周正饰列宁，于是之饰捷尔任斯基，田冲饰萨维列夫，覃琨饰瓦夏，方掬芬饰彼嘉），影片在全国放映时还是受到了热烈欢迎，剧中的台词“忘记过去就意味着背叛”在“反修防修”运动中经常被人们提及引用，影响深远。

由于影片拍得比较粗糙，电影化程度不高，因此剪辑受到极大限制，难以有所作为。加之当时国家经济形势严峻，经费紧张，无力大量购置依靠进口的电影胶片，摄制组分配到的胶片数量有限，镜头拍摄得少，素材缺乏，更使剪辑“巧妇难为无米之炊”。当时国内拍片，一个镜头最多只允许拍三条胶片，而不像欧美国家可以拍十几条几十条；而到了“大跃进”年代，胶片供不应求，一般是一个镜头一次拍就，就更无发挥剪辑功能的余地了。所以，谢晋曾说，“中国的剪辑师能在如此低的拍片比的情况下，胜利完成任务还有所增益，真不简单！放在外国简直不可想象。这其中的宝贵经验值得认真总结。”我以为他讲的很有道理，符合实情。

虽然影片《以革命的名义》拍得一般，剪辑方面也乏善足陈，但是，参与该片“协作”摄制的几位艺术家却值得一谈。

导演李恩杰，抗战胜利后在上海“联华”(昆仑)期间我们就相识，他当时担任影片《八千里路云和月》的美术设计。李恩杰是江苏无锡人，1914年出生。抗战期间，毕业于四川江安“国立剧专”，后到重庆从事进步戏剧运动，担任过《忠王李秀成》、《北京人》、《芳草天涯》等著名话剧的舞台美术设计。1946年到上海，担任联华、文华、清华等影业公司拍摄的进步影片《八千里路云和月》、《乘龙快婿》、《艳阳天》、《大团圆》的美术设计和副导演，声誉鹊起。1948年底进入解放区，到“东影”，参与了影片《内蒙人民的胜利》的拍摄，与伊琳联合导演了故事片《保卫胜利果实》。1951年调入北影，导演了《一贯害人道》、《马兰花开》、《飞越天险》、《矿灯》等影片，在北影是很有成绩的导演。他1954年加入共产党，为人质朴正派，作风严谨认真，是年轻人的良师益友。他日常言语不多，不喜出头露面，淡于名利，平易近人，很好相处。说起在联华-昆仑的日子，他感慨良多，对东老(史东山)十分推崇。我们交换摄制《以革命的名义》的看法，当谈到话剧味重、胶片太少、人员劳累等问题时，他只是苦笑一声，大有无可奈何之感。这之后他导演了影片《阿娜尔罕》，反映甚好；尤其是1965年与王苹联合执导的大型音乐舞蹈史诗《东方红》艺术片，意境高远，气势雄伟，精彩纷呈，美妙绝伦，显示和代表了中国歌舞片创作的最高水平，可以说是李恩杰艺术创作的巅峰之作。

另一导演是史东山的儿子史大千，在“昆仑”时期就认识，当时三十岁左右，属于着意培养的青年导演。《以革命的名义》是他首次参与执导的影片，出力不少。他聪明机敏，能说会道，拍摄时才思泉涌，方案迭出。只可惜多谋，少断，往往拿不定主意，致使摄制人员不知所从。以学识修养、艺术功力而论，自然还远远赶不上乃父。这之后，他独立编导了《青年鲁班》、《红色背篓》等片，有所进步。尤其是《青年鲁班》一片，洋溢着青春气息，节奏流畅明快，受到观众的好评。

摄影师钱江抗战期间在重庆“中制”时就认识。那时他和其弟钱璜由于姐夫罗静予、姐姐黎莉莉的关系，在“中制”学习录音，有一段时间与我同住一间宿舍。钱江1919年出生在北京，其父是著名的中共“特科三杰”之一的钱壮飞烈士。他早年学习美术，搞舞台美术设计，抗战期间进入“中制”工作，学习录音，先后担任《孤岛天堂》、《火的洗礼》等抗战影片的录音工作。1941年“皖南事变”后赴延安，曾在“鲁艺”学习。1945年入党，并于同年调到延安电影团，从事摄影和洗印工作。抗战胜利后，党又派钱江重返重庆“中制”，我那时也正好回到“中制”剪接室，曾经见过一面。后来因为受到国民党有关方面“关注”，转赴香港，曾在大光明影业公司任美术师，作为影片

《水上人家》的美术设计。1949 年初，钱江奉命回到解放区，进入“东影”，正式担任电影摄影师，拍摄了《中华女儿》、《白毛女》等著名影片，在电影界有了较高的声望。1951 年钱江又调到上影任摄影科长，我在上影时曾与他有过交往。1954 年赴苏联实习，1956 年回国后调入北影，担任了我国第一部彩色故事片《祝福》和著名影片《林家铺子》、《革命家庭》的摄影师，攀上了艺术高峰，奠定了他在中国电影摄影界的地位。钱江十分敬业，工作刻苦认真，艺术上精益求精，平时不大言语，待人和善可亲，确有革命艺术家的气度和风范。我和他合作的机会不算多，但一直保持着良好的关系。

美术师池宁是解放后在上影认识的，印象深刻。他 1914 年生于浙江瑞安，自学美术成才，抗战爆发后以美术为武器积极投入抗日救亡运动。1938 年加入共产党，后在上海“孤岛”坚持斗争，先后作为布景师参加了影片《洪宣娇》、《国色天香》的拍摄，后一度到苏北根据地盐城“鲁艺”任教。1945 年抗战胜利后，他到“上海剧艺社”工作，担任《戏剧春秋》、《升官图》、《孔雀胆》等剧目的演出部主任兼美术设计。后来，又在上海实验电影工场任美术设计师。1949 年上海解放后，池宁担任上海市军管会文艺处电影室副主任，参与了接管国民党的电影企业和筹建上影厂的工作，并到北平参加了全国第一届文代会。1954 年池宁赴苏联实习，1956 年回国留在北影工作，任厂艺委会委员兼美术师，后来又兼任北京电影学院美术系系主任。在北影，池宁担任了著名影片《祝福》、《林家铺子》、《革命家庭》的美术设计，取得极大成功，获得崇高荣誉。在此之后，他(与晓滨合作)又担任了名片《早春二月》的美术设计，将中国电影美术的创作水平提高到一个新的高度。池宁在创作上不断创新进取，形成了自己清新典雅的艺术风格，在界内影响很大。他从电影美术角度对剪辑提出的要求和建议，虽然大多数我是从同行中听到，但是对我从事剪辑工作同样很有启发和教益。

录音师吕宪昌是在长影(东影)工作时认识的，那时我们两家是邻居，常有来往。他与我同岁，1925 年生于辽宁安东(今丹东市)。十二岁时考入伪“满洲映画协会养成所”学习电影制作技术。1944 年分配到伪“满映”录音课，担任录音机械员及录音助理。抗战胜利后，他积极参与了我党接管“满映”及筹建“东影”的工作，成为东影厂的录音科科长兼录音师，参加了“东影”第一部大型纪录片《民主东北》和第一部故事片《桥》的录音工作。1956 年赴苏实习回国后，一直担任北影厂录音工程师和电影录音师，担任了影片《群英会》(京剧)、《借东风》(京剧)、《十三陵水库畅想曲》、《水上春秋》、《游园惊梦》(昆曲)、《五彩路》等片的录音工作。1959 年，他参加了我国第一部彩色宽银幕立体声影片《万水千山》的录音工作，取得了成功。吕宪昌在长影和北影都是录音部门的“第一把手”，技艺高超，深孚众望。他在录制戏曲片和歌舞片音乐时尤见功力。在剪辑昆曲舞台艺术片《游园惊梦》时我曾与他合作，使我亲身体验到他录音艺术处理之高深，其音色之美妙，层次之分明，与画面结合之紧密，令人赞叹，既给剪辑提出了更高的要求，也为剪辑创造了有利的条件。在此之后，他与陈燕嬉一起录制了大型音乐舞蹈史诗《东方红》，音乐气势宏伟，音色丰富多彩，将中国电影录音工作推进到一个崭新的境界，成为两人录音艺术的代表之作。

“协作片”《以革命的名义》虽然成绩平平，但各路诸侯在一道奋战，也有不少乐趣和收益。不是说“协作片”就一定拍不好，非“协作片”就一定能拍好，一切要以主客观条件尤其是主观努力而定。次年(1961 年)，“二集体”拍摄了影片《北大荒人》，主创人员完全是“二集体”的大帅干将，导演崔嵬、陈怀皑，摄影聂晶，美术秦威，录音陈燕嬉，剪辑傅正义，制片主任胡其明，可谓“二集体”最强大的基本班底，但结果却遭受了失败。主要原因是当时正值“三年困难时期”最难熬的日子，供应紧张，食物短缺，北影职工虽不至于陷入饥饿状态，但营养不良的病态现象的确很普遍，人们的精力很难集中在艺术创作上。《北大荒人》根据同名话剧改编，话剧本身一派“革命腔”，颇为概念化，改编也没有真正下功夫，话剧味很浓，没有做到电影化，“基础不牢”。加之在“北大荒”外景地拍摄时气候变化剧烈，条件较差，生活实在太苦，大家的心思都不在创作上。而是琢磨如何改善生活，如何弄到食品和土特产(木耳、大豆、人参之类)，如何尽快度过难关，早点拍完就能早点回到北京家中照顾艰难度日的妻儿老小等等。因此，剧本改编得马虎，影片拍摄得粗糙，剪辑起来更是困难重重，缺乏加工润色的余地。离开外景地时，不少人都病了，惟一的收获是临走时购买了不少食物、木材和土特产，可救一时之急。回京后进棚拍内景，在艺术创作上也不见有多少起色。搭内景花了一些钱，秦威在布景设计上下了不少功夫，场景很有“北大荒”景物特色，但主创人员心劲都不高，内景搭得再好也对提高影片质量无济于事。因此，影片拍完了，剪完了，一上映也就完了，没有引起多少反响。就剪辑而言，故事不佳，剧本不行，拍摄不灵，素材少，镜头差，剪辑起来困难确实很大。同时在那种疲惫困顿的状态中，感觉上已是难以自拔，遑论创造性地运用剪辑手段予以补救？这说明，剪辑的成败，与拍摄的好坏及摄制组创作气氛优劣有着直接的关系。影片《北大荒人》艺术创作(包括剪辑)失败的教训，应该认真汲取，引以为戒。

27. 剪辑《暴风骤雨》

影片《暴风骤雨》根据曾经获得斯大林文学奖金的周立波的同名小说改编，属于文学名著改编创作。导演是当时重点培养的青年导演谢铁骊，这是他执导的第二部故事片。让我出任该片剪辑，有加强摄制班子、协助他拍好这部影片的意思。

谢铁骊与我同岁，1925 年出生于江苏淮阴。1940 年参加新四军，长期从事抗日宣传演出活动。解放战争时期曾任部队文工团团长、战俘管理大队队长。新中国成立后，1950 年调北京中央电影局“表演艺术研究所”做教员。1953 年任“电影演员剧团”副团长，1956 年随剧团划归北影，担任副导演，参加了《林家铺子》、《红旗谱》等片的拍摄工作。1959 年正式做导演，处女作是反映部队战斗生活的影片《无名岛》，起步良好。1960 年执导这部《暴风骤雨》，是对他进一步的磨练和考验。

谢铁骊和编剧林蓝一道，对原著进行了认真的改编，将一部内容丰富、人物众多、情节复杂的小说，成功地改编为条理清晰、冲突集中、生动流畅的电影剧本。在拍摄中，紧紧抓住召开群众大会的三场重头戏，着力刻画肖队长、赵玉林、韩老六三个主要人物，在形象塑造、场面展现、气氛烘托上下功夫。由于谢铁骊吃透了原著，抓住了原著的精髓，他自己又亲身参加过《暴风骤雨》描写的土改运动，因此执导起来得心应手，时有高招，成功实现了对原著的再创造。

由于原著文学基础深厚，改编富有新意，拍摄顺畅成功，为影片的剪辑提供了丰富的素材，准备了良好的条件。因此，剪辑工作进行得正常顺利，剪辑技巧得到充分地运用和发挥。根据导演的要求，我着重剪好三次群众大会的重场戏，比如诉苦大会一场戏，赵玉林控诉韩老六唆使警察抓他去给日本人当劳工，用技巧“淡出”后，先是以一个全景镜头描述赵母踉跄追赶气绝倒地，然后紧接着一个近景镜头从赵妻背影变为远景镜头，寒风吹动着赵妻褴褛的衣衫，旷野中有如一株孤立的枯树，赵玉林被押解着走向远方……生离死别，感人至深。又如影片结尾赵玉林壮烈牺牲一场，导演用了一个长达 130 英尺的移动镜头，表现了受重伤的赵玉林因击毙韩老六而激动兴奋、触及伤口、挣扎向前而最终倒下牺牲的过程，画面由近景变为中景、全景，镜头角度由俯视变为仰视，身后衬托着蓝天、白云和挺拔的青松，表达出赵玉林这个翻身求解放的农民英雄的坚强意志和崇高精神。为了体现导演的创作意图，对这个长镜头未做任何分切处理，一气呵成，情绪贯通。在这里，剪辑似乎没有做多少工作，实际上是以剪辑手段保持了长镜头的延续性和完整性。类似的剪辑处理，在影片中还有多处。

剪辑由文学名著改编的影片，很重要的一点，就是要精读原著，充分尊重原著作者的创作成果，努力体现原著的思想内涵和格调风貌，同时在原著的基础上有所开拓，有所创新，成功地将文学思维转变为电影思维，将文学语言演绎为电影语言。剪辑要和编导一道，推动、确保、完成这一由文学名著"转化"为电影佳作的过程，并在此发挥剪辑不可替代的功能和作用。

值得一提的是《暴风骤雨》片头字幕的制作。谢铁骊在拍摄该片之前，曾经出国访问，看到许多外国片字幕制作考究，颇有感触。我在国内也看过一些外国片，认为许多片头字幕制作精巧，寓有深意，在"引人入戏"上很见功力，比如联邦德国的《古堡幽灵》等片。而当时国内片头字幕制作大都颇为简单，缺乏灵气和新意。于是我向谢铁骊提出，在片头字幕制作中运用剪辑手法，争取有所突破，有所创新。谢铁骊完全同意我的意见，并建议用行驶中的火车作为片头字幕的主体。于是我在该片片头字幕中，以奔驰的火车为画面主体，在火车拐弯时出字幕，从右至左，与衬底画面从右至左飞驰的火车动作方向一致，给观众一种势不可挡的冲击力，既体现了影片"社会在飞速前进"、"时代的暴风骤雨已经来临"的含义，又与土改工作队乘火车奔赴农村的开场戏相衔接，效果极佳，受到厂领导和广大观众的称赞。片头字幕是对影片的标榜、提示和说明，是影片风格样式的具体体现，也是影片的招牌与门面，不可小觑。片头字幕的设计、安排和处理，则是剪辑人员必须掌握的技巧。《暴风骤雨》片头字幕的制作成功及其良好的反映，对我很有启示，激励我在日后的片头字幕制作中，多动脑筋，力求创意独特新颖。

《暴风骤雨》的拍摄成功，奠定了谢铁骊在影界的地位，业内人士普遍看好他的艺术才华。之所以能取得这样令人刮目相看的成绩，是与谢铁骊刻苦勤奋、锐意进取的努力分不开的。他勤于思考，善于学习，勇于实践，虚心向老一辈艺术家学习(人们说他"学水华学到家了")，认真与同辈艺术家切磋(人们说他"有事就找陈怀皑商量")，对优秀传统文化很熟悉，对新思潮新流派新手法很敏感，对美学原理和艺术规律很尊重，对毛泽东文艺思想和革命文艺事业很忠诚，是从革命队伍成长起来的红色电影艺术家的杰出代表。他当过部队文工团团长、管理战俘的大队长、演员剧团副团长，有厚实的人生阅历和生活积累，有丰富的管理经验和组织能力，能够熟练地指导、协调摄制组的创作。谢铁骊为人处事很有涵养，对人客气友善，从不随便臧否议论他人。遇事心中有数，不露声色，处理有度。他的勤奋好学是有名的，努力学习电影各部门的业务知识，也曾数次到我家来讨论影片剪辑的有关问题。1963 年，谢铁骊编导了影片《早春二月》，实现了他电影创作上的大飞跃，攀上了电影艺术的新高峰。《早春二月》对人情、人性、人道主义做了深层次的开掘，其精致的艺术处理别开生面，标志着北影乃至中国的电影艺术创作取得了重大的突破，是中国电影艺术创作的顶尖之作。虽然影片一拍成就在全国范围内作为"修正主义大毒草"遭到批判围剿，但历经劫难还是抹煞不掉它的艺术光辉，1995 年《早春二月》被推为中国电影 90 年代优秀影片奖十大名片之一，在国内外享有崇高的声誉。谢铁骊熟悉剪辑业务，重视剪辑功能的发挥，从导演角度出发，对剪辑工作提出过不少真知灼见，对中国电影剪辑艺术的发展，有过很多贡献和帮助，确实是剪辑人员的良师益友。

28. 剪辑《小兵张嘎》

《小兵张嘎》是北影 1963 年拍摄的儿童片，也是第二创作集体摄制的最后一部故事片。编剧徐光耀，导演崔嵬、欧阳红樱，摄影聂晶，美术秦威、程荣远，录音王韵华，制片主任胡其明、张起，我担任该片剪辑。这是我继《三毛流浪记》、《为孩子们祝福》、《鸡毛信》之后，第四次剪辑儿童片。其间，与一群活泼可爱的儿童演员相处，到外景地白洋淀参与拍摄，感到童心未泯，兴致大增。

影片改编自徐光耀的同名小说，改动较大。据说徐光耀抗战时期也曾在战时儿童保育院待过，可惜未曾证实。导演之一的欧阳红樱是秦威的夫人，长期参加进步戏剧与电影的创作活动，是位很有修养的艺术家。导演崔嵬在抗日战争和解放战争时期曾经多年在冀中根据地与军民一道战斗，有着丰富的华北大平原革命斗争的生活积累，他在尽力发挥原著精髓的前提下，用自己的社会经验和人生感悟，丰富、补充、优化了许多情节，通过流畅、简洁、生动的镜头语言，特别是几组精彩连贯的长镜头运用，极富童趣地展现出一位性格鲜明的儿童英雄人物的成长过程，受到电影界内外人士特别是少年儿童观众的喜爱、赞誉和推崇。《小兵张嘎》在儿童英雄形象的塑造、民族化风格的追求、长镜头的运用等方面的创新和突破，使其在儿童片艺术创作上所取得的成就至今难以超越。我认为，影片《小兵张嘎》、《青春之歌》和《野猪林》，是北影第二创作集体对中国电影三项最重大的经典奉献，是屹立在中国电影史上的三座高峰，分别代表了当时革命历史故事片、儿童片和

《小兵张嘎》剧照

戏曲片艺术创作的最高水平。

对于《小兵张嘎》一片的剪辑，我用心尽力，与导演、摄影、美术密切合作，争取再创辉煌。在《小兵张嘎》的创作和剪辑中，最令人称道的是长镜头的运用、战斗场面的处理和民族风格的体现这三个方面，现举例简单地谈谈个人感受。

在《小兵张嘎》的几组长镜头中，最著名最精彩的是罗金保带领小嘎子在敌后根据地的村庄里寻找抗日游击队的一大段戏。在这个长镜头里，罗金保带着嘎子进入村庄小巷；罗将自行车停靠墙边，扶嘎子一道登上墙头；金保和嘎子在曲折的墙头上行走；金保带着嘎子走过横在巷道上空的木梯小桥；金保和嘎子又在墙头上行走；行至墙头转折处，金保跳下墙头，再护着嘎子下墙；最后，金保带着嘎子走进一家院子，找到了游击队员的藏身之处。在长达一分多钟的连续的寻找过程中，镜头从未切换，人物、环境、动作交待得一清二楚。通过罗金保与张嘎子的一系列动作，这个悠长又变化多端的跟、拉、摇、升、俯、仰、推的综合运动镜头，十分精彩地描绘了游击队员的行动过程，突出了抗日战争的严酷环境，逼真地展现了敌后农村根据地的游击生活，产生了很好的艺术效果。这个长镜头，将人物与环境有机地融合在一起，借景生情，以情写人，并且一气呵成，酣畅淋漓，直接起到刻画人物和突出主题的作用，是高超精到的艺术处理。

拍摄这样的长运动镜头并非易事，它需要导演、摄影事先有周密细致的设计安排，演员有准确到位的表演，摄影有高超敏捷的技艺。崔嵬、欧阳红樱、聂晶经过深思熟虑，对这个长镜头的拍摄制订了切实可行的拍摄计划。之后，聂晶在其助手邹积勋、于振羽的辅助下将计划付诸实行。先是邹积勋扛着摄影机在街巷中迎着、傍着、跟着“罗金保和小嘎子”拍摄；到十字路口时，坐在升降机上的聂晶从邹积勋手中接过摄影机在“空中”继续拍摄，如同流水作业一般，顺畅连贯。在剪辑时，我则尽量保持长镜头的完整、贯通、流畅，使其不受损伤，可能时还加以润色弥补。拍摄这样的运动性长镜头，是崔嵬，特别是聂晶在长期艺术实践中摸索探求的结果，同时也受到当时内部放映的苏联影片《雁南飞》的启迪和影响。那时以巴赞为代表的长镜头理论尚未传入国内，而《小兵张嘎》中的长镜头能运用得如此精致，实属难能可贵，这称得上是对中国和世界电影语言发展的重要贡献。

影片《小兵张嘎》中对战斗场面的处理也很见功力。其中"公路伏击战"一场戏的镜头组接，就充分发挥了剪辑的功效和作用。这是一个游击战中的战斗场面，以嘎子为贯串人物，营造出紧张激烈的战斗气氛，突现出嘎子和游击队员的英雄气慨，显示出人民战争的巨大威力。在剪辑时，在明确敌我双方交战的方向、位置、阵势的前提下，尽量选取那些最为强烈的动作，如机枪扫射、扔手榴弹、冲锋、顽抗、拼刺、肉搏、摔跤、扭打之类，剪为短镜头，不断变化其景别和角度，同时配合枪声、冲杀声、爆炸声、拼刺声、水声等断续剧烈的音响，进行迅速地切换组接。在这场戏中，我多次运用"分剪插用"的手法，以补镜头之不足，结果一共用了47个镜头(最长的68英尺，最短的2英尺，最多的是4～7英尺)，完成了这个战斗场面的剪辑处理，导演看了很满意，我自己也感到效果不错。不过，多年以后重观这段戏，才发现留有败笔。如片中292号至308号镜头，描述嘎子追赶并俘获伪军官的过程：伪军官在小河中逃跑，嘎子在岸上追赶；伪军官在水中摔倒，小嘎子从岸上跃入河中；伪军官爬起来再跑，小嘎子在水中追赶几步扑到伪军官身上将其俘获。现在看来，这样的剪接处理太拖沓了，不利于营造战斗场面的紧张气氛和展现嘎子的机灵勇敢。应在嘎子"跃入河中"时，身体在空中跳跃时即剪断，紧接嘎子"扑到伪军官身上"，剪掉"小嘎子在水中追赶几步"一段，这样就更加干净利落、生动流畅了。这一失误，当时没有察觉，主要是太拘泥于剧本的安排，同时想保留嘎子更多的动作，结果是画蛇添足，留下败笔。人们常说"电影是遗憾的艺术"，此言不虚，这就是一个失误的例证。

剪辑战斗场面，敌我双方的空间环境、时间关系、人物关系即方向性处理一定要清楚、准确，否则就会失真，变成混战一场。要抓住强烈的动感来进行剪辑，多用短镜头，突出动作性，增强镜头的动作态势和力度。同时，要重视发挥音响效果的作用，将画面与音响有机地组合起来，以增强战斗场面的逼真性和表现力。战斗场面人物多，场面大，素材杂乱，处理起来确实不易，也最能检验一名剪辑人员的功力，必须认真对待。

民族化风格的追求也是《小兵张嘎》的一大特色。这与崔嵬对中国传统文化和民间艺术的推崇喜爱有关，同时又能得到趣味相投的聂晶、秦威的支持帮助，使该片有着鲜明的民族特色。那冀中平原别具一格的房舍、村庄，那白洋淀密布水面的荷花芦苇，那鲜香味美的玉茭大饼，那高亢激越的梆子音乐……无不具有浓烈的乡土气息；再加上游击健儿们体现出来的燕赵豪侠的慷慨之风，构成了一幅壮美的中国北方抗战生活图景。运用剪辑手段，我们将这一生活图景展示出来，使其更为绚丽多采，更具有感染力和震撼力，达到了弘扬民族精神民族文化的目的。

通过影片《小兵张嘎》的剪辑，我对儿童片剪辑的特点和要求有了更多的认识和体会。首先，儿童片应该富有童趣，力避成人化思维，要站在少年儿童观众的立场上，去进行影片的拍摄和剪辑。在实施剪辑时，要考虑到少年儿童的观赏心理和接受能力，要使他们看得懂，看得明白，看得舒服，得到欢乐和教育。其次，影片节奏要明快顺畅，不可阻滞晦涩，但不能过于跳跃激烈。情调上要健康爽朗，不要伤感阴暗，也不能过于尖刻刺激。第三，在内容上要选用那些优美有趣、积极向上的素材，尽量避免出现宣扬暴力色情、含有恶意毒素的画面，以免污染少年儿童心灵，而应该是有益于陶冶孩子们的情操。达到这三方面的要求固然主要是编导的事，但同时剪辑也可在其中发挥重要的作用，因为镜头的选择、取舍、组接操于剪辑之手，影片最终定稿成型于剪接台上，所以剪辑在这里承担着不可推卸的责任和义务，不可等闲视之。

29. 剪辑《天山的红花》

《天山的红花》是北影与西安电影制片厂 1964 年联合摄制的影片。它反映了新疆天山地区哈萨克族牧民公社化后的新生活，塑造了几位新牧民的艺术形象，展现了牧区的新风貌，是我剪辑的第一部反映少数民族生活的影片。

影片《天山的红花》编剧欧琳，导演崔嵬、陈怀皑、刘保德，摄影聂晶、林景，美术池宁、张井南，录音陈燕嬉、洪嘉惠。我和王联担任剪辑，以我为主，王联实际上是与我联合剪辑。王联原是长影的剪辑师，后来与丈夫林景一道调往西影，也是经过多年历练的剪辑师。这次我和她合作剪辑，相处很好，工作进行顺利。当时文化部规定，北影要支援西影厂、新疆厂、天津厂的建设。北影厂领导计划通过影片《天山的红花》的联合拍摄，带动西影厂、新疆厂的电影艺术创作，因此摄制组由北影、西影的人员组成(以后还有新疆厂的人员参加)，大家团结互助，合作良好。

在拍摄《天山的红花》时，翻译哈书记（左一）、傅正义（左二）、西影的王联（剪辑，左三）、洪嘉惠（录音、左四）合影

外景地在新疆伊犁地区的天山草原牧场。我随摄制组出外景，这是我生平以来第一次到新疆，第一次上牧场，第一次进少数民族的毡房，感到新鲜惊奇，欣喜振奋。在伊犁市，我们住在原苏联驻伊犁领事馆（“伊犁事件”后苏联领事“撤出闭馆”），林木扶疏，溪水环流，清爽幽静。在外景拍摄地，天山苍莽，草原辽阔，牧马奔驰，羊群游曳，一派天高地远的博大气象。我们在毡包里喝马奶，吃手抓饭，别有风味。由于我和聂晶都吃不惯羊肉，还受到特别的照顾。有一次经受不住香喷喷的烤羊肉串的引诱，在大家的好意劝慰下，吃了几口，结果还是吐了，没有口福，深感遗憾。哈萨克族同胞豪爽纯朴，能歌善舞，与摄制组人员相处融洽，给我们很多支援和帮助。田伟时任新疆自治区文化厅厅长，对我们摄制组颇多关照。由于地方政府和哈萨克同胞的大力支持，由于演职人员的协同努力，摄制工作进行得很顺利。我们剪辑人员随组行动，参与创作，对素材情况十分熟悉，因此剪辑工作能够顺利进行。样片一到，我们和摄制人员一道，到伊犁和乌鲁木齐的电影院放映观看，然后根据导演意见和剪辑方案进行剪辑。在新疆吃得好，住得好，供应丰富，价格便宜（又甜又新鲜的葡萄四角钱一公斤），因此，这一番新疆之行，大家都觉得十分愉快。回到北京后，我和王联又对全片进行了细剪精剪，顺利地完成了剪辑任务。影片上映后，颇受好评，尤其是受到广大少数民族观众的欢迎和赞赏。虽然影片创作也受到了“以阶级斗争为纲”观念的影响，有一些概念化模式化的东西，但在当时“左”倾思潮日益泛滥的情况下，能拍出这样富有生活气息和民族特色的影片，可以说实属难得。听新疆的朋友们说，他们认为《天山的红花》是“文革”前反映当地少数民族生活最好的影片之一。

差不多与此同时，北影还在新疆拍摄了一部反映维吾尔族青年知识分子在“三大革命斗争”（阶级斗争、生产斗争和科学实验）中成长的影片《草原雄鹰》，导演凌子风、董克娜，摄影钱江，美术杨予和，录音傅英杰，剪辑战强和幺文茹。两个摄制组在乌鲁木齐相遇，相聚甚欢。凌子风、钱江要我在剪辑上帮忙，我不便推辞，看了一些《草原雄鹰》的样片，提了几条加工修改的意见。回京后，又帮助在完成双片上做了一些修补。这是我与凌子风在艺术创作上的第一次接触。在北影的"四大帅"中，凌子风是我惟一没有共同合作摄制过一部影片的导演。不过，通过这次接触，凌子风那风流潇洒、才华横溢、大雅大俗的艺术家气质和风度，给我留下了深刻美好的印象。

剪辑少数民族题材的影片，总体说来与剪辑一般故事片没有什么差别。只是在剪辑时，要特别注意体现党的民族、宗教、统战政策，充分尊重少数民族的风俗习惯，强化民族团结和祖国统一意识，小心谨慎处置每一个镜头，切不可疏忽大意。同时，应该尽量发挥少数民族题材的优势，如风光优美壮丽，生活浪漫奇异，服饰绚丽多彩，歌舞妙曼多姿等，拍出人物美、风光美、服饰美、歌舞美、民俗美的"五美"影片。我在剪辑《天山的红花》时，就在这五个方面大做文章，突出了天山草原牧场风光、风物、风情之美。影片在国内外放映时，如诗如画的天山美景、牧民豪情、边地神韵，令观众赞叹不已。

《天山的红花》剧照

《天山的红花》是我在"文革"前剪辑的最后一部影片。从1947年联合剪辑《一江春水向东流》以来，我在昆仑、长昆、上联、上影、长影、北影剪辑了几十部影片，参与、了解、考察过各电影厂的剪辑工作，逐步认识到剪辑不仅是一种技术而且是一门艺术，是电影摄制过程中的第三度再创作，有着特殊的重要的不可替代的功能和作用。通过长期艺术实践和思考研究，我认为必须具备以下一些条件，剪辑人员才能有效地进行"第三度再创作"：

①具有较为深厚的文化艺术素养，包括电影艺术（编剧、导演、摄影、录音、洗印和蒙太奇、电影史等理论和实践知识）和综合文化素养（文学、戏剧、美术、音乐和美学、心理学等知识）。

②具有对不同题材、体裁、风格、样式的影片提出有针对性的切实可行的剪辑方案的能力。

③具有准确选择和熟练掌握各个片种不同的结构方法和表现形式，并通过剪辑处理予以实施和体现的手段。

④具有通过形象思维和逻辑思维、遵照艺术规律、结合“传统”与“现代”（包括“数字”）方法进行剪辑工作的理念。

⑤具有强烈的创新意识，能够遵循“有戏则长、无戏则短、剪出戏来”的原则。

⑥具有执着的进取精神，认识事物时“只有学而知之，没有生而知之”；钻研业务时“不仅知其然，而且要知其所以然”；进行创作时“不能迁就，要求考究”。以达到高标准，追求高品位，力争将剪辑艺术推进到一个更为高超更加完美的水平。

如果能具备上述几个方面的素养、条件和能力，就能成为一位合格的以至优秀的电影电视剪辑师。

30. 赴山西长治参加“四清运动”

正当我们在新疆外景地拍摄影片《天山的红花》时，北京却掀起了“左”倾批判浪潮。1964 年，所谓“文艺整风”的政治运动冲击到文化部系统的所有单位，造成了重大的损失和恶果。

早在 1962 年 9 月召开的中共八届十中全会上，毛主席就提出要抓阶级斗争，反对现代修正主义，防止资本主义复辟。1963 年 12 月和 1964 年 4 月，毛主席又前后两次做出批示，指出文艺界“……问题不少，人数很多，社会主义改造在许多部门中，至今收效甚微。许多部门至今还是‘死人’统治着。”“十五年来，基本上（不是一切人）不执行党的政策，做官当老爷，不去接近工农兵，不去反映社会主义革命和建设。最近几年，竟然跌到了修正主义的边缘。”为了贯彻毛主席的批示，1964 年下半年文化部开始整风，批判所谓“夏（衍）陈（荒煤）路线”，在文艺界电影界引起极大震荡。8 月，由四十人组成的工作组进驻北影，揭开了长达一年的北影文艺整风的序幕。

我们摄制组从新疆回到北京后，立即投入整风运动。当时工作组正发动职工群众，重点揭发四个创作集体和编辑部存在的“严重问题”，矛头直指汪洋和水华、崔嵬、凌子风、成荫等厂级领导及主创人员。小会揭，大会批，一笔抹煞北影十五年来的电影艺术创作成就，全面打击广大创作人员，说北影已经出现了“裴多菲俱乐部”，是“四不清”单位，“跌到了修正主义的边缘”。其中，批判“二集体”尤为尖锐厉害，指责“二集体”就是毛主席批示中的“不去反映社会主义革命和建设”而专门表现“帝王将相才子佳人”的部门，以至后来“二集体”被称作“帝王将相集体”。我作为“二集体”的成员，当然也要面对这些指责和批判，思想深处虽然有些想不通，但又认为这是党领导的文艺整风，是反修防修端正文艺路线的大事，所以还是表示热烈拥护并积极参加了整风。但是除了发言表态和检讨几句之外，从未做过实质性的揭发和批判。我是党外人士，又没有担任什么职务，自然也不是要“整”的对象。整风运动中，创作集体被视为从“苏修”贩来的“黑货”，是“复辟资本主义”的样板，遭到口诛笔伐，不久就被宣布废除解散。当我被迫离开“二集体”回到剪辑车间时，心中颇为酸楚，确实对这个团结进取、成就卓著的“强力集团”充满留恋之情。

回到剪辑车间，继续参加文艺整风活动。那时剪辑车间有二十来人，主任仍然是严尚华，副主任朱小勤，成员除我之外，还有齐玉玲、邵养珍、白志朴、顾德荣、杨雪明、王诚、李敏、唐彦琳、战强、杨宗琦、幺文茹、马志珍等人。其中，白志朴是1960年调入北影剪辑车间的，她是河北人，1930年出生，解放后参军，担任过天津海军文工团分队长、青岛海军俱乐部电影放映组长，熟悉电影，后来剪辑过多部影片。唐彦琳、战强等年轻人已经成长起来，可以独立完成剪辑任务。之后，在“文革”前，又调入了贾文锦等人，增强了剪辑力量。贾文锦长期担任东影-长影的剪辑师，我在长影工作时就认识，她业务熟练，文笔也不错。从1964年到1965年，我们一边参加整风运动，一边还要完成各自的剪辑任务。不过，由于“左”倾浪潮的冲击，北影拍摄故事片的数量有所减少，倒是临时赶任务拍了不少舞台歌舞艺术片，除《东方红》外，大都水平不高，成绩平平。就是那些比较好的故事片如《天山的红花》、《草原雄鹰》、《山村姐妹》等，也都受到“以阶级斗争为纲”的影响和局限，留下许多遗憾。而《烈火中永生》、《红河激浪》等片，则直接受到江青、康生的攻击和扼杀。政治上的高压，运动的冲击，使电影创作人员提心吊胆，左右为难，艺术规律无从谈起，制作规范抛在一边，剪辑人员下剪也顾虑重重，犹豫再三，很难发挥正常的剪辑功能和作用。由此可见，“左”倾浪潮对电影创作的危害之大。而这还仅仅是开始而已。

1965年6月，折腾了差不多一年之久，中宣部对北影整风做了总结，撤去了汪洋的厂长职务，改组北影厂级领导班子，北影的艺术家和生产力受到严重的损害和打击。8月，在文化部安排下，北影原厂长汪洋、原党委书记陈昭，带领一大批创作人员和干部到山西长治参加四清。于是，我也成为四清工作队的成员之一，离京赴晋投入这场政治运动。

1966年在山西长治原家庄“四清”工作队合影。二排右二为傅正义

所谓“四清运动”，是在全国范围内开展的“社会主义教育运动”的别称。“四清”，先是指在农村的社教运动中清账目、清仓库、清财物、清工分，谓之“小四清”。“二十三条”发布之后，发展为清政治、清经济、清思想、清组织的“大四清”。我们8月间进驻山西农村之后，通过“扎根串连”，发动群众，迫使生产队干部交待“四不清”问题，开展起轰轰烈烈的“四清”（即“小四清”）运动。我所在的工作队（组）队长是当地的一位干部，副队长是袁伦（北影洗印车间副主任），成员有男有女共九人，属于北影的有王云龙、潘之汀（资深编剧，“抗大”、“鲁艺”学员，1938年入党，曾任北影编辑部副主任，学养深厚，为人和善质朴）、吕静安、孙聪和我。我们四位男士住在公社的一间公房里，内有厨灶，但自己未开伙，而是到公社集体食堂搭伙，一度也轮流到社员家中吃“派饭”。工作队纪律很严格，不准吃肉吃蛋下饭馆，必须与社员同吃同住同劳动。后来，由于当地条件差，生活苦，工作队队员普遍反映吃不饱，缺油水，这个规定才逐渐有所松动。我们发现当地人不吃鸡，不吃鱼，不吃“猪下水”，所以这些东西极为便宜。我学过烹调，知道如何打理，于是买了一套“猪下水”，冲洗干净，再精心烹饪，等到揭锅一看，肉香扑鼻，汤鲜味美，令人馋涎欲滴。我们几人围着锅灶大快朵颐，感到从未有过的满足和欣慰。

之后，我们又吃过几次，越吃越有味。开始，那位队长还坚决不吃，说吃不惯，怕破坏纪律。后来，看着我们狼吞虎咽，按捺不住也与我们一道大嚼起来，还连称“好吃！好吃！”被我们传为笑谈。后来，我们还烧鸡煎鱼，“猪下水”的吃法也花样翻新，我的烹调手艺由此远近闻名，不但让其他工作队也来效仿，而且影响到当地农民老乡对这些食物的看法，开始认识到鸡鸭鱼虾“猪下水”的价值，也尝试着烹调食用，扩展了当地人的食谱，增加了他们的营养。大家说，这也算是四清工作队对晋东南人民的一项贡献！

1964 年底，下达了《农村社会主义教育运动中目前提出的一些问题》（即“二十三条”），明确规定了运动的性质是社会主义和资本主义的矛盾，重点是“整党内那些走资本主义道路的当权派”，四清运动发展到一个新的阶段。我们工作队的工作也做了相应的调整，从“小四清”转向“大四清”。我们那时理解的当权派只能是农村基层干部，“清”了他们大半年，除了一些多吃多占的“错误”之外，什么大问题都没有搞出来，倒是把那些生产队的干部折腾得很厉害。在普遍清查农村基层干部之外，斗争的矛头还指向了“富裕中农”、“新富农”，谁想致富谁要致富就被视为“资本主义自发势力”予以打击。长治在晋东南地区算是好地方，但由于生产“大呼隆”，吃“大锅饭”，产量并不高，社员生活十分贫苦。为了保证把运动的胜利成果落实到农业生产上，在运动后期，我们工作队狠抓了生产，夺得了丰收，总算对生产队的社员们有了一个较好的交待，也算顺利地完成了四清工作任务。

1966 年 5 月，我们结束了在长治的“四清”，离晋回京。当时，“文化大革命”的序幕已经拉开，各种闻所未闻的消息满天飞。一进小关厂区，我们就看到新贴出的大字报，预示着“革命风暴”已经来临。不过那时谁都没有想到，等待我们的，将是一场长达十年的空前浩劫。

第七本
北影时期(中)

31.“文革”中的“黑线人物”

1966年5月,我随北影赴山西长治参加四清运动的大队人马回到北京,还没有喘口气,就不由自主地卷入了“文化大革命”的恶浪狂潮。此时,党中央决定在全国范围开展“文化革命”的“五·一六通知”已经下达,宣告了“无产阶级文化大革命”的开始。6月1日,《人民日报》和中央人民广播电台公布了北京大学聂元梓等人的“第一张马列主义大字报”和报社的“编者按”,文化大革命的风暴立即席卷全国。北影职工响应毛主席、党中央的号召,“关心国家大事”,批资反修,大字报铺天盖地,讨伐声震天动地,批判“三家村”(邓拓、吴晗、廖沫沙),斗争“四条汉子”(周扬、夏衍、田汉、阳翰笙),矛头直指那条“又长又黑又粗”的“反党反社会主义文艺黑线”。汪洋、田方、罗静予、崔嵬、成荫、谢添、谢铁骊、陈怀皑等人作为“黑帮”、“走资派”、“黑线干将”受到围攻、批斗和迫害。北影的大批影片被打成大毒草,北影的主创人员被打成黑线人物,北影被打成“资产阶级专政的”、“烂掉了”的单位。批斗,抄家,抓捕,搞得鸡飞狗跳,人心惶惶。我对这来势凶猛的“革命风暴”缺乏心理准备,很不理解。对于大批熟识的领导人和艺术家被随意揪斗打倒心存同情,不明白为什么要这样对待他们。但是,一想到“文化大革命”是伟大领袖毛主席亲自发动的兴无灭资反修防变的政治运动,是要在文艺界铲除那条“与毛泽东思想相对立的反党反社会主义的黑线”,是为了全面贯彻毛主席的革命路线,觉得还是应该提高路线觉悟,紧跟革命形势,积极投入文化大革命,做一名合格的革命文艺战士。

由于我曾经长期在“中制”、“昆仑”直到“北影”工作,与“四条汉子”中的阳翰笙、夏衍有过联系;由于我在北影受到汪洋的重用,参加过不少“毒草影片”的摄制工作;又由于我也属于“三名三高”的“专家”,曾经积极热心地为贯彻“文艺黑线”谋划卖力;所以,在大字报大批判中,我也被列为“黑线人物”之一,“必须”接受群众的“革命大批判”。剪辑车间搞运动,揭发批判“文艺黑线”的大字报给我提了一百条“问题”,戴了三顶帽子:一是“与黑帮有关系”的“黑线人物”;二是“受到黑帮重用”的“三名三高”人物;三是“只专不红”的“白专人物”。其实,我只是一名普通的剪辑师,与阳翰笙等人只是工作上的一般关系,不是当权派,谈不上权威,又是党外人士,说我是“黑线人物”,其实我还不够格。北影的大人物、大艺术家、大专家太多了,排“黑线人物”我实在难以与他们相提并论。批判者心中也明白这回事,所以也只是在揭批高潮时在大字报上提一提,在小型批判会上批一批,并没有专门开会批斗我,更没有把我打入黑帮队伍。我从1956年到1966年在北影工作正好十年,受到汪洋等厂领导的重视,不少导演都主动找我担任剪辑,我自己在工作中也表现出一股傲气,有些问题处理得也不够妥善,因此剪辑车间有的同志对我有看法、有意见,是自然的,在所难免。在揭批高潮中上纲上线,将我与“文艺黑线”挂钩,指为“黑线人物”,在当时那种狂热的运动氛围中,是屡见不鲜的事。开始我还有点紧张害怕,怕打入“黑帮”被批斗迫害,后来看到雷声大雨点小,打击对象主要是汪洋、崔嵬等“大人物”,对我只是稍带提一下,很快就甩到一边不再理睬,视同于一般群众,开始稍有心安。不过,内心深处还是害怕与“黑线”沾上关系,常存疑惧与不安。

北影的文化大革命,从运动初期派来的工作组,到后来进驻的几批军宣队、工宣队,都说自己是“无产阶级司令部”派来领导运动的,又都走马灯似的闹轰轰地来灰溜溜地撤走,直到1969年春江青派8341军宣队进驻北影,才算大致稳定下来。北影的运动,江青先是不断插手,后是亲自控制,实际上成了北影的太上女皇,横行霸道,不容他人染指。运动初期,工作组就将全厂800余名职工划分为艺术、技术、生产、行政、剧团五大块,开展运动;到1968年9月,军宣队和工宣队又将全厂职工集中到厂区居住,每星期只准回家一次,而“黑帮”和被管制人员不准回家。运动开始不久,厂里也出现了红卫兵,开始分化为“造反派”、“保皇派”,后来又分别组成了“红北影”、“新北影”和“遵义兵团”,互相争斗不已,都认为自己最正确、最革命,是真正的无产阶级革命派。经过军宣队和工宣队的撮合,各派实现了“大联合”,成立了“大联委”,名义上领导全厂“斗、批、改”,实际运动领导权属于军、工宣队和后来进驻的8341军宣队,而他们又受到江青的操纵。在此期间,除我被挂上“黑线人物”一度受到批判外,厂里的激烈争斗我从不参与,既不“保皇”,也不“造反”,批“三家村”,斗“走资派”,打“派仗”,促“联合”,搞“斗、批、改”,我都是随大流,既不积极,也不完全旁观逍遥,只写过几张表态性的大字报，在会上也只做表态式的发言。老实说，我害怕搞政治运动，在运动中总是处于一种无可奈何的境地。不过，通过这场运动，我认识到对己要严，对人要宽，做事要留有余地，一切都要实事求是，否则害人误己，下场可叹可悲。

江青派8341军宣队进驻北影，任务有二：一是组织摄制组，拍摄“革命样板戏”；二是抓“斗、批、改”，重新组织北影创作队伍。也是江青的一句话，使北影厂区先是从小关迁至北太平庄的铁路干部学校，再迁至原解放军测绘学院，另建新厂。谢铁骊、钱江等人被挑选出来组成摄制组，在新厂陆续拍摄了几部“样板戏”。而北影全体职工则在1970年初，下放到大兴县黄村原团河农场劳动，兴办“五·七干校”。干校实行军事编制，我编在二连一排，全排三十人左右，排长周铁生，原录音车间副主任。白天劳动，搞生产；夜晚和雨天搞运动，进行“斗、批、改”。干校初期劳动是修房子，挖鱼塘，平整土地，兴修渠道；之后就是育秧、插秧、薅秧、割稻、打谷等正常的农事运作；同时还有养鱼、喂猪、放羊等畜牧饲养和副食加工农活；虽然劳作繁重，生活艰苦，但看到丰硕的劳动成果，在艰难困顿中还能得到一丝快慰。令人难以忍受的还是政治运动的折磨，8341军宣队秉承江青的意旨，重斗“走资派”，再批“文艺黑线”，在“清理阶级队伍”中大搞逼、供、信，尤其在“清查五·一六”中威胁利诱、逼供武斗无所不用其极，制造了许多冤假错案，广大北影职工受到严酷惨重的打击。崔嵬在大会上被迫承认自己是“五·一六”分子，“二集体”的人都被说成是“反动组织五·一六”的成员，我也莫名其妙地被认为是“五·一六”分子，整得人惶恐不安。虽然“九·一三”林彪事件后关于“五·一六”的事一风吹了，但人们以前还寄予希望的8341军宣队的威信却一落千丈；同时通过抓“五·一六”分子和林彪事件，人们也开始对“文化大革命”提出了疑问，不得不思考这场“史无前例”的政治运动到底要把中国推向何方？

此时我的家庭状况也令人心焦。下干校之前，1968年我的三个男孩响应毛主席“知识青年到农村去”的号召，在同一年分别到农村插队当上了“知青”：大儿子傅国亮（18岁）到陕西黄陵县；二儿子傅国保（17岁）到内蒙阿巴嘎旗；三儿子傅国强（16岁）到陕西延长县。女儿傅国春（14岁）腿有残疾，在家养病，托一位同事照顾。1970年，万秀明生下小儿子傅国航，产假满后她带着婴儿到黄村干校下放劳动，一家七口人，分散在国内五个地方，不得团聚。尤其是三个未成年的男孩子，均在生活条件甚为艰苦的农村、牧区插队劳动，使我十分牵挂担心。女儿有病得不到正常的护理医治，婴儿幼小也

“文革”期间全家合影

得不到良好的抚育教养，这些都令我忧心如焚。直到 1973 年我和万秀明随北影大部分人员陆续回厂，家庭困难才多少有所缓解。

“文革”不但给我的家庭生活带来极大的困扰，更给北影和整个电影事业带来巨大的破坏。“文革”开始，北影的领导人和艺术家全部陷入灭顶之灾，或打成“黑线人物”、“黑帮分子”，或扣上“牛鬼蛇神”、“反动权威”的帽子，大会批斗，“牛棚”关押，备受摧残，历尽磨难。我熟悉的人士中，厂长汪洋被打倒，成荫、陈怀皑、聂晶、秦威、胡其明等人被批判，崔嵬被“监护”，谢添、陈燕嬉、王诚、蔡军被逮捕关押，罗静予被迫害致死，还有许多北影同事被批斗、关押，打成“反革命”，以至饮恨黄泉。主创人员受到沉重打击，元气大伤，艺术创作全部停止，几年中未拍一片，艺术生产力受到极大破坏。就我所知，兄弟厂的情况与北影大致一样，有的甚至比北影还要严重。比如在上影，当年在“中制”、“昆仑”和“抗日救亡演剧队”工作过的艺术家，几乎无一幸免地受到摧毁性的打击，致使我熟识的那些著名的艺术家、事业家和电影技术专家如郑君里、应云卫、徐韬、孟君谋、顾而已、上官云珠等人都遭受残酷迫害悲惨身亡。而“文革”对电影事业破坏的深度和强度，直到 1973 年我从干校回到北影重新开始剪辑影片时，才有了更为真切更为深刻的了解和体悟。

32. 剪辑《红雨》和《青春似火》

“文革”开始以后，多年来北影一片未拍，电影创作生产完全停顿瘫痪。1970年开始拍摄“样板戏”艺术片，每年一两部。1971年5月，谢铁骊和钱江联名写信给周恩来总理，反映广大群众热切盼望看到新拍摄的故事片，请求让电影厂恢复生产。在得到周恩来等中央首长的同意、支持下，1973年北影拍摄了“文革”以来的第一部故事片《侦察兵》。之后，又有《南征北战》(重拍)、《烽火少年》、《海霞》、《红雨》等几部故事片陆续开拍。1973年秋我从黄村干校回厂之后，开始时应谢铁骊之邀帮助剪辑他执导的“样板戏”京剧艺术片《杜鹃山》。后来崔嵬又要我到他担任导演的《红雨》摄制组做剪辑工作，之后作为剪辑又参加了影片《青春似火》的摄制工作。所以，《红雨》和《青春似火》是我在“文革”中剪辑的“惟一”两部故事片。当时允许参加摄制组，似乎是一种“恩典”，是被“解放”的象征；但创作人员又不能摆脱“四人帮”倡导的“三突出”创作原则的桎梏，在政治高压下，依然如临深渊，如履薄冰。通过参加这两部影片的摄制工作，我真切地体会到“文革”中电影创作人员悲愤挣扎的复杂心态，真切地感受到极左思潮对文艺界电影界的摧残毒害。这是我剪辑生涯中一段奇特的经历，有不少经验教训值得铭记。

《红雨》是崔嵬在“文革”中执导的第一部故事片。在此之前，他与陈怀皑联合执导了“样板戏”京剧艺术片《平原作战》。《红雨》是杨啸根据自己的同名小说改编的，描述少年“赤脚医生”红雨为开展农村合作医疗与坏人庸医作斗争的故事。影片编剧杨啸、崔嵬，导演崔嵬，摄影聂晶、邹积勋，美术俞翼如，录音张家克，制片主任杜子。我任剪辑，兼做一些剧务工作。协助崔嵬执导的有副导演和场记许雷、李洪生等人，意在培养后进。1974年我随摄制组到外景地河南辉县，得到当地党政领导和社员群众的大力支持，拍摄工作进行得很顺利。作为剪辑，我参与了全程拍摄，将样片寄回北京洗印，然后到新乡火车站接洗印好的样片，在辉县进行初剪。由于兼做剧务工作，还要自己到新乡车站接运胶片、机器和相关器材，为剧组人员购买火车票等，经常往返于辉县和新乡之间。经过批判“文艺黑线”，反对“导演中心”、“专家路线”，提倡政治挂帅，摄制组内似乎人人平等团结奋战，实际上是艺术创作的份内之事没人敢干，而不该干不必干的“突出政治”的事却干了不少。不过，在当时的环境气氛中，大家对此都不便多说。

内外景拍完之后，按照分镜头剧本将样片接起来一看，感到拍摄时失误颇多，问题严重。有的镜头呆滞拘束，不生动，少灵气；而有的镜头又随意性太强，不顾剧情，不讲章法；有的段落镜头拍得过长，实际上使用不了；而有的段落又缺少镜头，剧情发展连接不上；有的镜头拍得太实、太死；而有的镜头又拍得太虚太假，一眼看去就感到不真实。山川景色拍得很美，令人赞叹；人物形象却很一般，难以留下印象。应该说，像崔嵬这样杰出的导演艺术家，像聂晶这样高超的摄影师，是不应该出现这些失误的，使我都感到不解和惊讶。这只能从“文革”的政治高压、极左思潮的毒害、“三突出”创造原则的束缚和当时创作人员惶恐、扭曲的创作心态得到解释。面对这种情况，我只能尽量发挥剪辑的功能和技巧，努力为之补救，使剧情发展大致合情合理，争取做到生动流畅。《红雨》一片失误甚多，在此，仅以“巨石飞滚”和主题歌“赤脚医生向阳花”两段戏为例，说明我是如何运用剪辑手法做出相应的艺术处理，排除疑难，理顺剧情发展的。

“巨石飞滚”一场戏，描绘了红雨从飞落的巨石下抢救老焕叔的英雄行为。原来拍了几条巨石飞滚的素材，长达一千余英尺，但因为巨石的外部形状、滚动速度、山坡背景、拍摄角度都不一样，所以难以采用。不得已，请特技车间制作了“巨石飞滚”的特技镜头，放映出来一看，好似卡通动画，不像样，否定不能用。同时，对“巨石飞滚”的险象也缺乏他人的反应镜头，只拍了一个老焕叔夫妇的反应镜头，视线方向还不对。整个劳动工地场面也拍得杂乱无章，没有与“巨石飞滚”这一坏人有意制造事故进行破坏有机地联系起来。之所以出现这么多不应该有的失误，是因为拍摄前缺乏周密的设计，拍摄时掉以轻心，而这又与创作人员的复杂心态和多年的技艺荒疏有关。“巨石飞滚”一场戏的状况大家都不满意，成了剧情顺畅发展的“老大难”，崔嵬、聂晶都希望通过剪辑打掉这只“拦路虎”。我通过认真考虑，反复观看所有素材，多次尝试，进行了以下几个方面的艺术处理：

（一）重做特技。我建议崔嵬选用一处适宜的山坡为背景，拍摄一千英尺真石头飞滚下山的镜头；再用“海波罗”（一种泡沫塑料）按照真石头的形状做成假巨石，以原来拍摄滚动真石头的山坡为背景，推其下坡，拍摄它的近景、特写镜头。崔嵬接受了我的意见，请特技车间按照我的设计拍摄了两组真假巨石飞滚的镜头。我将真、假巨石形状、速度、背景、角度相同相似的镜头挑选出来，混合交叉组接起来一看，效果良好，比较真实、生动地表现出“巨石飞滚”的过程，而且有了激烈惊险的效果。

（二）插接反应镜头。“巨石飞滚”的过程不能无限地拉长扩大，必须插入反应镜头予以间隔，才能使时空合理，才能恰当地表现红雨“排险救人”的壮举，否则便会失真。原始素材中，红雨是从画外跳入帮助老焕叔躲进石崖下，稍等片刻之后，巨石才滚下来（全景推中近景），显得不惊险，不紧张。我根据原镜头的动作、造型和景别变化，从特技镜头的素材中挑选出动感强、造型好、景别合理的巨石画面，将红雨推老焕叔躲避巨石的镜头一剪二用：在红雨跳入镜头的全景画面推老焕叔躲进石崖下之处剪开，插接巨石飞落的中近景的特技镜头（10 格）；然后再接回原镜头的后半部分巨石落下，使这一情节的开展显得更为紧迫逼真。同时，在巨石飞滚的过程中，多次插入书记、队长和社员们的反应镜头，使时空关系合理，气氛紧张惊险，情节开展顺畅。而这些反应镜头原来都没有拍摄，是我从片中其他段落借用过来，加以剪辑处理，插接进去，起到了很好的作用。

（三）运用“错觉法”。在这场戏中，巨石从山上滚下，众人呼叫老焕叔躲避。老焕叔的视线动作是从左向右看，老焕叔妻子的视线动作应该是从右向左看，以便呼应。但由于现场拍摄的差错，两个人的视线动作是同一个方向，极不合理，给剧情的顺畅开展带来了阻碍。我仔细研究了素材，决定利用景别的大小和动作的相似等因素，造成观众的错觉，获得动作呼应连贯的感觉。因为老焕叔妻子的呼喊镜头是个大特写（没有背景），加之这个镜头前后出现的石匠爷、庆林支书等人的呼喊镜头，都有着动作快、镜头短、景别大等相似之处，插接在一起，观众就会在短促、紧张的气氛中，在石匠爷、庆林支书惊慌地从右向左的视线动作支配下，产生一种错觉，认为老焕叔妻子也在向左呼喊。这样，运用剪辑的“错觉法”使老焕叔夫妻的视线呼应、动作连贯，弥补了现场拍摄时的失误。

（四）使用短镜头。我将“滚石”和反应镜头都剪短使用，以形成急促、紧张的气氛和节奏。本打算将镜头分别剪短到五、六、七画格，但调光师说一个镜头的长度不能少于八个画格，否则难以配光，画面色彩和宽容度会不协调一致。于是，我在“巨石飞滚”的一千余英尺的素材中，仅用了 7 英尺共 6 个片断动作，分为六个蒙太奇镜头（最短镜头的长度为 16 个画格）使用。这样，通过一组短镜头的快速剪辑和插接一个十格特技飞石镜头，使剧情进展与人物、景物动作有机地联系在一起，突出了主要人物，渲染了环境气氛，造成了强烈的悬念和鲜明的节奏感。

经过这些剪辑处理，造型、时空、动作三大因素有机结合，弥补了拍摄时的失误，收到了节奏紧张激烈、动作贯穿逼真的艺术效果。崔嵬、聂晶都很满意，连声叫好。

影片中主题歌“赤脚医生向阳花”一场戏，是以红雨和伙伴小顺子上山采药的画面配以主题歌的歌唱，表现红雨等赤脚医生健康向上的精神风貌。红雨进山采药一段戏，聂晶拍了二千英尺，风光、景色拍得很美。可是，主题歌的曲调长度却比较短，难以对应匹配，至使声画结合遇到极大困难。当时，影片《红雨》已是最后剪辑的过程中，由于主题歌尚未编辑确定，无法进行影片的分本、混录、套底工作，直接影响到整个出片制作和上映日期。为此，我特地同崔嵬商议主题歌的组接问题，并且按照导演原有设计、结合音乐声带进行了编剪，并通过银幕检验效果。崔嵬看后极不满意，认为拍的镜头和人物、景物等素材虽然多，但歌唱音乐声带太短(3 分钟＝270 英尺)，不能容纳他想要用的画面素材。于是导演要求重新写词，重新作曲，重录主题歌。这在时间紧迫的情况下，是很难实现的。我向崔嵬提出还是保留现有的主题歌音乐，我尝试用剪辑手法解决这一难题。崔嵬对此似乎有些怀疑，不过还是答应让我抓紧时间试一试。

我在处理这个难题时，首先考虑的是结构。这场戏的规定情景是描写红雨跋山涉水采集草药“望天擎”，因此剪辑处理这段戏的整个结构，是以红雨由山下爬上山为线索，分三个台阶(即三个层次)展现采药过程，目的是要突出人物，表现采药的艰辛。有了结构的基本框架，再来看素材就有了取舍的准绳。我大刀阔斧地进行删剪，利用电影的特性，保留了人物的主要动作，使时间空间大大地压缩。比如红雨在山洞里的一段，共 4 个镜头，从进洞到出洞英尺数很长。我将这 4 个镜头的精华部分都保留了，但压缩了时空，一下子删去了一倍以上的长度。

《红雨》主题歌这场戏的具体处理，比较典型地体现了非对(口)型歌唱场景剪辑的特点。比如主题歌的开头，是一段前奏音乐，其中有一个明显的旋律变换之处，我从《卫生战士》影片资料中借用了一个黄山的远景运动镜头，意在勾勒出一个山区的面貌，为“跋山涉水”做铺垫。而这个镜头先摇后推，镜头运动的转换与音乐旋律的变换进行了有机的组接。编剪的效果是音乐旋律一变换，镜头运动也随着由横摇转为推进，十分吻合，仿佛事先就设计好的。前奏音乐一完，歌唱的第一句出现“赤脚医生向阳花……”我在这里适时地转换了镜头，选用了红雨和小顺子上山采药路经山脚下的一个由全景摇拉出远景的运动镜头。这是根据两点选择的：一是不对型的唱词是“赤脚医生……”和主体人物位置——红雨、小顺子两个赤脚医生正好可以相互呼应；二是从造型因素的特征看，是镜头“动接动”，上一个镜头(黄山)在推的运动中切，接下来这个镜头(红雨、小顺子上山)也是在拉摇的运动之中，无跳跃突兀之感。在唱完一句完整的唱词“赤脚医生向阳花，贫下中农人人夸”后，随着下一句唱词的开始，转换为“红雨与小顺子跨过山沟瀑布”的镜头。这个镜头，是我在众多杂乱无章的素材中经过多次比较、分析挑选出来的。这前后两个镜头的连接，既表现主人公已经爬了一定的高度，又展现了跋山涉水的艰辛。红雨、小顺子路经山脚下的镜头，是由摇拉成固定性远景，由动变静；红雨、小顺子跨过山沟瀑布的镜头，起幅是一个固定性的中景，然后才拉至全景成远景；所以，上下镜头的衔接是“静接静”。而从主体人物、景物关系来说则是“动接动”：上一镜头里的人物是走动的，水是从上向下流的；下一个镜头里的人物和瀑布也都是处在运动中。从景物来说是山接山，水接水，显得自然顺畅。由于充分考虑了上下镜头在结构中的关系，合理处理了镜头、人物、景物的衔接，虽然大量压缩了时空（二千英尺的素材只用了 270 英尺，共 14 个镜头），但最后组接起来的镜头却动作流畅，画面人物贯穿，做到了声画密切配合，总算解决了这一大难题。

经过重新结构和组接以后，我请崔嵬导演观看审查。崔嵬有些勉强地和我一同观看了这一段样片后，长时间不说话，思考良久，这搞得我颇为紧张，不知他是否认可。突然，他拍了一下桌子，惊喜地说：“太好了！这可解决了大难题！叫许雷、李洪生来，这么好的观摩学习机会，他们都不来看。赶快叫他们来看，多看几遍，会学到不少东西。”这表明崔嵬十分满意这场戏的剪辑处理，以致在后来还曾多次对人提及。

经过这一番在原来拍摄基础上的修补、加工、处理，影片还算看得下去。比较当时拍摄的一些反映现实生活的故事片，相对来说还是比较好的。不过，作为同是反映少年儿童生活、塑造少年英雄形象的影片，《红雨》却与“文革”前拍摄的《小兵张嘎》相差太远，两者简直不能相提并论。同样是崔嵬执导，同样是包括聂晶在内的强大的摄制班子，为什么会出现如此巨大的反差？这一严峻的现实问题，不能不引起我的深入思索。

1975 年，我又担任了影片《青春似火》的剪辑。该片系工业题材，导演董克娜。我随摄制组到安徽马鞍山外景地参与拍摄工作，由于在摄制过程中产生了一些矛盾，剪辑工作进行得不大顺利。除了个人性格上的问题之外，主要还是我“觉悟不高”难以适应“三突出”创作原则的要求。影片拍摄下来，素材一大堆，接起来一看，问题甚多，内容、性质、程度与《红雨》相似，从画面质量看甚至还远逊于《红雨》。虽然有个人看法，我还是尊从导演意图，努力将片子剪好。但不论我用多大力气来补救、加工、修饰，影片的基础不行，基调有误，再修改也跳不出“三突出”的窠臼和模式，艺术效果可想而知，上映后几乎没有什么反响。因此，我认为该片的创作不值一谈，在此从略。

通过剪辑《红雨》和《青春似火》两部影片，我逐渐知道了“三突出的创作原则”是怎么回事。这一“创作原则”是于会泳等在“总结革命样板戏创作经验”时提出来的，内容是“在所有人物中突出正面人物，在正面人物中突出英雄人物，在英雄人物中突出主要英雄人物”，由此又演绎出“三陪衬”、“多侧面”、“多起点”、“多层次”之类的模式，而引申到电影拍摄中又搞出什么“我仰敌俯，我正敌侧，我明敌暗”之类的规则，不一而足，竟控制文艺界近十年之久。我当时对“三突出”的荒谬本质并没有什么深刻认识，还当做革命文艺的金科玉律去盲目学习。但在具体的艺术实践中，在剪辑工作中，又感到行不通，处处碰壁。按“三突出”原则创作出的影片，主人公(所谓主要英雄人物)大都不食人间烟火，苍白平板，形象高大却不生动，缺乏血肉；故事均以阶级斗争为主线，胡编硬造，违背生活现实，难以感人服人；语言也是不说人话，尽是豪言壮语和空话套话。一句话，人物高、大、全，故事假、虚、空，缺乏真、善、美。我当时只是觉得这样搞下去恐怕不行，但又不敢反对，有时还认为是自己觉悟不高水平有限所以对“三突出”缺乏认识。待我真正认识到“三突出”的荒谬本质及其对文艺、电影事业的巨大危害，已是粉碎“四人帮”之后的事了。

33. 粉碎“四人帮”再次得解放

“四人帮”江青等人控制北影，一方面是通过 8341 军宣队“领导”运动，一方面是通过拍摄“样板戏”影片“指导”创作。从 1970 年起，在江青直接安排、干预、操控下，指令谢铁骊、钱江等人组成摄制组，拍摄了《智取威虎山》、《红色娘子军》(舞剧)、《海港》、《龙江颂》、《杜鹃山》等“革命样板戏”影片，在全国各电影厂中数量最多，影响最大。拍摄“样板戏”影片，以江青的“指示”为圭臬，贯彻“三突出”创作原则，不准改动走样，不计拍摄成本，多次重拍，耗资巨大，创作人员动辄得咎，只能战战兢兢地去完成这一“重大政治任务”。由于所谓“样板戏”本来是广大文艺工作者多年努力创作的结晶，加上摄制组仍然努力按照艺术规律和电影特性办事，虽然有着“三突出”的恶劣影响和严重束缚，但这些影片在艺术效果上来说还是不错的。我 1973 年秋从干校回到北影，《杜鹃山》正在进行后期制作，谢铁骊要我去帮忙，我应邀前往剧组看了素材，从剪辑角度提出了一些意见，同该片剪辑齐玉玲一道做了一些修改。其中，有一个下雨闪电打雷的场景，闪电闪过多次，雷声才迟迟到来，声画不同步，显得很不连贯谐调。我用剪辑技巧做了修改，减少电闪和雷鸣之间的间隔时间，轰雷紧随闪电而至，听觉视觉形象俱佳，效果很好。录音师看了剪辑后的这一场景处理，惊讶而带着善意地对我说："嗬，老傅，你真大胆！闪电雷鸣那样安排，是首长(指江青)的指示。你敢做这样的修改，也太胆大了！"我本人虽然认为我修改得对，效果好，被他这么一说，心中也有点紧张了。后来谢铁骊看了，说很好嘛，就这样，出了问题我负责，于是我才放下心来。齐玉玲没有剪过戏曲片，我帮助她将全片修剪了一遍，才算交差。

在拍摄《杜鹃山》之前，谢铁骊已着手将小说《海岛女民兵》改编为电影故事片《海霞》，但因江青指令他执导《杜鹃山》，于是将《海霞》一片交由钱江、陈怀皑、王好为执导，同时还密切关注、指导着该片的拍摄。江青本来对谢铁骊、钱江上书周恩来要求拍摄故事片，和不经她的许可拍摄《海霞》就十分不满，加之《海霞》在改编、拍摄中突破了"三突出"的禁锢，背叛了帮派文艺模式，更是震怒忌恨不已。江青亲自出马，并且通过她的亲信爪牙于会泳、浩亮、刘庆棠等人，发"公开信"，开"座谈会"，上窜下跳，内查外调，对谢铁骊、钱江和《海霞》摄制组进行全面围剿。北影广大职工奋起抵制，围绕《海霞》一事与"四人帮"展开了一场尖锐的斗争。后来，在周恩来、邓小平等老一辈无产阶级革命家的支持下，《海霞》终于胜利上映。但江青一伙并未服输，酝酿着秋后算账。我那时正在搞《红雨》的摄制工作，没有直接参与这场斗争，但有人在批《海霞》时曾来找我调查谢铁骊的"问题"，我以"不知道"一语搪塞应付了过去。

从干校回到北影之后，我先后经历了诸如批"黑线回潮"、批"右倾翻案风"、批林批孔、批《海霞》、批《水浒》、批邓等政治运动，与以往一样，我是能不参与就不参与，躲不过去就勉强参与，跟着"随大流"。我不敢站出来与"四人帮"及其爪牙对着干，但也和北影职工一道抵制他们一伙的倒行逆施。我对谢铁骊、钱江等人遭受打击迫害深表同情，对于会泳、刘庆棠等人的卑劣行径十分反感。我感到在"四人帮"统治下拍摄影片越来越困难，后来竟然要求每部影片都要抓出"还在走的走资派"，都要"反击右倾翻案风"。"四人帮"推行的这一套一方面窒息扼杀了北影艺术创作的生机，一方面又结出了影片《决裂》、《反击》这样的恶果。我虽然在政治运动中"随大流"，但在"四人帮"的极左路线、文化专制和"三突出创作原则"的统治、束缚、控制下，始终处于惊恐、疑虑和无奈之中。当然，我也没有停止思索，因为不少尖锐的现实问题，逼得你不得不问几个"为什么？"

为什么邓小平同志上台没几天又要被打倒?

为什么周总理逝世却千方百计不让人民群众去祭奠?

为什么要镇压天安门广场上清明悼念革命烈士的群众运动?

十月一声雷,揪出“四人帮”,人民庆胜利,文艺得解放。1976年10月,当听到“四人帮”被打倒的喜讯后,我和亲人、同志、同胞们一样,高兴得无以言状。环顾左右,追忆往昔,真有一种获得第二次解放的感觉。“四人帮”的极左路线破产了,他们的文化专制主义统治打掉了,他们套在文艺创作人员身上的种种“左”的枷锁一举粉碎了,北影的电影创作终于迎来了青意盎然的新天地。这个重大的历史转折令我兴奋不已,使我看到了往昔的艰辛,看到了未来的希望。粉碎“四人帮”时,我正好五十一岁。回顾过去的五十余年,有成功幸运,也有曲折坎坷,而最无成就、最不好过的就是“文革”十年,人到中年最应有所作为的年华却成为磋砣岁月如逝水般白白流去,令人扼腕叹息。不过,既然国家、民族、人民有了历史性的大转机,我相信我的后五十年,一定在人生道路和艺术创作上会有一个大变化、大发展、大进步。对此,我充满了信心和期望。

第八本
北影时期(下)

34. 改革开放新时期大展宏图

1976年10月,祸国殃民的“四人帮”被一举粉碎,延续十年之久的“文革”终于结束,北影人和全国人民一道重新获得解放。经过拨乱反正,“四人帮”的文化专制主义和推行的“三突出创作原则”都被扔进了历史的垃圾箱,以“实践是检验真理的唯一标准”为题的大讨论掀起的思想解放运动,使电影艺术家们摆脱了长期以来那些陈旧僵化思想观念的桎梏,精神面貌焕然一新,眼界视野豁然开朗。1978年11月党的十一届三中全会决定实行全面改革开放,开辟了建设有中国特色的社会主义道路,中国从此进入了社会主义现代化建设的新时期,也将人民电影事业带入了一个新天地。1979年10月,“第四次文代会”召开,邓小平在大会的祝词中指明了文艺的性质和任务,确定了文艺为人民服务、为社会主义服务的方向,使广大文艺工作者深受鼓舞。政治、经济、文化各方面的巨大变革,有力地激发了北影艺术家的创作热情,掀起了创作的新高潮,北影的电影创作进入了一个佳片迭出、新人辈出、成就突出的全新阶段。在改革开放的新时期,在北影艺术创作全面提升的新阶段,作为一个经历了两次解放年过五旬的剪辑师,感到前所未有的心情舒畅,精神振奋,意欲全身心地投入电影创作,全方位地推进剪辑艺术的提高和发展。20世纪八九十年代,是我如鱼得水,如鹰翔空,充分施展才智,得以大展宏图的时期,也是我剪辑影视片最多、取得成绩最大、涉猎领域最广、剪辑技艺最为成熟的时期。这二十年,可以说是我剪辑艺术创作的高峰期,是我剪辑人生的华彩篇章。这一方面是由于改革开放新时期社会经济飞速发展,“两为”、“双百”文艺方针得到贯彻,营造出一个宽松适宜充满生机的艺术创作环境;另一方面也是由于我有了从昆仑到北影长期剪辑实践的艺术积累,有了解放前后和“文革”之中从事电影创作的正反两个方面的经验教训;加上党的知识分子政策的全面落实,尊重科学艺术、尊重人才的社会风尚日渐形成，从而极大地激发了我的创作积极性，“解放”了我的创作“生产力”的结果。在新时期的二十多年中，我工作顺利，事业有成，小有著述，屡获奖励，生活愉快，家庭幸福，实为改革开放时代和党的正确文艺政策所赐，也是北影和影视界同仁引导、帮助和大力支持的结果，当然也与自己的奋发苦干、努力进取分不开。从这里，也可清楚地看出一个人的遭际，是与国家、民族的命运紧密相关的。我以自己的后半生能在改革开放的新时代工作生活而庆幸，中国空前地发展壮大了，我的剪辑生涯也进入了一个绚丽多彩、收获丰富的新时期。

从“文革”后剪辑的第一部影片《黑三角》(1978 年上映)，到 1999 年剪辑的最后一部故事片《李知凡太太》，新时期二十多年间，我剪辑和指导剪辑了二十余部影片。在北影剪辑了 7 部影片，其中有新中国第一部武打片《神秘的大佛》，获奖影片《伤逝》、《知音》等。同时，多次受兄弟厂邀请，剪辑和指导剪辑了《幽灵》、《劫持》、《不当演员的姑娘》、《夜盗珍妃墓》、《风流乾隆》、《弹道无痕》、《大漠歼匪》、《猫咪小贝》等十余部影片。这其中，不仅有故事片、戏曲片，还有我以前未曾剪辑过的武打片、军旅片、动画片。在充分运用、发挥三十多年剪辑实践经验的同时，努力学习、掌握新的电影剪辑的理念、方法和技巧(如“跳切”之类的无附加技巧剪辑)，力图用创造性的思维和手法从事影片的剪辑，或使一些影片起死回生，或为一些影片增光添彩，取得了可喜的成就。为了表彰我在影片《伤逝》、《知音》的剪辑中取得的成绩，1982 年获得第二届中国电影“金鸡奖”最佳剪辑奖，有幸成为国内获此殊荣的第一人。这是对我多年来从事剪辑工作的褒奖和肯定，也是对电影剪辑工作者的勖勉和激励，其意义不仅局限于我个人获得荣誉。“金鸡奖”最佳剪辑奖的获得，是我剪辑生涯的成功标志，心中自然十分欣慰和高兴。获奖之时，我不但回忆起个人的奋斗历程，同时也想到了培养、教导、帮助我的师长亲友们。获此大奖，全靠群力相帮加上个人努力，真是来之不易！

进入 20 世纪 80 年代，电视在国内迅速普及，成为覆盖面最广的大众传播媒体，为声画艺术拓展出新天地，电影剪辑也扩展为影视剪辑，剪辑进入了电视艺术这一新的领域。应中央和地方各电视台、电视制作单位的邀请，从 1984 年剪辑电视连续剧《诸葛亮》起，到 2002 年剪辑系列电视动画片《哪吒传奇》止，近二十年间我剪辑和指导剪辑或作为剪辑顾问的电视片共 500 多集(部)，其中大部分为电视剧片，也有不少电视专题片、栏目片、戏曲片、动画片和教学片。在各类电视片的剪辑过程中，我充分运用电影剪辑的各种技巧和成熟经验，结合电视艺术技术的特点，探索影视剪辑的新途径、新方法、新手段，取得了可观的成效，促成了多部电视片的制作。特别是我剪辑的许多优秀之作，如《四世同堂》、《郑和下西洋》、《女人不是月亮》、《狄仁杰断案传奇》、《苏娅的故事》、《红楼梦》、《三国演义》、《哪吒传奇》等，都得到了多种重大奖项。而1991年我剪辑的三部电视剧《焦裕禄》、《铁市长》和《特殊连队》同时获奖，引起了广泛的关注。1986年，由于剪辑大型电视连续剧《红楼梦》的成功，荣获第七届全国优秀电视剧"飞天奖"优秀剪辑奖。这样，我成为影视界第一位荣膺"金鸡"、"飞天"双奖的得主。"飞天奖"优秀剪辑奖的获得，不但是对我剪辑电视片成绩的肯定和褒扬，同时也说明剪辑在电视片制作中已取得重要地位，影视剪辑已进入到一个崭新的前景无比广阔美妙的新阶段。

在剪辑大量影视片的同时，为了总结经验，进行理论探索，我在师长亲友的帮助下，撰写了不少文章，出版了几部著作，参与艺术探讨，开展学术交流。从1980年起，我先后在《电影技术》、《电影评介》、《大众电影》、《电影艺术》、《中外电视》等专业杂志发表了《电影剪辑》、《电影蒙太奇》、《中国电影剪辑小史》、《影视剪辑特性初探》等文章。1985年，我参加了中国电影出版社主持编纂的《电影艺术词典》"剪辑"辞条的撰写，担任词书的编委和剪辑分科主编；到2005年，又参与了该词典的修订。九十年代之后，我接连撰写出版了《实用影视剪辑技巧》(1994年)、《电影电视剪辑学》(1997年)和《影视剪辑编辑艺术》(2003年)三部专著，希望能将自己的创作经验与探索分享给业内人士。这些书出版后颇受欢迎，有的再版发行，有的列为一些艺术院校的专业教科书或参考书。此外，继主持编写了《实用影视艺术丛书》(共八册)之后，我又主持编撰了《影视艺术基础丛书》(共十册)，目前，这部丛书的编写工作正在顺利进行之中。

为了普及影视剪辑艺术的基本知识，传授影视剪辑的手法技巧，培养专业人才，我被聘为北京电影学院、北京广播学院(中国传媒大学)、北京师范大学、四川师范大学、上海大学、江汉大学等院校的兼职教授和客座教授，应邀到北京和国内一些省市的大专院校、电影厂、电视台、培训班、专修班、研究生班、影视基地和制作单位去开课讲授，主要讲授影视剪辑艺术的理论、方法和技巧，结合剪辑实例进行课堂演练，形象具体，简明实用，受到师生好评。这类教学活动，从1977年一直持续到2005年，每年授课至少上百学时。通过课堂讲授，我深切地了解到青年学子对影视艺术的看法和要求，启发我研究探索剪辑艺术的新课题新手法，促使我将自己的剪辑实践经验总结提高，确实起到了教学相长、互为促进的作用。通过授课、我带领学生们剪片，指导操作，言传身教培养出大批影视剪辑专业人才，他们之中的不少人已成为影视剪辑的业务骨干和专家，和我一样，为推动我国的影视剪辑艺术跃上一个新的台阶而甘当一块稳固的奠基石。

1981年初，中国电影剪辑学会成立，这是剪辑界的一桩大事。我和上影的韦纯葆，实际上是筹建学会的发起人和组织者。我们联络北影、上影、长影、八一和新影等厂的剪辑专家，召开了多次筹备会议，得到了文化部、电影局和中国文联、电影家协会的支持。1980年11月至12月召开了中国电影剪辑学会成立大会。我在会上被推举为剪辑学会首任会长。中国电影剪辑学会的成立，对于加强剪辑队伍的团结和建设，提高剪辑艺术的水平和地位，都起到了很好的作用。剪辑学会与有关单位合作，举办了"全国电影电视剪辑学习班"（1982年），"全国电影电视剪辑进修班"（1983年）和"全国电影剪辑读书会"（1984年），开展艺术讨论，进行学术交流，着重从理论上提高剪辑人员的业务水平和艺术素养，收到了显著的成效，引起影视界各方面的强烈关注。之后，学会还多次开展了类似的学术活动和评奖活动，都获得很好的效果。学会成立后不久，就陆续接纳了不少电视剪辑、编辑参加，壮大了剪辑队伍，扩展了学会活动的内容。电影剪辑学会是影视界成立较早的专业学会，也是公认的业务活动开展得较好的学会，曾多次受到各级领导的表扬，也得到影视界内外人士的认可。1987年学会换届选举，我继续担任会长。到2000年第三届学会理事会改选，我被推选为名誉会长，从此不再负责学会的日常工作，不过我还是关心和参与学会举办的各种活动。

作为一名剪辑师，我的人生追求就是干好自己的专业，不畏辛苦，精益求精，看到一部又一部精品从我手中诞生，是我最大的满足和回报。或许是"天道酬勤"，党和人民反而给了我更多的荣誉。作为影协会员，我被推选为中国电影家协会第四届（1984至1987年）、第五届（1988年至1992年）理事，曾任影协主办的第14届"金鸡奖"评委会评委（1994年），还多次到深圳、武汉、南宁、重庆、长沙等地参加"金鸡奖"、"百花奖"的颁奖典礼。我还是中国电影基金会第一、第二、第三届理事和名誉理事，参加了基金会的各项活动并为其募捐。2000年，中国电影电视技术学会选举我为第四届理事会理事，参加各种影视剪辑的技术交流。1988年，我被聘任为广播电影电视部首届"电影艺术"专业高级职务评审委员会委员，兼办公室主任，之后多次参加了电影艺术专业高级职称的评审。"文革"前，我就是北影厂技术委员会成员，"文革"后，我又多次被北影厂和中国电影集团公司聘为艺术委员会委员，参与影片创作的筹划和咨询，审看剧本和影片，至今还未卸肩。在电视方面，1987 年、1988 年我连续被聘为第七届、第八届全国优秀电视剧“飞天奖”评委会委员，多次参加其评选和颁奖活动。之后，我被聘为首届“录像带”奖(1989 年)、第四届和第五届全国优秀电视广告“印象杯”奖(1989 年、1990 年)、海峡两岸电视广告作品展(1991 年)、全国总工会电教中心劳模电视片优秀作品奖(1995 年)、中国人口文化促进会影视评奖(1996)、中国影视数码剪辑大赛(2003 年)等奖项和赛事的评选(评审)委员会委员。在此期间，我被深圳大学影视艺术系、厦门大学新闻传媒系、北京师范大学艺术系、北京电影学院、北京广播学院、中央戏剧学院、上海大学影视艺术与技术学院、川师大影视艺术学院、江汉大学电教中心、北师大艺术与传媒学院、名人影视艺校、北京中电高科技电视发展公司培训部、中国电影艺术研究中心等大专院校、影视单位聘任为授课教授、兼职教授、客座教授，还担任了中国铁路闭路电视技术开发公司、深圳影业公司对外制作部、辽宁电视剧制作中心、四川嘉陵江电视制作中心、河北电影制片厂、北京方舟文化艺术社、湖北电影制片厂、北京红日摄影艺术公司、温州市国际影视公司、湖北省大学生影视评论学会、中国《水浒》学会、香港群星影业公司、内蒙古小白马广告公司等影视制作、文化团体的艺术顾问或艺术总监。1990 年，我被聘任为中国科技经营管理大学电影电视艺术学院副院长兼影视剪辑专业主任，分管教学工作。就个人而言，1990 年 6 月，经广电部高级职务评委会评定为国家“一级电影剪辑师”；1992 年 10 月，享受国务院颁发的“政府特殊津贴”；二者皆发有证书，享受相应的待遇。1985 年 12 月，当选为北京市统战系统“为四化服务先进个人”；1997 年 10 月，被评为广电部“老有所为先进个人”；2002 年 8 月，中国电影电视技术学会授予“资深会员荣誉称号”；这些奖项均为评选而出。得到这些待遇、奖励和各类荣誉，使我深感义务和责任的重大。在一定意义上说，这也是我剪辑人生中的亮点和标识，对此我感到欣慰和振奋。

八十年代，在我的人生旅途上发生了两件大事，那就是先后加入了民盟和共产党。1983 年 5 月 5 日，经北影民盟支部负责人董乾芳介绍，我加入了中国民主同盟。不久，北京市民盟文化委员会重组，徐步(中央戏剧学院教授)任主任，我和吴坚(新影资深编辑)任副主任。市盟文委开展了多项文化艺术活动，其中一项，是由徐步、吴坚和我组织了长篇电视连续剧《吴晗》的拍摄，几经周折，终于在北京电视台摄制完成。后来，我和吴坚还担任了民盟中央文化委员会委员。1990 年 10 月，我参加了民盟全国代表大会。从 1984 年起，我担任北影民盟支部主委，陆续发展了樊淑棣、李媛媛、梁晓

邀请北京市民盟委员会负责人参加北影民盟支部活动。后排左四为吴坚，前排右二为傅正义

声等十几位新盟员，直到1990年张祖诚接任支部主委。1985年10月17日，经周铁生、邵养珍介绍，我光荣地加入了中国共产党。同时入党的还有陈怀皑、项堃等“高级知识分子”。经过入党宣誓，我成为预备党员，一年后转正，编入北影录剪支部。这样，我成为具有中共党员和民盟盟员双重身份的影视工作者。加入中国共产党，是我多年的热切愿望，“文革”前我就曾多次提出入党申请，现在终于实现夙愿，心中万分高兴，同时也意识到自己从此肩负起更为重大的责任，决心竭尽全力为共产主义事业奋斗终身。

改革开放以来，我不但在工作上进展顺利，宏图大展；家庭生活也兴旺和谐，幸福美满。夫人万秀明1956年随我到北影后，先在摄影车间当办事员，后调到生产技术办公室工作。她勤勉积极，朴实正派，1961年加入了中国共产党。“文革”后，调北影厂办公室工作，直到1986年退休。她不愧为我的贤内助，我的成功与她的全力支持、照顾、操劳分不开，尤其是在“三年困难时期”、“文革”之中，全靠她支撑着这个家。改革开放后，家庭收入日益宽裕，子辈茁壮成长事业有成，她才得以过上幸福的生活。“文革”中在陕西黄陵县农村插队的大儿子傅国亮，劳动数年，入了党，当上公社书记，后来调到陕西省人事局工作。恢复高考时，考入陕西师范大学政教系，毕业后分配到国家教委工作，后被提拔为基础教育司副司长，后调任《人民教育》杂志、《中国民族教育》杂志主编，现为教育部国家督学。二儿子傅国保，1968年到内蒙阿巴嘎旗牧区插队，与一位牧民的姑娘结了婚。后来，经过他自己努力，进入内蒙电视台电视剧部做剪辑工作。九十年代中，他离开了内蒙电视台回到北京成为自由职业者，仍做影视剪辑，评为二级剪辑师，剪辑了不少

傅正义、万秀明夫妇及家人的“全家福”合影

傅正义、万秀明与傅正卿、王毓英夫妇合影

获奖电视剧，成为家中第一个继承我的专业的后代。三儿子傅国强，1968年到陕西延长县农村插队，生活环境特别艰苦。他有感于农民的缺医少药，自学了一些医疗技术，治好了社员的几起疑难杂症，在当地声誉鹊起。后来参军，到兰州空军部队服役。在此期间又自学了中西医结合疗法，复员后到北京护国寺中医医院工作，拜任应秋、关幼波等名医为师，医术大有长进。后又考入北京中医学院，成为有专业文凭的年轻医师。世纪之交，他辞职出国，到南美波利维亚开诊所行医，在当地有了自己的一份家业。女儿傅国春由于腿有残疾，"文革"中免于到农村插队，进北京皮鞋厂当工人。后来"内退"做生意，日子过得也不错。小儿子傅国航从北京电影学院制片系毕业后，先后在中央电视台八频道、三频道做编导和剪辑工作。后来他辞职成为自由职业者，现进入北京中视远图科技有限公司任客户经理，继续开展剪辑和制片业务。看到儿子们都通过自己的努力创下了家业，全家人欢乐团聚，做为家长，我真是万分欣慰。更令人高兴的是，我从事的影视剪辑事业也有两个儿子继承，真是子孙满堂，家业兴盛，后继有人！从我们这个家庭的变化，可以反映出社会的进步，国家的昌盛。我相信，只要我们坚持改革开放的方针，走建设有中国特色的社会主义现代化道路，我们会生活得更加幸福美好，我们的国家会更加繁荣富强。

35. "文革"后剪辑的第一部影片《黑三角》

《黑三角》是北影1977年拍摄、1978年上映的一部反特惊险故事片，也是"文革"后我剪辑的第一部影片，导演刘春霖、陈方千，摄影邹积勋、云文耀。刘春霖是文工团员出身，进北影后当过演员、场记、副导演，为人朴实，对谁都笑容可掬，这是他第一次执导，对导演业务不够熟悉。为了帮助刘春霖，重新走上北影领导岗位的汪洋特地指派陈方千与他联合导演。陈方千，1920年生于北京，早年在广播电台和话剧剧团工作过，1947年考入"中电三厂"当演员，在《天桥》、《十三号凶宅》等多部影片中扮演过角色。解放后，转入北影厂，参加了影片《走向新中国》、《英雄司机》、《六号门》、《新儿女英雄传》的演出。之后，他主动要求学习导演业务，先后担任影片《探亲记》、《红旗谱》的副导演。从1960年起，他和谢添联合导演了《洪湖赤卫队》、《为了六十一个阶级弟兄》、《锦上添花》、《花儿朵朵》、《小铃铛》、《春暖花开》等影片，二人配合默契，在北影传为佳话。陈方千多才多艺，在写作、绘画、书法、音乐、戏曲等方面均有所长，为人热诚风趣，很好共事合作。不过，大概由于是演员出身，兴趣广泛，虽然与谢添合作执导影片多部，但在结构处理、镜头连接、节奏掌握等方面还不够熟练。摄影邹积勋、云文耀是北影的后起之秀，但由于“文革”十年的耽搁，也有些手生技拙之感。陈方千、邹积勋、云文耀和我参加摄制组，是汪洋的安排，目的是加强这个摄制班子，拍好“文革”后北影第一部反特惊险片。当时，八一厂拍了一部反特惊险片《猎字99号》，受到广泛好评。当时的文化部部长黄镇对汪洋说，北影也要拍出这样的好片子呀！汪洋从文化部回来，就让摄制组和全厂人员观看影片《猎字99号》，要求《黑三角》一定要赶上或超过《猎字99号》的艺术水平，这对摄制组是一个重大考验。

在观看影片《猎字99号》时，《黑三角》的内外景已基本拍完。将素材和样片组接起来一看，感到结构松散，镜头零乱，节奏缓慢，失误较多，难以达到影片的质量要求。汪洋看完样片也急了，感到问题严重，要我和云文耀分别拿出剪辑修改方案。我的方案遵循三条原则：一是增强悬念，营造神秘氛围；二是突出惊险，加强紧张节奏；三是力求逼真，增加可信度。重新调整结构，理清线索，大刀阔斧地砍去多余镜头和过场戏，处理好打斗场面和重场戏，尝试用无画面附加技巧的“跳切”手法进行全片剪辑。汪洋采用了我的方案，对我说：“老傅，就按你的方案修改吧！一定要搞好啊！”于是，以我为主，陈方千参加，刘春霖也常来学习观看，开始了对影片的全面修改加工。云文耀对剪辑艺术很感兴趣，特别积极参与修改工作，不时提出问题和意见，学到了不少剪辑的手法和技巧。

在影片《黑三角》的剪辑中，我首先突出主线，修理旁枝，加强重场戏，多用短镜头，大力删减繁冗镜头。例如，有两个“特务看信”的相连镜头长120英尺，我只用了16英尺。全片原来是十二大本，1小时50多分钟，经过剪辑，上映时全片为九本，1小时20多分钟，还不到一般故事片的90分钟长度。同时，运用“一剪多用”、“分剪插接”、“适度挖剪”等手法增强其镜头组接的联系性、连续性、合理性，收到了较好的效果。下面仅举数例予以说明。

（一）“公安人员卢德庆监视特务孙福”一场戏的剪辑处理。原来是卢德庆在街道旁树林中监视孙福的一个镜头，和孙福在人行道上行走前往电器行接头的全景、近景、脚的特写和带水晶墨镜的面部大特写四个镜头，互不关联，镜头组接缺乏连续性，公安人员“监视”特务的戏变成了特务“接头”的戏，不利于剧情的开展和人物心理活动的描绘。我将孙福的面部大特写和脚步特写这两个镜头分别“一剪二用”，交替插接，用以表现孙福的动作和心理活动。这样，原来的5个镜头成为7个镜头。我对这7个镜头重新组接，效果立刻不同。第一个镜头是全景，孙福从远处走来，向观众交待了环境和人物，镜头长短适度。第二个镜头是公安人员卢德庆在树旁监视孙福的活动，中近景。这个镜头是这场戏点题的关键性镜头，必须精心处理。原始素材中的公安人员是从画外走进来到树旁监视，看完后又回头转身出画。如果将这一镜头又进画、又出画地剪辑，那么意思就完全不同了。公安人员进画是无限时空，说明他刚刚到达特务接头地点，而在这之前特务的行动全不知道。看后收回头转身出画又说明公安人员已离开此地，而这以后特务的活动将不在其监视之中。如果是这样，监视的行为和目的就不存在了，情节的进度将发生质的变化，也就谈不上这场戏中心任务的完成。因此，我在实施剪辑时，只让公安人员动一动即在树旁监视(已在画中)，说明他早已在此等候而不是刚到，这之前特务的一切活动都看在眼里。紧接着，公安人员看完后回头一思索不出画即剪，表明他还在监视着没有离开，下面一系列特务的动作都将在公安人员的监控之中。这一处理，主题含意明确，时空结构合理，又合乎剧情发展的需要，避免了可能产生的歧义。接下来的五个镜头都是孙福的动作，从戴着墨镜的大特写，脚步的特写，到近景孙福站定，环视四周，钻入电器行去接头。渲染了人物的心理活动，表现了在我公安人员监视之中的特务行动。这五个镜头的动作衔接，我采用的是在同一空间、人物不出画不进画，本主体接本主体，形体动作的连续性组接的方法，产生了动作连贯、情绪延续、节奏明快的效果。这一例证说明，保持镜头组接的连续性很重要，它关系着剧情发展的逻辑性与合理性。破坏了镜头组接的连续性，就会直接影响剧情的顺利进展，产生间断、延误、停顿的不良后果，使一场戏受到损害甚至导致失败。

（二）“公安人员高杰、石岩调查研究，分析案情”两场戏的镜头组接。这两场戏，原来拍了一些素材，如飞机起飞，飞机舱内，档案室，火车，农村调查，火车站，审讯室，山坡，录音磁带盘等镜头，但显得杂乱零散，彼此缺乏联系，画面单一而不完善，要有机妥贴地组接起来体现这两场戏的主旨十分困难。我建议导演、摄影补拍了一些刻画人物的特写镜头和描绘景物的特写镜头，如高杰听录音的特写，石岩听录音的特写，火车轮的特写，烟灰缸的特写等等。然后，以“深入调查”和“分析研究”案情为主线，选择利用原有的和补拍的镜头，调整顺序，采用分剪插接的处理方法，按照情节进度的逻辑和飞机、火车运行的方向，同公安人员的调查及犯人供词的内容结合起来，以内部贯穿动作的联系性进行组接。也就是在情节进展合理、人物关系明确、时空安排得当的基础上，结合画面造型因素，有机地进行镜头组接。这里着重强调的是镜头组接的内在逻辑和戏剧动作的内在联系，运用得当，能起到衬托人物、渲染情绪、压缩时空和增强观众心理节奏的作用，也与镜头语言的逻辑性直接相关。镜头组接的联系性受到破坏，对刻画人物、表达情绪、处理时空关系都会带来负面影响。导演、摄影和剪辑，都要充分重视镜头组接的逻辑性。可以说，一部缺乏艺术逻辑性（外部逻辑和内在逻辑）的影片，肯定是失败之作；而在镜头组接时缺乏逻辑性观念和手段的剪辑，也只能是粗放型的不入流的剪辑。

（三）“水鬼偷渡”一场戏的剪辑。这场戏原来由两个镜头组成：

①水鬼从海里爬出来进入山洞换衣服，走出山洞后在礁石旁观察，缩回头整理衣服后溜掉。

②我巡逻兵迎面沿树林山丘小道走来，经过拐弯处下山走去。

这两个镜头都是完整的镜头，如果将两个镜头连接起来也可以，但画面单一，你看你的（水鬼），我走我的（巡逻兵），缺乏联系，更无节奏感，不能激起观众的紧张情绪。我考虑再三，决定运用分剪技法，将这两个镜头剪成四个镜头使用：

①水鬼从海里爬出来进入山洞换衣服，走出山洞后在礁石旁观察（看定后剪）。

②巡逻兵从远处树林山丘小道走来，走到拐弯前剪掉。

③水鬼缩回头，整理换上的中山装后溜掉。

④巡逻兵沿山丘小道拐弯后下山走去。

原来两个镜头的组接，只能说是起到一般的交待环境和介绍人物的作用；而现在进行分剪插接后的银幕效果，首先给观众造成一种紧张感，一种悬念，让观众和剧中人（水鬼）同时看到我巡逻兵的出现，却不让巡逻兵看到水鬼的行动。这样，戏剧悬念就产生了，观众知道了真相，而另一组剧中人（巡逻兵）却毫无察觉。这时的观众心理是巡逻兵一定会发现水鬼的，但情节的进展却恰恰相反，水鬼溜掉了，巡逻兵从另一条路走了，使观众紧张、期待的心理产生了遗憾。同时，又促使观众急于了解水鬼下一步如何行动，这就是分剪插接所产生的戏剧效果。

要着重指出的是，分剪插接时要特别注意镜头组接的时空合理问题。水鬼镜头与巡逻兵的镜头都为“一剪二用”，并以这四个镜头相互交叉组接。当第②个镜头与第③个镜头相接时，水鬼的动作就不能从第①个镜头看定后处接着剪用，而应从水鬼缩回头这个动作用起。因为，第②个镜头巡逻兵走来所占用的时间就是水鬼观察的时间。如果第③个镜头仍从第①个镜头水鬼看定后处剪用，就会出现动作重复，时空不合理。同样的道理，第③个镜头与第④个镜头相接时，第④个镜头巡逻兵再走来时也不能从第②个镜头的结束时剪用。因为，第③个镜头水鬼缩回头、整理中山装溜掉的动作所占用的时间就是巡逻兵经过拐弯处所用的时间。这样进行剪辑处理，就有了合理的时空。否则，动作重复，时空重迭，节奏也就无从谈起，更不会产生良好的戏剧效果。

（四）“特务于黄氏回屋上楼审视养女于秋兰”一组镜头的剪辑处理。原来这组镜头，由秋兰在房中寻找特务接头暗号“黑三角”的一个中景镜头，和于黄氏从街上回屋上楼进房审视秋兰四个镜头组成，秋兰的动作与于黄氏的活动互不相关，各行其事，缺乏联系，没有戏剧性，不能给观众造成紧张感。经过考虑，我将秋兰寻找“黑三角”的镜头“一剪三用”，分别插接在于黄氏上楼镜头（“一剪二用”）的前、中、后，使这组镜头由原来的 5 个变成 8 个，将秋兰的“急切寻找”与于黄氏的“回屋审视”在时空关系上联系起来，随着于黄氏上楼的脚步声，使观众为秋兰的安全而愈加担心。这场戏经过分剪插接的处理之后，剧情立刻发生了有益的变化，使原来单一而缺乏联系的镜头在情节进度、剧情悬念、人物刻画、节奏安排上更富有戏剧性，观众紧张的心情随着人物的动作一直紧绷着，使这场戏更有吸引力。同样，这场戏的分

《黑三角》剧照

剪插接也要注意时空的合理性。如于黄氏上楼的镜头“一剪二用”，当第二次再用时，就不能从第一次的结尾处用起。这是因为，在第一次运用的结尾处插接了房里秋兰的动作，而这个动作所占用的时间就是于黄氏上楼动作的一段时间。因此，时空分配在分剪插接中是很重要的一个问题。由于把一个镜头分成两个以上的镜头使用，组接时，必须将中间插接进去的动作时空算进去，将原来镜头内的重复动作剪去。不然，画面都从头用起，动作重复，时空拉大，节奏拖沓，缺乏真实感，就难以达到分剪插接的目的了。

这场戏的剪辑总的来说是成功的，但也有遗憾之处。比如秋兰寻找观看“黑三角”的中景镜头“一剪三用”，虽然加强了戏剧性，但由于景别、角度、方向一直未变，表现力也就相应地有所减弱。这是在拍摄时考虑不周、处理不当的失误，如果秋兰这个人物有近景、特写，或“黑三角”有特写的镜头，那么，这场戏的悬念和感染力将更加强烈。

（五）“特务郎三与猫头鹰、石岩打斗”一场戏的剪辑。这一武打场面原来所拍素材不少，但是冗杂散乱，缺少层次，不少地方还有失真之感。我经过反复比较、尝试，最后通过调整镜头顺序、控制镜头长度、采用武打动作的适度挖剪和人物动作的分剪多用，保证了时空关系、情节发展和动作展示的合理性，从而使武打场面更逼真，增强了惊险激烈的气氛和节奏感。

（六）“跟踪追车”一场戏的剪辑处理。这场戏表现的是公安人员石岩、卢德庆驱车追踪中毒后开车逃窜的特务孙福的过程。由于对这场戏缺乏严谨的构思和设计，戏用镜头比较零乱，表现人物关系的镜头极少，表现车子行驶的主观镜头也不够，车子晃动镜头幅度不大，三个人物的形象、动作都不突出。为改变这种状况，我对这场戏重新调整结构，反复多次剪辑才告成功。我首先确定画面的方向性，然后在镜头使用时突出“追踪”的特征，注意保持速度感，准确掌握镜头的尺寸。我特别注意“关系性”镜头的使用，将人物的动作、情绪与景别选择、画面造型结合起来处理。大量使用短镜头，长短结合，以营造紧张的气氛、惊险的悬念和强烈的节奏。多次运用分剪插接的技法，以增强主体动作的连续性、时空关系的合理性、人物形象的真实性。这场戏没有一句对话，完全是以视觉形象（动作、景物）的组接来说明问题，收到了预期的艺术效果，改正、弥补了拍摄时的失误和不足。

在影片《黑三角》的剪辑中，我第一次使用了无附加技巧的剪辑手法，即全片不采用任何画面附加技巧（如显、隐、划、化之类的光学技巧）来结构整部影片，而是利用镜头画面直接切出、切入的方法衔接镜头，连接场景，转换时空，使整部影片以无技巧的剪辑方法来进行结构处理。这种方法，一般称之为现代手法(与传统的有附加技巧的剪辑方法相对应),通常又称之为“跳切”。它适应了现代观众尤其是青年人欣赏倾向和审美要求,适于情节惊险、冲突尖锐、节奏明快、情绪激烈的影片,正日益为电影工作者所使用。为了顺应时代潮流,为了增强惊险片的艺术表现力,我大胆尝试使用了这种在当时中国电影界尚属新奇的手法,在剪辑界也算是一个突破。为了实现快节奏,镜头频繁分切,原分镜头 650 个,初剪完成镜头 605 个,重新组接完成后的镜头是 719 个,比原来增加了 114 个;第一次剪辑长度为 10350 英尺,1 小时 55 分,重新编剪完成长度为 8370 英尺,剪去 1980 英尺;镜头短了,数量多了,从而大大加快了镜头的运动速度和影片的整体节奏。获得了使用传统的有附加技巧剪辑难以达到的艺术效果。

经过以上的剪辑艺术处理,《黑三角》的完成片基本达到了镜头衔接流畅,场景转换自然,段落构成合理,节奏变化明快,成为一部较为成功的反特惊险片。陈方千高兴地拍案欢呼:“这才是真正的电影!”而片中那首王酩作曲、李谷一演唱的歌曲《军民鱼水情》的风靡全国,也提高了影片《黑三角》的知名度。汪洋看了完成片,认为达到了黄镇部长的要求,连声叫好,祝贺摄制组全体同仁艰辛劳动取得的可喜成就。

36. 剪辑新中国第一部武打片《神秘的大佛》

《神秘的大佛》是北影 1980 年拍摄的一部武打片,也是新中国第一部武打片。改革开放以后,享誉全球的香港(还有台湾地区)功夫片在大陆纷纷上映,大受观众欢迎。汪洋敏锐地看到这一状况和趋势,大力支持拍摄武打片的尝试,希望能闯出一条国产武打片的新路来。而这一颇具胆识之举,却受到不少人的怀疑和非议,好像拍摄武打片,就是倒退到三十年代拍摄《火烧红莲寺》的地步,就是模仿港台口味,就是堕落到庸俗低级的深渊。可是,汪洋勇于开拓进取,力排众议,全力支持张华勋拍摄武打片《神秘的大佛》,充分表现出他处事果断和敢于开拓的精神。张华勋也甘冒风险,竭尽全力要拍出新中国第一部武打片。

影片《神秘的大佛》导演张华勋,摄影陈国梁、梁子勇,美术王宜,录音王大文,主演刘晓庆、张青胜、管宗祥、葛存壮、王彪。张华勋,四川彭县人,1936 年生,1958 年考入北京电影学校导演系,毕业后进入北影工作,参加过《小兵张嘎》等片的拍摄。其间曾赴越南参加中国人民援越抗美部队任第三支队政治部干事,1966 年回国。《神秘的大佛》是张华勋第一次独立执导的影片，摄制组所有成员也是第一次摄制武打片。这对我也是一样，武打片的剪辑完全是一个新的课题。摄制组全体同志都决心迎接这一挑战，努力探索、开拓出国产武打片的新路子。

《神秘的大佛》的外景地就在大佛的所在地四川乐山凌云山。我因故未随摄制组一道出外景。影片开拍不久，汪洋对我说，摄制组要我到乐山去看一看，帮助张华勋把片子拍好。人事处也找到我，让我顺便把调刘晓庆进北影的公函带给刘晓庆。我对张华勋比较熟悉，拍《小兵张嘎》时就认识，"文革"中他是我所在的群众组织"遵义兵团"的负责人。在乐山我和张华勋住一个房间，谈了一个晚上，然后又找老演员管宗祥、葛存壮、王彪了解情况。看来问题主要是由于张华勋初当导演业务还不够熟练，指挥不尽得当，其间，可能还有"派性"的因素作怪。我向老演员们做了些工作，希望大家支持帮助张华勋的导演工作，把片子拍好。我又对张华勋说："你把片子拍好，就站住了。现在要团结大家，群策群力，努力把片子拍好。拍片要认真，其他的事不要计较。"回到北京我向汪洋做了汇报，汪洋说你做得很好，但是看来问题还没有解决，于是派杨文明代表党委到乐山外景地去加强摄制组的政治思想工作。

摄制组从乐山回到北京后，将拍摄的内外景素材映出一看，感到镜头零乱，线索松散，造型不够丰满，画面缺乏张力，组接颇为困难。看来大家都是第一次拍摄武打片，出现失误过错在所难免。为了把这部意义非同一般的影片摄制成功，我只好在剪辑上狠下功夫。我连续多日坐在剪接台前反复观看素材，设计各种剪辑方案，尝试、探索符合武打片特征的剪辑手法。张华勋则坐在剪接台旁，一边观看我实施操作，一边与我商讨剪辑方案，为此他记录了两大本，说是要作为"宝贵财富"留存。当然，在后期制作剪辑过程中我们免不了会经常发生争论，有时还颇为激烈，不过最后总能求得较好的解决，下面举几个例子。

影片中"寻找怪面人"的一场戏，主要是为了渲染紧张冲突和恐怖气氛。这场戏原分镜头剧本共 13 个镜头，拍完后接起来一看，原来设想的效果出不来，气氛较差。后来经我建议补拍了火把、小鬼等短镜头接进去，仍感气氛不足，而且镜头连接显得杂乱无章。我反复琢磨之后，认为只有打乱原分镜头的结构次序，重新编剪。于是与导演多次商讨达成共识。通过重新编剪后的这场戏，首尾呼应，层次清楚，紧张恐怖的气氛很浓，艺术效果很强，导演也表示首肯。

又如有关"飞刀"的艺术处理。用特技拍摄"飞刀"没有拍好，显得又假

陪同台湾导演白景瑞(左五)参观北影剪辑室

又缺乏力度和速度。张华勋打算“将就”使用,我不同意,建议用“倒拍”的方法拍摄。经过考虑他接受了我的意见,用“倒拍”的方法拍了几条“飞刀”,我选用了几个镜头连接起来效果甚好,“飞刀”往来穿梭伸缩自如颇为神奇。

再如片头字幕的制作,导演本来一定要选用12个镜头。以我制作片头字幕的经验,又考虑到武打片惊险紧张的特点,建议他选用4个镜头就够了。他不愿割爱那些“精彩镜头”,退一步说选用8个镜头吧。经过商讨,最后折中选用了6个镜头。片头字幕很短,要求简练、洗练、精炼,甚见功力,做好很不容易。中国导演中,只有谢晋、谢添、谢铁骊这“三谢”特别注重片头字幕的制作和表现形式,有想法,有设计,令我甚为叹服。

由于缺乏经验,对于武打场面事先没有完整、周密、精到的设计,武打镜头的角度、速度、力度缺乏变化,用来衬托、间隔、转换武打动作的空镜头如朝霞、天空、树叶、花草之类,也拍得很少,给剪辑带来极大困难。我努力从素材的实际情况出发,以突出影片的惊险激烈这一特征为着眼点,一方面建议导演、摄影补拍带有人物的火、刀枪、手、脚等镜头和不带人物的月亮、星空、树木、花朵、大佛、神像等空镜头,一方面运用各种剪辑手段巧妙地处理武打镜头。我主要在以下四个方面着手:①抓武打动作。武打场面的剪辑主要是组接形体动作,抓形体动作的变化、节奏、快慢,以形体动作为核心结构整场戏。②抓画面造型。武打场面的画面造型主要是看镜头运动的形式和速度，要考虑景别变化、角度多样化、构图优劣和时空关系。③抓镜头尺寸。镜头尺寸宜短不宜长，景别宜近不宜远，多选用短而快、近而动感强的镜头。④采用错觉法剪辑。所谓错觉法，就是利用人们的视觉暂留，恰当地运用电影的特殊手段，选择上下镜头主体动作快慢相似、景别相似、角度变化与空间大小的相似、主体动作形态的相似等，就在相似之处切换镜头，造成观众的错觉，误认为动作是连贯的，以获得人们视觉上连续性的效果。运用错觉法剪辑，可以“移花接木”，避开虚假，弄假成真，增强武打的逼真性，突出武打的惊险气氛。这四者，其实也是一般武打场面的镜头组接要点，运用得当，能解决武打片制作中的大部分难题。香港影界人士认为，武打片(或称功夫片)的摄制靠的是“三分表演，七分剪辑”，我说“一半对一半”吧，他们不同意，还是坚持“三七开”，可见剪辑在武打片中的重要性。

经过后期制作剪辑、录音、洗印的精心加工修饰，影片《神秘的大佛》终于完成，虽然它还带有幼稚、粗糙的印记，但总的看来还是有悬念，有高潮，打斗激烈，场面惊险，新奇好看，一上映就反响强烈，上座率很高。不过，也有人在报上发表文章，指责该片“低级”、“庸俗”、“谈不上什么教育意义”等等。张华勋顶住压力，认真汲取经验和教训，在1983年又执导了一部武打片《武林志》，获得极大成功，将国产武打片的艺术水平推向了一个新的高度。汪洋和我都鼓励张华勋在拍摄国产武打片的道路上奋勇迈进，更上层楼。可惜的是，他在拍武打片“低人一等”、“难登大雅之堂”之类论调的影响下，放弃了武打片，而去追求“艺术片”，结果始终成绩平平，收效甚微，令人遗憾。

影片《神秘的大佛》的拍摄制作，历经坎坷曲折，风风雨雨，其中的甘苦得失，确实值得记忆回味。经过这部影片，我对武打片的剪辑有了一个比较全面而具体的认识，积累了许多宝贵的实践经验，这对我日后剪辑影视片的武打场面确实大有裨益。

37. 获得金鸡奖最佳剪辑奖的《伤逝》

《伤逝》是北影1981年拍摄上映的故事片。我因此而获得金鸡奖最佳剪辑奖，因此，这部影片的摄制成功，对我来说有着特别重要的意义。

影片《伤逝》的导演水华，摄影邹积勋，美术陈翼云，录音吕宪昌、兰帆，作曲杜鸣心，制片主任张起、康璇，这是一个强大的摄制班子。我任剪辑，带着助手周新霞，是摄制组的重要成员。导演水华成就卓著，位居北影导演“四大帅”之首，在国内电影界有着崇高声望和巨大影响。在“四大帅”中，我与成荫合作最早，与崔嵬合作最长，与水华合作最晚，但受教最深、得益最多。在《伤逝》一片中与水华导演合作进行艺术创作，是我剪辑生涯中最有意义最为光彩的篇章。

水华姓张，原籍湖北钟祥，1916 年生于江苏南京。早年在宁、沪读书，学生时代即参加了左翼戏剧运动。抗战爆发后，参加抗敌演剧队进行抗日救亡宣传工作，后到重庆任育才学校戏剧教员。1940 年到延安，在鲁迅艺术学院任教并担任实验剧团导演。1942 年在延安文艺座谈会上，水华亲耳聆听了毛主席的著名讲话，对他的艺术创作和艺术道路产生了重大影响。在延安，水华导演了多部大型话剧歌剧，投入到新秧歌剧运动中，还多次参加了土地改革工作。1949 年，水华调到东北电影制片厂任导演，次年即与王滨联合执导了影片《白毛女》，旗开得胜，好评如潮，历映不衰，在中外连续获奖，标志着水华在电影导演艺术创作道路上迈出了坚实的一步。继之拍摄的影片《土地》，由于贪大求全的指导思想作怪，未获成功。1956 年调入北影。1959 年水华导演了影片《林家铺子》，以其深刻厚实的思想内涵，精致完美的艺术形式，沉郁悠扬的独特风格，精雕细刻的艺术处理，将中国电影艺术创作推上了高峰，成为中国电影史上的现实主义经典杰作。之后，他又导演了影片《革命家庭》和《烈火中永生》，皆获成功，但同时也遭受到康生、江青一伙的攻击打压。“文革”中，水华经历了重重磨难，备受艰辛。《伤逝》是水华“文革”后得到新生执导的第一部影片，他蓄势待发，酝酿已久，表示要“拼却老命”全力以赴把这部片子拍好。

影片改编自鲁迅的短篇小说《伤逝》。这一名篇杰作，通过“五四”时期青年知识分子涓生、子君对婚姻自由的追求和幻灭，深刻地表现了先觉者对社会、经济、妇女解放问题的探求和思索。原作构思独特，文笔洗炼，但缺乏故事情节，人物过于单一，通篇是主人公的自我灵魂拷问，很少赋予人物外部动作，改编起来有很大的难度。水华敢于“攻坚”、“碰硬”，为改编、摄制这篇文学名著，可以说是殚精竭虑，呕心沥血。他认真钻研、体悟原著的精髓神韵，尽量广泛搜集利用相关资料，力求将原著吃透弄通了然于心。改编时，尽可能听取各种意见，反复设计不同方案，不“榨干”、“挤尽”编剧、编辑及有关专家学者的聪明才智绝不罢休。拍摄时，狠下“水磨功夫”，着意精雕细刻，力图在保持原著的基调风格上有所增益添彩，始终追求思想内涵的深刻和艺术形式的完美。水华在改编创作中体现出的这一严谨细腻的艺术风

与《伤逝》主演王心刚合影

格和深厚典雅的艺术素养，是与他高尚质朴的人品艺德分不开的，确实值得我认真学习和效仿。在剪辑《伤逝》的创作过程中，我对水华的导演风格、学者风度、大家风范，有了进一步的比较深刻的了解和体悟。

水华对剪辑高度重视，指导影片的剪辑工作有三个特点：一是要求高。他对每场戏、每个段落、每组镜头的剪辑都有明确而具体的安排设计，要求剪辑准确、顺畅，富有表现力。二是变化多。他拍戏时方案多，有时一天早、中、晚一日三变，剪辑方案也多变更，反复比较斟酌，为的是求得最佳效果。三是抓得紧。水华本人并不动手剪接，但他总是及时提出要求，经常与我商讨剪辑方案，随时督促工作的进程，到时查看剪辑的成效，达不到设想要求立即着手修改补救。水华高标准严要求及时调整变动方案是理所当然的，但这样做，自然就大大增加了剪辑的工作量，同时促使我不得不调动自己的功力才智，使出浑身解数，创造性地进行剪辑工作，以适应和达到导演对影片剪辑的高标准的期望和要求。在水华的指导、推动和鼓励下，我很快就明白，对于《伤逝》，如果只是原原本本地按分镜头的顺序将原始镜头连接起来，就很难完美地体现和完成导演的创作意图。我反复体会和研究了导演的艺术构思，注意突出导演的艺术风格和创作个性，发挥主观能动性和艺术创造性，使《伤逝》的剪辑有所超越，达到了新的剪辑艺术的高度，较好地完成了剪辑任务。关于这一点，可举几个实例予以说明。

（一）“涓生弃狗”一场戏的剪辑处理。“涓生弃狗”是《伤逝》中的重场戏，表现涓生迫于生计无着，无奈只好将他和子君在新婚后买来的小狗扔掉。这场戏是涓生情绪的转折点，十分重要，必须把戏做好做足。但是，将这场戏的原始素材镜头组接起来一看，只有“弃狗”到“狗追”的过程，显得简单，散乱，情绪不贯穿，气氛不浓重，大家都不满意。为了改变这种状况，我反复比较研究，按照水华导演对这部戏提出的虚实结合、虚中有实、实中有虚、以虚补实的创作原则,在现有拍摄的资料素材、备用镜头以至废弃镜头中,精心选择了一些荒野、乌鸦、乌云、狗、芦苇、枯草等凄惨荒凉的景物镜头,进行重新构思、重新组接。考虑到《伤逝》是以情为主的戏,着重的是人物情绪、心理活动的表现,因此我就紧紧抓住这些气氛感、动作性强的素材,予以充分利用。经过反复编剪,将原来的32个镜头扩充到58个镜头,画面上出现了枯树摇曳、落叶纷飞、一派荒凉的秋色,涓生抱着小狗在枯黄的野草中行走;四周荒野茫茫,败草在萧瑟的秋风中抖动,涓生在野草中踽踽独行;被遗弃的小狗在狺狺哀号,一群乌鸦飞上树梢,透出了阵阵凄凉和悲苦。最后,以无边的枯树黄草、涓生渐渐消失的背影、漫天盘旋的乌鸦结束了整个段落,使人痛切地感到这真是一个天地昏暗、阴沉惨淡的人间。整场戏既没有人物对白,也没有旁白,完全依赖镜头语言和视觉形象,借助音乐、音响的配合,烘托出人物酸楚、沉痛的心情和"弃狗"悲凉凄惨的气氛,通过银幕效果完成了导演的创作意图和艺术要求。这场戏在结构、风格、样式上,着重于意在言外,好像一幅传统的国画,着墨不多,浓淡相宜,回味隽永,尽在不言之中。"涓生弃狗"一场戏是《伤逝》中的"华彩篇章",其中充分显示了剪辑的奇特功效,颇受业内外人士的好评。

(二)"春天来了"一组镜头的剪接。这组镜头拍得不多,找来资料镜头有1000英尺,有花、鸟、草、树之类。我先选用了7个镜头,组接起来一看,水华导演说色调过于鲜艳浓丽,否定了这组镜头的剪辑。水华说春天自然是美好的,但太鲜艳华丽,与《伤逝》一片深沉凝重的总基调不够协调,应该选用美而不艳但透出了青春气息的景物镜头。我认为水华导演讲得很有道理,完全是从影片的总体艺术构思出发。于是我从大量资料镜头中重新选择了5个镜头,不但画面内容是活动的,镜头组接也是在运动中完成,透出了春天到来的生命气息。镜头从几枝春花含苞欲放开始,到两只鸟儿比翼双飞落到院中的花木上止,画面清丽柔美,意韵悠远深长,水华看了表示满意,说只要肯下功夫,就会有好的收益。

(三)"花前月下"一堂场景的剪辑处理。这是涓生、子君在花前月下倾诉情怀的一个运动性长镜头,它的起幅从月亮开始拉摇到屋角树枝,再横摇到门前空场院坝,再从篱笆横移到子君、涓生背后推近(落幅)。这个镜头是在摄影棚里搭景拍摄的。样片洗出来,导演等人一看都认为这个运动镜头从画面到韵律都相当好,极为流畅完整,随即宣布撤景。然而在后期的剪辑过程中,把这个运动镜头与上下镜头连接后,再结合剧情的发展一看,得到的效果却恰恰相反,发现横移摇到门前院坝这一段无戏,上下缺少联系,不但没有什么意义，还使得整场戏节奏缓慢。如全部保留它的长度，将有损于影片的艺术质量。水华导演要求重新拍摄，但布景已全部拆掉，厂方也不同意重新搭景。最后，邹积勋提出还是争取用剪辑手段解决这个难题。于是，经过考虑，我决定用“挖剪”的技法予以处理。由于镜头本身一直在运动之中，背景在不断地变化，剪不好就要“跳”，所以挖剪的关键在于准确地在镜头运动中选择剪接点。开始我们采取了几个方案进行挖剪，所得的效果都不能令人满意，总有跳动感。最后，我决定在镜头从月亮拉摇到屋角树枝上，横摇刚开始就剪，再与横移至篱笆处相接，最后到子君、涓生背后推近结束。其中，挖剪掉横摇的空场院坝场景长 $20\frac{1}{2}$ 英尺（约 17 秒），整个画面衔接极为流畅，如同一个镜头拍摄下来一样，没有任何跳跃感。这个运动性长镜头的挖剪成功，既符合剧情发展的要求，又使镜头动作、人物、景物三者紧密地联系在一起，解决了节奏、情绪拖沓缓慢的问题，同时也压缩了时空，而且不用补拍，节省了资金，的确是一举数得，水华、邹积勋和我都很高兴。

（四）“地狱烈火”的“叠印”处理。影片的“序幕”和“尾声”都用一组“地狱烈火”的叠印镜头来表达主人公激烈幽愤的情绪和心声，同时喻示在黑暗的中国有地火在奔突、燃烧和运行。原来这组镜头只在尾声中安排使用，我建议序幕中也用，水华导演认为这个想法很好，决定在序幕和尾声中都出现。但在具体制作时遇到了麻烦，发现由于有关镜头的样片（“火焰”画面）曝光度一样，“叠印”起来颇为困难。这是因为事先没有设计，导演也就没有为此关照摄影师和洗印师，他们不知道要做“叠印”技巧，还是按照惯例对有关镜头和样片做了一般化的处理。水华主动承担了责任，并对我说：“老傅，你干电影很长时间了，是业务熟悉的前辈。我干电影时日很短，经验不足，出现了问题，你要帮助我解决。”他这一番话，令我诚惶诚恐，连忙说不敢当不敢当，无论从哪方面讲，导演您都是我的师长，后期制作出现问题是常有的事，我一定设法解决。但是，如何解决这一问题确实颇费心思，在运用多种剪辑技巧进行制作均不成功之后，有一天我灵机一动，想到了一种新办法，于是我到洗印车间与底片剪接师一道，将底片“减”薄，然后叠印起来，终于达到了预期的要求，火焰在“地狱”中熊熊燃烧起来，效果不错。此事足见水华导演的谦逊大度，对我教育尤深。

在影片《伤逝》的剪辑中，我不但在镜头组接方面精心制作，同时在声音的处理上也下了一番功夫。因为全片以涓生的独白贯串前后，所以旁白剪辑的好坏对影片的格调、情绪、节奏影响极大。原来配的旁白太长、太多、太拖，造成了节奏的拖沓和情绪的延宕。我和周新霞仔细审视、比较、选择每句旁白、每幅画面，进行了适当、必要的删减，重新予以组接。在大多数情况下，是按照画面，对应旁白内容进行剪辑；有时也不一定实行画面旁白“对位”剪辑，而是进行“错位”剪辑，反而显得流畅生动，寓意深长。声音的剪辑处理，过去一向被忽略轻视，其实如果安排得当，能极大地增强影片的艺术感染力。水华历来对音乐、对白、音响的艺术处理都很重视，对声音与画面的制作要求十分考究，因而对《伤逝》的声画剪辑表示十分满意。

通过水华和摄制组全体同仁的共同努力，影片《伤逝》以虚实结合的艺术手法，营造诗化意境，情景交融，形象生动地体现了鲁迅原著凝炼、深邃、含蓄、隽永的风格，使一项改编难度极大的艺术再创作取得了成功，在影界内外受到好评，并且获得多项奖誉。我也以剪辑该片（还有影片《知音》）的成绩获得金鸡奖最佳剪辑奖。“获奖评语”称：“傅正义同志在《伤逝》、《知音》中的剪辑创作，准确流畅，有创造性，尤其是《伤逝》旁白画面的剪辑更见功力，特授予最佳剪辑奖”（中国电影金鸡奖第二届评选委员会，一九八二年五月二十三日）。由于1981年第一届金鸡奖最佳剪辑奖空缺，因而我有幸成为获此殊荣的第一人。我自然为此感到高兴和喜悦，同时也把获奖当作是对我的鼓励和鞭策。

不久，水华又和他的学生马秉煜联合执导了影片《蓝色的花》。我担任该片的剪辑。这部影片，由于改编取舍有误，虚实处理不当，加之拖沓冗长，上映后反映平平，影响不大。不过，对该片的剪辑，我却是尽了心力，比如，影片中有一场戏，描述青年干部伊汝听说未婚妻的母亲赵大娘从乡下到老首长毕竟家中，就连忙赶到毕竟家来看望赵大娘，二人在室内见面的情景。原来拍成两个较长的镜头：第一个镜头从背面拍摄伊汝进门向赵大娘跑去，他由中景跑成全景，镜头又推向赵大娘，成为赵的近景；第二个镜头开始是赵大娘的中景，然后伊汝入画与赵大娘握手，镜头再拉成全景。这样两个镜头接起来一看，感到节奏缓慢，动作拖沓，表现不出两人见面时应有的情绪和气氛。于是我把第一个镜头中间的一大段，即伊汝跑成全景、镜头又推成赵大娘近景的过程，全部挖剪掉，只保留一头一尾。而将伊汝向赵大娘一跑即转换成赵大娘笑脸相迎的近景，下面紧接着加上一小段伊汝迎面而来的反打镜头（这个反打镜头是从这场戏后面抽调出来的），在这三个短镜头的后面，再接上原来的第二个镜头，并剪掉前面赵大娘等待的画面，直接切入伊汝入画与赵大娘握手的动作。这样，就删去了人物走动和镜头推移的冗长过程，通过几个短镜头的迅速转换，造成了明快的节奏和气氛，突出了人物的热诚与激情，有力地推动了剧情的进展。像这类较为成功的剪辑实例在片中尚有多处。不过，这无补于影片创作总体上的失误。由此亦可见剪辑功能、作用所具有的局限性。

38. 同时获得最佳剪辑奖的《知音》

1982年我获得金鸡奖最佳剪辑奖，还与剪辑影片《知音》直接有关。《知音》也是北影在1981年拍摄的影片，它表述的是小凤仙协助蔡锷出京率军讨伐袁世凯复辟称帝的传奇故事。影片导演是谢铁骊、陈怀皑和巴鸿，他们在解放初期都是表演艺术研究所、北京电影学校的教师，这次是友谊合作联合执导。我任这部影片的剪辑，与谢铁骊商量剪片的时间较多。大概是出于谦让，陈怀皑参与较少。自1961年摄制影片《暴风骤雨》以后，二十年来这是与谢铁骊真正合作摄制一部影片。这时，谢铁骊已是成就卓越、经验丰富的著名导演，他对剪辑的理解更深、要求也更高了。在他的指导下，我充分调动、发挥积累的经验和技能，力求把影片剪好。下面的例子可说明我在剪辑中做出的努力。

（一）“青年学生群众游行抗议袁世凯签订‘二十一条’卖国行径的游行场面”的剪辑处理。这一段戏，原来由下列几组镜头构成：

男女青年学生纷纷列队上街游行，反对卖国丧权的“二十一条”。骑兵血腥镇压游行群众（这场戏由若干镜头组成）。

蔡锷在作战室愤怒地呆立（一个全景镜头）。

一热血青年在箭楼上边撒传单边演讲（群众拾传单）反对“二十一条”，唤起民众的觉悟。警察出来干涉，热血青年跳楼殉身（这场戏由若干镜头组成）。

蔡锷仍在作战室呆立（一个全景镜头）。

一有志青年呼口号并向日本“中将汤”广告牌泼油，然后向自己身上烧油，在点燃日本广告牌后，坐在石台上点火自焚。

与《知音》导演谢铁骊合影

《伤逝》、《知音》获 1982 年“金鸡奖”最佳剪辑奖

熊熊烈火映红了整个天空(这场戏由若干镜头组成)。

火红的晚霞像烈士鲜血一样，染红了整个作战室，蔡锷仍呆立着(一个全景较长镜头)。

以上这种结构顺序，除蔡锷的三个“呆立”全景镜头外，实际上形成了游行示威、撒传单跳楼殉身、点火自焚三大段，戏剧式的演完一段再演另一段，互不关联。这种同一主题(反对“二十一条”)、同一时间、不同人物、不同环境的几场戏叙述完一场再叙述一场的结构形式，导致了结构松散，节奏缓慢，相互呼应不紧，气氛不浓的后果。我决定采用交叉叙述的蒙太奇结构，把青年学生在同一时间不同场所举行的爱国示威行动串连起来，交叉组接，形成了声势浩大、愤慨激昂的游行场面，以震撼观众心灵。鉴于游行示威镜头都是全景，缺少近景、特写，于是我将游行的全景长镜头剪开剪碎剪短，“一剪多用”，与骑兵马队的镜头相互插接使用，表现出“马队踩人”、“群众抗争”、“学生伤亡”、“标语落地”等细节，突显出游行场面的激烈气氛和尖锐对立。将蔡锷呆立的两个全景镜头剪掉不用；将点火自焚的镜头剪短使用。由于拍摄时的疏忽，撒传单后青年从箭楼上跳下，紧接着就躺在地下血泊中，显得虚假不合理。为此，我建议导演补拍了一个传单往下飞舞的镜头，将这个镜头插接在“跳楼”和“躺地”之间。有了这个过渡镜头，时空及剧情发展就合理了。经过以上剪辑处理，这段戏的结构有了较大的变化：

①男女青年学生纷纷上街游行，反对“二十一条”。

②热血青年在箭楼上边撒传单边演讲，群众拾传单。

③一青年志士呼口号。

④男女青年学生游行，骑兵赶来挥舞棍棒镇压。

⑤青年志士向日本“中将汤”广告牌和自己身上浇油。

⑥箭楼上的热血青年还在演讲，警察干涉，青年跳楼殉身。

⑦青年志士坐在石台上点火自焚，熊熊烈火映红了整个天空。

⑧火红的晚霞像烈士的鲜血，染红了整个作战室，蔡锷呆立着……

显然，通过剪辑处理，使得这段戏结构严谨，时空合理，主题突出，节奏顺畅，气氛浓烈，场面壮观，达到了抒发爱国激情、震撼人们（包括蔡锷和观众）心灵的预期目的。

（二）"蔡母怒砸小凤仙居室"一场戏的剪辑。这场戏中，有一组镜头的内容就是一连串的砸梳妆台镜子、砸古董、撕字画、摔书等动作，看似激烈火爆，其实杂乱无章，动作之间、镜头之间缺乏内在逻辑联系。而且砸古董的动作感较强较快，撕字画、摔书的动作感较弱较缓，镜头组接起来的节奏是由快而慢，不能充分表现蔡母"怒不可遏"的心态。我经过比较、审视原始素材，为了突出展现蔡母"怒砸"的心态，重新进行编剪，将动作、造型和时空三者有机地结合起来，将砸镜子、砸古董、撕字画、摔书等动作有选择有取舍地组接起来，又将砸古董与摔书镜头交叉地剪辑在一起，一砸一摔，一摔一砸，形成了剧情发展所需要的紧张气氛和急促节奏，获得了预期的效果。

（三）"小凤仙弹奏古琴曲"的剪辑处理。在会馆里，小凤仙为蔡锷弹奏古琴曲《潇湘云水》；后又在"云吉班"房内，弹古琴吟唱《高山流水》为蔡锷壮行。对这两组镜头都做了相应的剪辑处理。饰演小凤仙的张瑜不会弹古

与北影厂剪辑车间的同事们合影。前排左一为傅正义，右一为周铁生

琴，需请“替身”来弹奏，运用剪辑手法将“真手”（张瑜）和“假手”（演奏家）的弹奏镜头交叉组接，并且在弹奏过程中插接蔡锷听琴的反应镜头（击节、点头、凝视、沉吟等）来加以掩饰、过渡。同时，在选用蔡锷反应镜头时，还要注意人物动作、神情与歌唱弹奏的内容、韵律相呼应。这样，本来已经露出乖拙的表演，经过剪辑周密、巧妙、妥贴的处理，就成为生动流畅、真实自然的情节展现了。

影片《知音》基本上沿用现实主义创作方法，但有着较多的浪漫传奇色彩，是谢铁骊力图突破原有创作风格的一次积极尝试，也是我在新时期剪辑所谓情节片的一次有意探索。虽然《知音》在艺术上成就不高，但它颇具观赏价值，一上映就受到热烈欢迎，据说票房收入不错。

此外，1986 年，我还剪辑了黄梅戏舞台艺术片《朱门玉碎》。这部影片的导演是陈怀皑，这是我和他合作的最后一部影片。大概是由于“戏”本身有些缺陷，陈怀皑把主要精力放在剧本的修改和分镜头剧本的创作上，对剪辑过问不多，一任我全权处理。虽然我没有剪辑过南方地方戏曲影片，但按照戏曲片剪辑的规律和方式来处理，并无困难，也不费事，很顺利地就完成了剪辑任务。大概是从黄梅戏的特点出发考虑，陈怀皑在该片的导演处理过程中，没有坚持他一贯崇奉的“京派”戏曲片的风格和手法，而是引进了一些“海派”的处理方式，布景豪华繁复（不是写意性的风格化的装置），节奏缓慢轻柔，以至于格调不够和谐一致，表现手法“京”、“海”混杂，加上该剧本身存在的弱点，至使该片在艺术上成绩平平，公映后反映一般。虽然这部影片在导演手法和剪辑技法上都中规中矩，没有什么明显的失误，但因为受到原剧的局限，也难有所作为。这是我在北影剪辑的最后一部戏曲片，可惜成效不彰。

39. 多次受邀到兄弟厂剪辑影片

20 世纪八九十年代，我在北影从事剪辑工作的同时，还多次受邀为兄弟厂剪辑影片。兄弟厂的领导、导演和剪辑人员对我很信任，很尊重，提供较为优越的条件，让我担任影片的剪辑师、剪辑指导或剪辑顾问。盛情难却，得到北影厂领导的批准后，我接受了这些任务。不敢说这些影片都剪辑得精彩出色，但都起到了匡正理顺、补救修饰、添彩增色的作用。剪辑兄弟厂的这些影片，也使我学到不少新知识，增进了对电影创作现状的了解，结识和帮助了一批年轻的电影剪辑人员，对壮大剪辑队伍、提高剪辑艺术水平，起到了一定的推动作用。在众多影片中，只能有重点有选择地在下面予以介绍。

(一)《幽灵》，1980 年潇湘电影制片厂出品，编剧陈兆明、张今标，导演陈方千，摄影云文耀。陈兆明、张今标都是北影的美工师，与我熟识。张今标是北方人，后来调到潇湘厂，和陈兆明一道写了电影剧本《幽灵》，表现“文革”前后文艺界人士抵制“四人帮”的斗争。潇湘厂决定投入拍摄后，他们向厂领导推荐我去担任这部影片的导演，云文耀任摄影，得到领导的同意。我应邀到长沙后，与潇湘厂副厂长赵汉皋商议，主动提出不担任导演，并推荐陈方千为该片导演，我还是协助他们负责剪辑工作为好。经过多次协商，厂领导同意了我的意见，决定请陈方千出任导演，我任剪辑。老实说，我不是当不了这个导演，也不是剪辑不能当导演(中外都有不少剪辑出身而成就卓著的导演，国内如上影厂的黄汉、长影厂的朱文顺、北影厂的唐彦琳、广西厂的吴光灿、天山厂的张昌源、河南厂的高仲伟等)，主要是想到崔嵬当年的劝诫，觉得还是在剪辑业务上努力进取为好。

《幽灵》一片在潇湘厂拍摄，在北影洗印剪辑。从影片素材来看，拍得一般，出彩之处不多，失误之处不少。我努力运用剪辑手段予以补救，力求情节进展合理、生动、顺畅。在此，仅举“汽车开动”镜头的剪辑实例予以说明。

摄制组在外景地(福建厦门鼓浪屿)拍了一个全景镜头：公路上一辆汽车停在路旁，两位剧中人向汽车走去，第一个人先进入驾驶室，当第二个人进入车厢关门后即应开动汽车驶走。但在拍摄时，由于进入驾驶室的剧中人不会开车，至使人物进车后汽车一直未动，停在原地长达 20 秒钟(30 英尺)之多，造成虚假失真。素材只有一条，无选择余地，于是我要求导演和摄影补拍。但是演员已走，季节已过，无法进行补拍。在这种情况下，我反复审看素材之后，决定运用“挖剪”来解决这一难题。我从第二个剧中人进入车内关上门后剪断，再从车开动后用起，将这中间停顿的 30 英尺胶片全部挖掉。同时，在听觉上加以强调，将汽车关门声与汽车起动的发动机声有机地结合运用，使车顺利地开走，解决了原来汽车静止不动的难题。

(二)《人猴》，1981 年中国新闻社与香港天河影业公司联合出品。影片表现善演“猴戏”的梨园世家的艺海沧桑，有一定艺术品位和观赏性。导演王芝渝，这是她导演的第一部影片。我被邀担任该片剪辑。由于导演在处理戏曲艺术与电影艺术的结合方面缺乏经验，拍摄时失误颇多，破绽不少。在舞台表演方面，我尽量保留其精彩之处，突出“猴戏”的特点，同时运用剪辑手法，弥补其疏漏差错之处，把挖剪、分剪、拼剪等技法都用上去了，力求达到两种艺术的有机融合。在展示日常生活方面，我在镜头组接上下功夫，力求故事情节进展通顺生动，并且富有梨园世家的特殊色彩。经过探讨协商，与导演在多方面形成大约一致的看法，算是较为顺利地完成了该片的剪辑任务。

（三）《叶赫娜》，1982 年云南民族电影制片厂出品。导演陈正洪。云南厂领导邀请我去担任该片剪辑，同时为我配了两名助手，希望通过剪辑该片为厂里“带出”自己的剪辑人员。该片描绘的是佤族妇女的奋斗成长历程，虽然我在剪辑中用了不少心力，但因为故事和拍摄一般化，上映后反映平平，没有引起观众多大的兴趣。不过当时正是国产片放映的“黄金时期”，听说票房收入还算可以。

（四）《不当演员的姑娘》，1983 年新疆天山电影制片厂出品。导演广春兰。她的素材拍得很多，在乌鲁木齐的天山厂内初剪了一次，共 16 本。之后，广春兰携片来到北京，找到北影厂领导请求帮助，希望厂领导派我帮她剪片，任该片剪辑。广春兰对我说，她打算将影片制作成上下集，以扩大影响，增加收入。我提出制作成上下集的素材不够（需 18 本，尚缺 2000 英尺），补拍已不可能，还是压缩成一集，发挥原素材中风光好、音乐好、服装好、演员好的“四好”长处，可能剪出来更为凝炼精彩有看头。几经商讨她才同意剪成一部影片。第一次剪下来删去 5 本，成为 11 本，我说还要剪去一二本，广春兰又舍不得了，不同意再剪。经我多次劝说，晓以利害，她也知道影院不愿意接纳放映长达 11 本的影片，最后终于同意再剪。于是我一本一本地修剪，大约平均每本剪掉 100 英尺，最后定为 10 本（比正常的影片放映长度还少 100 英尺）。我并不是简单地为压缩长度而剪辑，主要还是为了突出主线和主要人物，使叙事流畅，减少枝蔓，从调整结构入手，协调节奏着眼，在刻画人物形象上下功夫，同时尽量发挥风光、音乐、服装、演员“四美”的优势，突出民族和地方特色。经过大幅度的压缩删减和精心细致的剪辑，影片基本做到了结构严谨，叙事顺畅，节奏协调，富有民族特色，有了较强的观赏性。我剪完影片后，广春兰带着样片到上海技术厂去配音进行后期制作，然后又拿到北京内部审查放映。新疆自治区领导看了很满意，文化部、电影局审看后评价也不错，后来还在国内外获得诸多奖项，广春兰从此一举成名。能够为天山厂这样的少数民族地区兄弟厂拍片出力并取得良好成绩，我心中也十分高兴。

（五）《劫持》，1983 年辽宁科学电影制片厂出品，反特惊险故事片。导演刘国权及主要演职员都是北影的创作人员，应辽科影的邀请去拍片，我担任该片剪辑。刘国权聪明能干，但初期执导经验还不丰富，时出破绽。我对她说，惊险片台词不宜多，要用画面说话，镜头要灵活多变，动作要有力度，要充分注意营造悬念和情绪渲染。她同意并采纳了我的意见，在拍摄时很注意突出惊险片的特点，但终因经验不足而有所失误。比如，在外景地有一场戏，表现特务（李林饰）挥桨打公安人员。导演事前已安排要道具部门做一把"米波罗"（泡沫塑料）的"桨"，但道具员没有准备，拿了一把真正的木桨到拍摄现场，刘国权看了很生气，打算暂时停拍。李林说，还是拍吧，我只要不把他（指"公安人员"）打死打伤就行了，最后的效果你们去找剪辑的傅老师解决就行了。刘国权听了将信将疑，为了赶拍摄进度，也就同意了。于是，李林高举木桨，缓慢轻柔地向"公安人员"砸去。这是个严重失真的镜头，如同小孩闹着玩一样，看样片时令在场的导演及剧组人员哭笑不得。回到北京，刘国权对我说，傅老师，这个难题如何解决，就看您老的高招了！我反复观看了镜头素材，决定采用"等距离挖剪"的技法，即将挥桨镜头的48格隔两格剪去两格，保留24格，也就是剪去一秒钟、保留一秒钟，正好够用，连接起来一看，挥桨的动作迅速急促，毫无缓慢失真之感，达到了预期的要求。刘国权和道具员一看，连呼"绝了！"十分高兴，说帮了他们的大忙。影片上映后，反响不错，刘国权从此在拍摄情节片、"商业片"的道路上阔步前进，颇有建树。

（六）《白龙剑》，1985年河北电影制片厂出品，武打片，表现武林中两个帮派的恩仇争斗。导演田劲夫、曹作宾，曹作宾兼摄影且出力尤多。我被邀担任剪辑指导，与该片剪辑崔莉合作，为该片弥补了多处打斗场面的失真失误。比如，影片中，女主人公小兰在寻找大师叔的路上，遇一乞丐行讨，小兰抛一把铜钱施舍给他，继续赶路，乞丐将钱一一拾起。后来，小兰几经周折仍未找到大师叔，而在一次路遇匪徒追赶时，又被那位乞丐拦住，两人打斗几十个回合，乞丐将小兰施舍给他的铜钱一把抛出，小兰又将铜钱一把接住。最后，小兰终于明白乞丐就是她要寻找的大师叔。在这里，小兰接钱的动作是以倒拍的方法取得，但镜头组接时由于各种原因而显得失真。由于小兰抛钱时铜钱各自受力不一样，有的抛得远，有的则掉在附近，倒拍镜头放映出来的效果就成了有的从前方进画，有的从下方进画，露出了破绽。于是，我将从下方入画的铜钱画面挖剪掉，首先解决了这一问题。同时，由于小兰抛铜钱的速度和力度明显地缓慢轻柔，与上个镜头乞丐抛铜钱的速度和力度不吻合，上下两个动作不匹配，显得虚假。经过比较尝试，我决定采用等距离挖剪的方法，即从第一枚铜钱落到小兰手心的第一格起，以下若干

傅正义与《白龙剑》导演田劲夫(左一)、剪辑崔莉合影

枚铜钱都根据飞行速度的快慢结合上个镜头的动作,进行间隔式的挖剪。由于每枚铜钱的飞行速度不一样,所以要根据铜钱各自飞行的速度快慢,采取不同的挖剪格数。速度快,可隔两格挖去一格;速度慢,可隔一格挖去两格。这个动作经过几种“挖剪”技法的处理,画面内铜钱快速有序地飞来飞去,收到了预期的效果。

(七)《祝福后代》(后改名为《醒来吧,妈妈》),1985 年内蒙电影制片厂出品,儿童片。导演荷叶、那音太。我受聘担任影片剪辑指导,到呼和浩特把全片“理”了一遍。这是我剪辑的最后一部儿童故事片。

(八)《魔鬼城的故事》,1986 年天山厂出品。导演张凤翔。他先请人剪辑影片,不满意,又邀我出任剪辑。我将影片从头至尾重新剪辑一遍,完成后一看,张凤翔很高兴,特地给我刻了一枚图章表示谢意。

附带说一句,八十年代前期为各兄弟厂剪片都是尽义务,没有一分钱的劳务收入。剪辑《幽灵》时,潇湘厂给了 300 元补助费,回到北影厂还要从当年奖金中扣除。所以,张凤翔导演只好以赠刻图章的方式聊表谢忱。

(九)《夜盗珍妃墓》(上下集),1987 年蔡氏兄弟公司出品。蔡氏兄弟蔡元元、蔡安安到我家造访,邀请我担任该片剪辑,我同意了。解放初期蔡元元在上影拍的《鸡毛信》中担任主角,我们就认识。后来他到电影学院学习导演专业，毕业后没执导什么片子，业务还不熟练，也不太懂得剪辑技艺。该片素材拍得不少，我建议剪成上下两集，可以增加收益，他们一听就立即同意了。不过，拍摄的艺术质量较差，粗糙，拖沓，画面不讲究，情绪不连贯，节奏不协调，夜景一团漆黑，武打如同儿戏，失误疏漏之处颇多。而导演自视颇高，认为拍得不错。面对这种情况，我只能运用剪辑手法，做了一些调整、加工、补救的工作。对于武打场面，我特别下了一番功夫，将失真虚假之处弥补掩饰过去，使其较为合理、真实、自然，但由于“打”得一般，“拍”得不灵，故此也难以“出彩”。经过剪辑，总算理顺了戏路，突出了几场打斗戏，整部影片还算看得下去。剪完全片，大家都表示满意，蔡氏兄弟携片他去，不见踪影。后来，他们又拍了一部影片《大辫子的诱惑》，先邀我剪，后请别人剪辑，剪完后不满意，又托人邀请我去剪，并有谢飞、韦连城出面撮合，有感于此前的那次合作，我只得推托婉拒了。

（十）《风流乾隆》，1990 年广西厂出品。导演邱莉莉，摄影汝水仁，制片肖朗，都是北影同事。肖朗、邱莉莉夫妇邀请我任剪辑，在北影厂进行后期制作。他们用每秒 22 格的方式拍摄打斗场面，效果有好有坏，由于角度、速度、力度掌握不当也出现失误。我将全片从头至尾疏理一遍，去掉不合理的部分，突出精彩之处，使情节生动顺畅，情绪饱满贯穿，节奏舒缓有致。尤其在打斗场面上下了一番功夫，主要是运用“错觉法”，辅之以“增减法”进行剪辑，将分剪、挖剪、拼剪和插接等技法全都用上，终于使打斗场面避开了失真、虚假之感，显得比较精彩激烈。这部影片公映后上座率颇高，听说经济效益很好。

（十一）《弹道无痕》，1994 年八一厂出品。导演宁海强、剪辑严晓秋都是年轻人，艺术创作上很努力，有想法，有干劲。八十年代后期王晓棠出任八一厂厂长后，招揽人才，聘请费俊（北影制片管理专家）任制片顾问，我为剪辑顾问。费俊接受聘请到八一厂去当顾问，我则不愿受约束牵制，有事到八一厂帮忙，平时不露面儿。《弹道无痕》一片拍得不错，作为剪辑顾问（未挂名），我帮助导演、剪辑将全片精剪了一遍，调整了几处情节结构，理顺了多处镜头组接，全片显得更为生动、舒展、顺畅，颇具打动人感染人的艺术冲击力。导演宁海强因此片获得 1995 年第十五届金鸡奖导演处女作奖。

（十二）《大漠歼匪》，1994 年八一厂出品，导演姜戈，剪辑聂维国。作为剪辑顾问（未挂名），我帮助导演、剪辑从头至尾“梳理”了一遍，细剪、精剪两遍，去掉一些不合理的地方，突出精彩部分，使情节进展紧张激烈，有悬念，有看头。该片片名原来叫《卡拉乔之大血战》，我认为太长了，“落套”，名不符实，没有点明故事内容，建议改名。厂长王晓棠接受了我的意见，在全厂范围内征求新片名。最后，根据群众投稿意见，定名为《大漠歼匪》。该片剪辑聂维国由于剪辑此片取得的成绩，获 1995 年第十五届中国电影金鸡奖最佳剪辑奖。对此，我感到分外高兴，特地打电话向他祝贺。为了感谢我帮助剪辑《弹道无痕》和《大漠歼匪》两片，八一厂送给我一万元作为顾问费。这是我在为兄弟厂剪辑影片以来得到的数目最大的一笔酬金。

40. 剪辑的最后一部影片《猫咪小贝》

动画片《猫咪小贝》，北京科学教育电影制片厂 1999 年出品。这是我剪辑的唯一一部美术片，也是我剪辑的最后一部电影片。因此，就我个人而言，这部影片的剪辑，有着特殊的重要意义。

1999 年夏秋之际，北科影副总编辑邓宝宸和导演曹小卉到我家，邀请我出任剪辑，将该厂已成功播映的十集电视动画片《小贝流浪记》(用电影胶片拍摄)剪成一部电影动画片，参加当年的电影金鸡奖评奖活动。盛情难却，也为了尝试一番美术片的剪辑，我答应了他们的请求。这部新的电影动画片，该厂厂长万迪基和我不约而同地定名为《猫咪小贝》。我带着小儿子傅国航到科影厂干起来。先是利用原电视片进行初剪，继以磁带套胶片(样片)，再用胶片样片套底片，日夜苦干了两个月，才算完成全部剪辑工作。其间，主要由傅国航操作机器，我主持、把关、指导，有时也亲自动手剪。对我来说，这是一项极具挑战意义且颇有新鲜感的艺术创作经历。

与《猫咪小贝》剧组人员合影。前排右三为傅正义，右四为曹小卉，左三为邓宝宸

原来的十集电视动画片《小贝流浪记》每集长20分钟多一点，共208分钟。一部电影一般长度为90分钟，后来制作出《猫咪小贝》的完成片是93分钟，压缩掉了115分钟。如何压缩掉这将近两个钟头的长度，副总编辑和导演只是口头提出了一个极为简单概括的设想，没有明确具体的修改方案。我仔细认真地反复观看电视动画片，认为可以进行大幅度的删减，理清剧情主线，突出主人公小贝，强化戏剧动作，重新进行结构，充分发挥动画特点，制作出一部精彩优美的美术片。首先，我将电视动画片中那些又拖又长的情节（如小贝在水上与狐狸打架）、儿童看了不舒服的设计（如蟒蛇的动作）等段落，或者全部拿掉，或者大部删去，压缩了大量时空。同时，运用剪辑手法，进行镜头组接的艺术处理。我从头到尾一个画格一个画格地梳理规整，把整部影片精细认真地修改、加工、润色一遍。动画片是一张动画拍两格，剪接以格计算，不是以英尺计算，也不是如电视片以秒计算。剪辑动画片首先要看动画动作，一格一格地斟酌，选择剪接点，必须十分仔细，务求准确妥贴，否则就会有“跳动”之感。基本不用画面附加技巧，但“叠印”可考虑适当使用。再者，充分利用音乐渲染气氛，虽不必完全对位，但要以“格”为单位进行声带的剪辑。一般美术片的声音剪辑，大都采取前期录音的剪辑方式，画面服从声音。而这部动画片由于情况特殊，按故事片的方式进行剪辑，声音服从画面，因此在样片剪定后，要重新配音，最后进行混合录音。无论是镜头组接还是声音处理，事前都要有周密巧妙的设计，不能随意乱来，简单从事。经过历时两个月的艰辛劳作，一部故事精彩生动、节奏明快流畅、富有儿童情趣的动画片终于制作完成。万迪基、邓宝宸和曹小卉看了都很高兴，携片参加了当年金鸡奖的评奖活动，受到各方面的好评。只是因为当届金鸡奖还有上海美术电影制片厂得奖呼声很高的动画片《宝莲灯》参评，《猫咪小贝》才仅获得“提名”的荣誉。不久，该片在伊朗德黑兰电影节上荣获“伊斯兰一金书本”奖。墙内开花墙外香，我剪辑的最后一部影片在国际上获奖，自然也十分高兴。

也是在1999年，比剪辑动画片《猫咪小贝》时间稍早，我剪辑了影片《李知凡太太》。这是我剪辑的最后一部故事片，在某种意义上讲，也可以说是我在北影剪辑的最后一部影片。这部影片描述的是“七七事变”前后，邓颖超（化名李知凡太太）引导一位进步女知识青年走上革命道路的故事。制片主任王富强对后期制作认真负责，感到影片的完成片缺陷尚多。导演戴宗安脾气不太好，与原来的剪辑有矛盾，于是转而邀请我去剪辑该片。我看她们之间的合作无法继续，勉为其难，只好同意。戴宗安于是抓住我不放，处

1999 年 8 月在剪辑《李知凡太太》期间，前排左二戴宗安，左三傅正义，后排中间王富强

处尊重我的修改建议和艺术处理，使剪辑工作能够较为顺利的进行。影片拍摄一般，出彩之处不多，时空处理有失误，人物形象刻画也比较粗疏。我将不合理部分剪掉，将阻梗之处理顺，将断裂之处修补，使剧情发展大致顺畅。经过初剪、细剪、精剪三遍剪辑，终于完成了我最后一部故事片的剪辑工作。由于影片艺术水平一般，上映后反映自然也是一般，这已在意料之中。不过，对于该片的剪辑，我自问是尽心竭力，认真负责的。

通过百余部各类影片的剪辑，通过从昆仑到北影长期的电影剪辑艺术实践，我深刻地认识到电影剪辑绝不仅仅是技术性的技能、技法和技巧，而是电影艺术创作中不可或缺、不可替代的第三度再创作，是蒙太奇形象再塑造在剪接台上的实施者，是一门有着高深专业学科内涵的艺术。要进行影片剪辑，必须掌握电影制作的三大艺术要素——形象、动作、结构，把握电影制作中的三个剪辑因素——动作因素（人物动作、景物动作、镜头动作）、造型因素（人物造型、环境造型、画面造型）、时空因素（剧作时空、银幕时空、镜头组接时空），运用蒙太奇的语言、技巧和表现形式，使用传统的（有附加技巧）或现代的（无附加技巧）或数字的多种剪辑方法，才有可能剪辑出一部结构严谨、语言准确、节奏流畅、主题鲜明的影视片。这其中，作为电影艺术最主要的特性——蒙太奇的理论、语言、表现方法和技巧手段，要予以高度重视，做到融会贯通，熟练运用。同时，对于长镜头学派的理论、方法和表现手段，也应该有所了解、研究和掌握。

多年的艺术实践表明，影片剪辑的效果如何，取决于剪辑人员的专业技巧和艺术素养，取决于剪辑人员能否进行创造性的剪辑工作。具体而言，创造性的剪辑，首先体现在能够从动作、造型和时空三个剪辑因素的有机结合出发，准确地选择镜头（或称素材）；同时，更主要地体现在能够充分运用动作、造型、时空三个剪辑因素进行镜头组接，丰富和完善剪辑手段，提高和优化剪辑功效；再者，还体现在能够巧妙地运用动作、造型和时空这三个剪辑因素，使剪辑的技巧、手段、手法更为高超，更有成效。如果能够独到地、精明地运用这些因素，剪辑人员就能做到“动作中剪”，就会灵巧地使用“避假存真”、“移植借用”、“以假乱真”等技法，做到“剪出戏来”。所谓“剪出戏来”，就是创造性运用剪辑因素所取得的富有新意的剧情效果，它既是剪辑追求的目标，也体现着剪辑不可替代的作用。而要进行创造性的剪辑工作，首先要求剪辑人员具有强烈的创新意识和艺术探索精神，同时还要具有过硬的基本功。我认为一名合格的剪辑师应该具备六个方面的基本功：（一）人物对话剪辑；（二）形体动作剪辑；（三）情绪节奏剪辑；（四）画面技巧运用；（五）前期录音剪辑；（六）群众场面（包括劳动、集会、打斗、战争等）剪辑。称之为“剪辑六大基本功”。我在长期的剪辑工作中体会到，只要坚持艺术实践，不懈地学习钻研，善于汲取经验教训，就会熟能生巧，出智慧出真知，从而获得创新的灵感、契机和能力。

随着电影事业的发展，剪辑业务日渐扩大，剪辑艺术逐渐提升，剪辑队伍迅速壮大，剪辑地位也日益提高。建国前，在片头字幕的职员表中，通常第一位是出品人或制片人（有时有监制），之后是编剧、导演、摄影（有时有摄影指导）、录音、美术、作曲（有时称音乐），然后是化装、服装、道具、照明（有的叫灯光）、副导演、副摄影、场记，最后是剪接（有的称剪辑）、洗印、置景（又叫制景）、剧务、场务、字幕等等。有时将主演或客串主演放在最前面，把导演放在最后面，起到特别突出强调的作用。建国后，职员表的排列顺序长期没有多大的变化，只是有时美术排在录音之前，表中又增加了责任编辑、音乐指挥、拟音、艺术顾问等名目。2000年电影局下达文件，将剪辑的排位顺序往前提，排列于编、导、摄、美、录之后，位居第六，属于主创人员之列，酬金与录音等同，并且要在电影海报上列名，这反映了剪辑地位的提高。剪辑挂名一般以剪辑或剪辑师相称，有时也因影片的题材片种样式不同，内容繁简不一，或剪辑任务的轻重有别，再创作的贡献大小殊异等，因而分别有“总剪辑”、“剪辑指导”、“剪辑顾问”等称谓。早期剪辑属于洗印部门，要担任底片、样片（正片）的剪辑，后来剪辑业务逐渐独立，只剪辑样片（正片），底片剪接交洗印车间处理，但底片剪接在业务上仍与剪辑部门关系密切。解放前，剪辑要同时担任画面、声音的剪接，建国初期才实行声画分离剪辑。到2000年把声音（包括音乐、歌唱、音响）交给录音部门处理，台词（包括对白、旁白、独白、解说）仍由剪辑负责。到21世纪，数字电影蓬勃发展，数字剪辑提上日程，成为剪辑人员学习、掌握的新知识、新技能，我们剪辑工作者要与时俱进，把剪辑艺术推进到一个新阶段，将剪辑工作提高到一个新水平。

41. 剪辑艺术的新天地——电视剪辑

20世纪八十年代，随着改革开放新时期的到来，电视机逐渐在中国城乡普及，电视剧及各类电视片的创作蓬勃兴起，因缘际会，剪辑艺术迅速扩展到电视片创作领域，电视剪辑成为剪辑艺术大有作为的新天地。从1984年起，我涉足电视片剪辑，直到2002年，近二十年间，我剪辑了各种电视片达500多集（部）。这其中，多为电视剧，也有美术片、科教片、广告片、栏目片和各类电视专题片；电视剧中有短篇（1～3集）、中篇（4～8集）和长篇（9集以上）连续剧或系列片，也有单本剧、栏目片。在电视片的剪辑过程中，我努力发挥长期从事电影剪辑所积累的经验，适应、结合、融会电视艺术创作的特点，与电视剪辑工作者一道，将剪辑艺术推进到影视剪辑的新阶段。我自觉学习新知识，努力探求新手法，很快掌握了电视片剪辑的特点和方法，形成了影视剪辑的新经验、新技巧和新手段，在众多电视片的剪辑工作中获得了可观的成效。由于在大型电视连续剧《红楼梦》、《三国演义》等电视片的剪辑中成绩突出，被授予“飞天奖”优秀剪辑奖等各种奖项。八十年代到九十年代，电视片剪辑成为我的主要工作，开拓了新的创作领域，结交了众多电视艺术家，可以说是成果丰硕，得益良多。

从1984年至2002年，我剪辑的（或任总剪辑、剪辑指导、剪辑顾问）电视片大约有八十部（500集）之多。其间可能还剪辑或指导剪辑过其他一些电视片，但记忆不确，无法一一表述。对于这近80部电视片的剪辑，有以下几点说明：（一）八十年代一些单本剧、专题片之所以挂“剪辑指导”之名，大多出于制片单位对我的尊重。其实这些电视片基本都是由我动手剪辑。有的电视片挂“总剪辑”之名，是表示对全部（片）剪辑工作负责。挂“剪辑顾问”之名，有时是又问又顾，参与剪辑（如《绝密929》）；而有时是只问不顾，不参与剪辑（如《曹操》）。至于“指导”、“顾问”、“艺术总监”之类，有时上名，有时不上名。（二）这些电视片，一般是我受邀前往制片单位所在地剪辑，也有不少是制片、导演、剪辑携片来京与我一道剪辑。我到各地剪辑时，制片单位对我都安排、照顾得很好。比如，1987 年在内蒙呼和浩特剪辑电视剧《黄敬斋》时，内蒙电视台有关人员知道我不吃羊肉，特地让宾馆食堂为我做鱼席，令我十分感动。(三)我在北京和各地剪辑电视片时，大都有该片和当地的剪辑人员参加具体操作，便于尽快学习剪辑业务，他(她)们后来都成为国内电视剪辑界成绩突出的骨干精英，如王莉、傅国航、张敏、田韶春、江兆健、傅国保、洪梅、邓英、于娜、王戎等人。(四)八十年代，许多拍摄电视剧、电视片的创作人员(包括导演、摄像和剪辑)都是新手，都是第一次拍电视剧或电视片，那时的电视作品，经常是结构散乱，毫无章法，语言混杂，处理粗糙，剪辑起来颇为困难。有些打着官方制作单位名号而实际上是“草台班子”、“亲属班子”、“混世班子”，拍出来的“作品”更是难以收拾。那时各地电视台急需电视节目，所以这些“制作单位”录制的电视片都能播出。剪辑这类电视片真是难上加难，只得无可奈何地剪辑出个“看得下去”的结果就行了。也有一些创作人员经过历练脱颖而出，比如山西的张纪中、河南的魏鑫等人，日后都成为电视界成就卓著的人物。

通过近 80 部 500 多集电视片的剪辑，我对电视剪辑工作有了一个新的比较全面的认识。由于电视和电影在艺术本质、特性和表现手段上是相同的，没有质的区别，因此，电视与电影的剪辑在理念、方法、技巧上基本相同，没有多少区别，可以说影视剪辑同为一体，不可分离。因此，只要掌握了电影剪辑艺术的理论、方法和技巧的创作人员，一般来说，都能胜任电视片的剪辑工作。同时也要看到，由于电视与电影在制作、传播、创作形式等方面有着重大差异，因此，电影与电视在剪辑上又存在一定的差别，这主要表现在以下几个方面：

①电影胶片剪辑是形象的“直观剪辑”，看得见、摸得着，人物、景物、镜头动作一目了然，操作便利，处理到位；而电视磁带剪辑是视像的“感观剪辑”，人物、景物、镜头动作只能看到一帧画面，前后都看不见、摸不着，处理难度大，技巧性很强，全凭剪辑者的艺术感觉。

②电影声音剪辑是声像的“直感剪辑”，精确度高，多声道混合录音效果真切，听觉形象完美；而电视声音剪辑是声像的“感受剪辑”，要凭剪辑人员对声音的直接感受，声画合成较为简单，听觉形象较差。

③电影前期录音的剪辑严谨、精细，效果好，但制作起来较为繁难；而电视前期录音的剪辑由于不受磁带的限制，制作简便，省时省力，见效快，但往往对细节的处理不够准确。

④电影的画面附加技巧和字幕制作局限性大，复杂困难；而电视画面附加技巧和字幕制作简便容易，质量也高。

⑤电影与电视由于有化学感光成像和电子扫描成像的区别，再加上银幕屏幕大小不同，就产生了镜头使用长短的差异。有的镜头，电影需长，电视则短。比如，空镜头月亮的运用，电影剪辑用 4 秒(6 英尺)，银幕效果恰到好处；而电视同样用 4 秒，在屏幕上就感到太长。反之，有的镜头，电影需短，电视则长。比如，一个打雷加闪电的镜头，电影剪辑只要一格白片一格黑片交替多次组接，在银幕上就会产生电闪雷鸣的逼真效果；而电视采用这种剪辑方法就不会达到这样的成效，因为电视屏幕小，一帧画面在观众的视觉上产生不了很强的冲击力，只能造成一种“夹帧”的感觉，显得虚假。

⑥电影胶片剪辑可以不按剧本先后顺序或者先难后易或者先易后难地进行剪辑，最后拼接起来成为整体，因此是人工操作的“非线性剪辑”。而电视磁带剪辑则要求一次成功，画面可以修改，但长度不能增减。电视素材多，又不是按逻辑顺序排列在一起进行剪辑，因此，当时的电视剪辑基本上是“线性剪辑”；不过，由于科技进步，它已经迅速地走向“非线性剪辑”。

从上述电影与电视剪辑的同异可以看出，二者各有长短。作为影视剪辑，应该认识把握二者的同一性与差异性，扬长避短，以长补短，达到剪辑好各类节目的目的。随着数字电影和数字电视的问世和普及，影视合流的步伐将进一步加快，为电影电视融为一体创造了条件。影视剪辑艺术已经发展到影视数字剪辑的新阶段。因此，剪辑工作者必须与时俱进，努力完成历史性的新课题和新任务。

42. 剪辑的第一部电视连续剧《诸葛亮》

14 集电视连续剧《诸葛亮》是我剪辑的第一部电视片，也是第一部电视连续剧。由于是初次接触电视艺术，从未学习、观看、尝试过电视剪辑，因此在应邀着手剪辑这部电视剧时，我格外用心，藉以取得实践经验，开辟剪辑艺术的新领域。

长篇电视连续剧《诸葛亮》系 1984 年湖北省电视台电视剧部制作。编剧胡三湘，导演孙光明，摄像邢汉明，服装道具设计欧阳明，这“三明”在该片制作中起了主要作用。孙光明是黄冈人，与我是“小同乡”，脾气、架子都有一些。邢汉明为人不错，肯学习爱钻研。欧阳明很有本事，实际上起了副导演、执行导演的作用，但不求虚名。剧中李法曾饰演诸葛亮，江庚辰饰演周瑜。江庚辰是北影厂演员，他向摄制组推荐了我。因为我是湖北人，有关领导也知道我的情况，遂同意聘请我任该片剪辑。为了报答乡梓盛情，我慨然接受了邀约。到湖北襄樊外景地时，电视剧已经拍摄了一半。该片拍摄经费不多，限定为8万元一集，实际上已经突破到一集10万，广电厅张晶轩厅长颇为焦急，担心收不回成本，遭受非议。回到武汉进行剪辑，我将原来的八集剪成十四集，质量不错，张厅长看了后很高兴，连声对我说道："傅老师，你可救了我一把！现在每集经费平均不超过10万，戏又好看，别人不能再讲什么了。多谢您为家乡做了件大好事！"后来《诸葛亮》一片得了飞天奖、金鹰奖、金帆奖等多个奖项，他们更高兴了，广电厅、电视台、电视剧部和摄制组的领导都再三向我表示谢意。要说明的是，该片剪辑先是由武海鹏，后来由何立东操机，他们都特别用功努力，进步很快。为了尊重我，字幕上署名为剪辑指导，实际上我从头至尾进行了该片的具体剪辑工作。

由于是第一次剪辑电视片，又是为乡梓服务，所以我特别用心从事，确实下了一番功夫。实事求是地说，虽然摄制组的创作人员有的曾经参加过电视片的拍摄，但他们对影视艺术和影视剪辑确实所知甚少，更缺乏录制长篇电视连续剧的经验，因此拍摄起来疏漏百出，失误甚多，还闹了不少笑话。好在大家能及时总结经验教训，予以补救。我不仅在现场拍摄时提出意见，事后要求补拍一些镜头，还要运用电影剪辑的经验，结合电视的特点，在剪辑时探索新手法，寻找电视剪辑的新途径。这其中的实例颇多，仅举数则以见一斑。

(一)"火烧博望坡"战斗场面的剪辑。诸葛亮出山后首战新野，火烧博望坡，大败曹军。双方激战，马队冲撞。由于拍摄失误，在中景、近景中马都在向前冲，而到全景时双方人马却原地不动，造成严重失真。为了解决这一问题，我先是运用电影的剪辑手法，在马动与马不动这两个镜头之间，剪去全部马不动的部分，交替接入一帧两帧的黑白格，欲造出人马冲上去激战的效果，结果一点感觉也没有。经过反复观察、尝试，我决定利用"火苗"这一活动形象，将不同景别、不同角度的火苗画面以6帧为一短镜头插接在双方冲撞对打的镜头之间，于是人马皆活皆动，造成一种强烈的冲击力，达到了剧情要求的效果，避免了失真。在电影中使用这种短镜头，3格(帧)即可，但在电视中不起作用，要将画面镜头延长一倍为6帧，效果立见。这是因为电影电视银屏幕大小不一而产生的不同视觉效果。实践出真知，这是我从电视剧片的剪辑过程中得到的认识和掌握的技巧。

(二)"草船借箭"和"火烧赤壁"两场戏的剪辑处理。虽然是重场戏，却拍得颇为简单粗疏，全景、中景多，近景、特写少；大队人马混战镜头多，军士刀枪对打镜头少；打斗场面空旷虚假，战斗情绪不够激烈火爆，显得不合理、不真实。我建议导演、摄像补拍了一些刀、枪、箭、旗挥舞和兵将打斗的近景和特写镜头，删剪掉一些虚假、模糊、混杂的全景镜头，同时从原始素材、废弃镜头中选用了不少人马、兵器、旗帜、水浪、火光的画面，然后有机地组接起来，让这两场戏得以“站立”起来，发挥了重场戏的作用。孙光明、邢汉明看了剪辑效果后高兴得很，连说傅老师把我们不要的“下脚料”都用上了，救活了两段重场戏，真是了不得，服了！

（三）“周瑜养病”一场戏中回头动作的处理。周瑜患病，小乔坐在床边，两个侍女煎药（全景）；药煎好，侍女将药碗端给小乔（中景）；小乔回头接过药碗，奉上药汤给周瑜喝。问题出在第二和第三个镜头之间“小乔回头接药碗”上，何立东、孙光明在机器上剪辑了两个多钟头，接了十几次，总是接不上。好容易接上了，还是“跳”，不流畅，总要抖动一下。他们没有办法，请我来剪。我先是检查了录、放机速度是否同步，没有问题，误差不大。于是再仔细观看上下两个镜头的情况，发现了问题关键所在，找准了剪接点，一剪一接就解决了问题，镜头衔接顺畅，画面无抖跳之感。孙光明、何立东问我为什么能一下子找准剪接点而剪后不跳动，我对他们说，关键在于处理好小乔“回头”这个形体动作。在长期的电影剪辑实践中，我发现人在回头时总有一个无意识地“闭一下眼”的小动作。显示在画面上，这个“闭眼”动作第一格为“虚”，第二格为“实”，第三格又为“虚”。进行剪辑时，剪接点必须选择在这为“实”的第二格上。通过对“闭眼”这个小动作的虚实处理，“回头”这个形体动作就会自然、顺畅而毫无跳动之感。电视片中“回头”动作剪辑的原理、技巧与电影剪辑相同，也是要选准“闭眼”动作的那一帧为剪接点，就会收到预期的效果。这个“闭眼”动作，因剧情、表演、镜头状况不同有三种具体的剪接方法，剪接时要十分仔细，一帧不能少，一帧不能多，稍有差错就会失败。我将多年剪辑实践中获得的“专利”、“绝招”无私公开了，何立东、武海鹏等听了很感动，表示叹服。这也是运用电影剪辑经验，结合电视特点，发展影视剪辑艺术技巧的一个例子。

（四）“回首平生”一组镜头的处理。一般来说，电视剧镜头转换要尽量少用画面附加技巧，镜头要多用“切换”手法；但我从剧情发展需要出发，运用电影剪辑经验，有意识有目的地采用了“化”的技巧来处理这一组镜头。诸葛亮临终前对自己一生往顾回首时，原来的剪辑素材散乱，镜头转换生硬。我动手重新剪辑，镜头从诸葛亮的中近景“化”出诸葛亮的童年，再“化”

少年、“化”中年、“化”老年。这些不同时期、不同环境、不同年龄的镜头，再现了他那风云际会、鞠躬尽瘁的一生。最后，镜头从过去又“化”回现在的诸葛亮。这一组镜头，运用“化”的技巧，使剧中人物与观众在很短的时间里对其人生旅途进行了回顾，既压缩了时空，又展现了生平，顺畅生动，意味深长，收到了上乘的艺术效果。

说实话，第一次使用机器编剪磁带，第一次以“间接”方式处理电视画面，开始时以为可能难度不小，心存顾虑。这部戏剪辑下来，才感到电视剪辑其实并不困难，熟练的电影剪辑人员都能胜任。原来顾虑电视的“镜头”看得见，摸不着，不易找准剪接点，经过实践，才明白并不困难，多操作几次就能解决，而且感到使用机器切换镜头十分方便，特别是做“化”、“划”等技巧非常容易，效果很好。不过，电视剪辑当场就要下剪，容不得反复比较尝试，这就很“考”功夫。“有宝献宝，无宝过考”，看完素材就要立即拿出剪辑方案，这对剪辑人员确实是一种严峻的考验。这就要求剪辑人员具有扎实的影视剪辑的基本功，有较高的文化艺术素养。

通过这部电视剧的剪辑，结合之后剪辑电视片的经验，我认为在电视剧片的剪辑过程中，一是要认真阅读文学剧本，了解剧情；二是要审看全部声画素材，做到心中有数（我用两台机器同时高速放映全部素材，了解大致概况，节省观看时间）；三是与导演研讨剪辑方案，达成共识；四是精心实施剪辑，搞好结构、语言、节奏；五是检查修改，定稿完成。简言之，就是一读，二看，三研究，四精剪，五定稿，只要这样认真努力去做，一定能取得良好的剪辑效果。长篇电视连续剧一般是边拍边剪。剪辑人员最好到现场，可以发现拍摄中的问题，帮助导演做一些工作。实际上，电视剪辑比电影剪辑简便得多，只是修改起来颇为麻烦。开始剪辑时，三天才剪一集（45 分钟）；熟练后，两天可剪一集；到后来完全熟练时，如果剧情不太复杂，一天即可剪辑一集。当然，剪辑是否顺利成功，关键取决于电视片本身拍摄的优劣，剪辑本身的素质功力只能起到一定的作用。

三年之后，1987 年，湖北电视台起用《诸葛亮》一剧的原班人马，又拍摄了十集古装电视连续剧《王昭君》，仍然请我去主持剪辑。我在武汉冒着酷热，挥汗如雨地苦干。由于有了《诸葛亮》等片的拍摄经验，《王昭君》拍得好多了，很有进步，这主要是摄像邢汉明之功。不过，对战争、宫庭、草原等大场面、大场景的导演处理还是不行，失误颇多。比如王昭君到草原进帐蓬的一场戏，画面不协调，镜头不衔接，我只得从素材中选用别的镜头移植插接，才大致解决了失真问题。总的说来，《王昭君》比《诸葛亮》拍得简练成熟多了，值得庆贺肯定。

43. 剪辑中篇电视连续剧《郑和下西洋》

1985 年，我受邀剪辑了 8 集电视连续剧《郑和下西洋》，这是我剪辑的第一部中篇电视连续剧。在这之后的 20 世纪八九十年代中，我又受邀到全国各地电视制作单位，剪辑了《茅台酒的传说》、《千里跃进大别山》、《黑土上下》、《净魂》等三十几部中篇电视连续剧。现就其中有影响、有代表性的电视剧的剪辑过程及实例，做一简明扼要的介绍，从中可以看出我对发展影视剪辑艺术所做的探索和努力。

(一)《郑和下西洋》

《郑和下西洋》是云南省电视台 1985 年制作的 8 集电视连续剧。反映的是明代伟大航海家郑和“下西洋”的壮举。郑和是云南人，1985 年是郑和首航“西洋”580 周年纪念，又值世界海洋学会首次在中国(南京)召开，云南省有关领导决定拍摄纪念郑和的电视剧，特请我出任剪辑。我到昆明看了已经摄录的素材后，一下“傻了眼”，半天说不出话来。问题太多了，首先是假字当头，水假(湖水不像海水)，船假(用轮船改装为海船，既不像也不能航行)，人假(戏中南洋人、非洲人由演员扮演，一点不像)，戏假(话剧味很浓)，服装、道具、布景、表演都假得很，动作不连贯，表演不真实，环境不明确，时空不合理，特别是下西洋的船队缺乏动感。由于是在鄱阳湖拍的外景，水是黄的，背景有山有树可见，完全不像是在浩瀚大洋中航行的庞大船队，严重失真。如果将这些素材按照分镜头剧本的顺序组接起来，那整部作品将会因失去真实性而归于失败。造成这种状况的原因是由于摄制组的创作人员都是第一次拍摄电视剧，缺乏经验，摄制条件也不具备，更重要的是在拍摄时缺乏周密计划，将就凑合，草率从事。面对这种状况，省广电厅厅长林建中、云南电视台徐台长和导演张汝运都很着急，要我拿出修改方案，让这部片子起死回生，力争以较好的质量赶在南京的世界海洋学会召开时播出。

为了挽救这部电视剧，我经过反复考虑，向林厅长、徐台长提出建议，派出两个摄录小分队，一队到海南岛去补拍一些海水、浪涛、椰树、礁石和船到岸、海鸟飞等镜头；一队到北京“偷拍”故宫的外貌、屋顶、角楼、门墙。同时，在云南昆明就近再补拍一些云、花、旗帜、仪仗之类的空镜头。再者，我推荐上影厂的拟音专家钱守一来搞配音，安排音响音乐。我的这些建议都被首肯并予实行，由此得到了大量补拍镜头，声音也得以重新配置。我则从动

剪辑《郑和下西洋》期间与林建中厅长及剧组主要演员合影

作、造型、时空这三个因素的综合考虑出发，巧妙地利用了补拍的各种运动性景物镜头，如海水、海浪、礁石、行云、飘动的旗子、明代宫廷建筑外貌，以及试拍不用的废片中的主航船全貌的摇镜头、主航船的运动镜头等等，采用"一剪多用"、"分剪插接"等多种剪辑手段和技巧，"去假存真"，"弄假成真"，使剧情进展趋于合理、通顺、真实，好不容易救活了这部电视剧，并且赶上了南京世界海洋学会的播映。多少有些出乎意料，电视剧《郑和下西洋》在世界海洋学会上和国内外受到好评，获得褒奖，在北京还为这部电视剧专门召开了研讨会，一派赞扬声。电视剧获得肯定和荣誉，云南省有关领导和电视台创作人员都十分高兴，林建中厅长在我回京时特地赶到机场送来一个宣威大火腿表示谢意。对于这部电视剧的剪辑录制，我确实费尽心机，下了很多功夫。我感到，面对困难，必须迎难而上，努力克服，才会有所收获，有所成就，才能真正提高自己的剪辑艺术水平。

（二）《茅台酒的传说》

《茅台酒的传说》是贵州电视台 1986 年制作的 6 集电视连续剧，是该台摄录的第一部电视剧。导演赵谦、井立民是话剧演员出身，没有拍电影拍电视的经历，用排演话剧的方法拍摄电视剧，对话多，动作性不强，舞台感甚重，镜头使用拙劣，还出现"离轴"现象，不伦不类，失误颇多。我受邀担任剪辑，感到难以下剪。导演、摄像解释说他们拍此片是试验性探索性的，对此困难局面，我也不便多说什么。我建议他们补拍一些茅台镇的外貌场景和风土民情的镜头，同时选择一些相对拍得较好较美的镜头使用，然后运用剪辑手法和技巧，理顺剧情发展主线，突出重场戏，去掉明显不合理的地方，弥补摄录造成的失误，使其成为一部还算看得下去的电视剧。

（三）《葛掌柜》

《葛掌柜》是山西话剧院1987年录制的8集电视连续剧。导演史启发，制片人张纪中将经过初剪的片子拿到北京请我观看，要我帮助剪辑。片子是改革题材，甚合时宜，演员表演不错，戏也抓人，只是话剧味较重，镜头组接不够流畅，有的地方时空不尽合理，结构上也需进行一些调整。我详尽地提出了修改意见，并且强调了哪些地方必须改，哪些地方可改可不改，提请他们在全剧的节奏韵律上注意把握。他们回去后根据我的意见重新进行了剪辑，效果不错，电视剧播放后得到好评，受到奖励。于是片头字幕上我成为剪辑指导，事后张纪中也多次向我表示谢意。

（四）《千里跃进大别山》

《千里跃进大别山》是中国电视剧艺术委员会1987年出品的6集电视连续剧。该剧表现解放战争时期刘邓大军挺进大别山的战略大进军。导演王心语。总的说来，片子拍得还不错。但场面调度差，画面不够美，尤其是战斗场面拍得杂乱无章，既无层次又无气势，混战一通。我任该片剪辑，除了在结构上做了较大幅度的调整外，着重对战斗场面予以重新处理，全剧最后有一个邓小平在天安门上讲话的镜头，我利用画面重新构图的技法将在他身旁的秦基伟的影像删掉，并将邓小平移至画面中央，推成近景，形成了邓小平完美清晰的艺术形象，大家都连声叫好。阮若琳（电视艺术委员会主任）看了剪辑的完成片后对我说，你把一部拍得一般化的片子剪得好看多了，实属不易啊！

（五）《冼夫人传奇》

《冼夫人传奇》是武汉电视台电视剧制作中心1989年制作的7集电视连续剧。该剧描述古代岭南黎族首领冼夫人增进民族和睦的动人故事。导演肖林辉，摄像曹小强（巴特尔）。我应邀担任剪辑。拍摄这部电视剧投入经费不少，但“戏”挖不出来，场面调度不灵，人物形象立不起来，尤其是打斗场面如同儿戏，令人哭笑不得。曹小强很努力，鼎力相助，但也难以改变整体格局。我受邀盛情难却，冒着武汉酷暑进行剪辑。在众多素材中，我精心选择镜头，重新结构，理顺线索，突出主人公冼夫人，尽力增强剧情的历史感和可看性。为了调整镜头顺序，使情节发展起伏跌宕，我不但运用了多种剪辑技巧，而且将许多废弃剪余镜头都用上了。对于那些多余平庸的段落（如又多又长的半裸女奴跳舞场面)，我则大删大减。对于武打场面，经过梳理，运用“错觉法”、“增减法”等技法重新处理。经过这一番努力，这部电视剧总算成形，还有些可观之处。由此可见，钱多也不一定能拍出好作品，剪辑再下功夫也难以为平庸之作增添多少光彩。不过，听说该剧播映之后，还得到一些观众尤其是少数民族人士的欢迎，结果有些出人意料。

(六)《黑土上下》

《黑土上下》是黑龙江农垦电视艺术中心1991年出品的4集电视连续剧。该剧表述了北大荒农垦战士奋斗成长的动人故事。导演许明哲。由于是第一次拍摄电视剧，素材拍得一般，出彩处不多。该剧虽然篇幅不大，剧情也较简单，但作为剪辑，我却花费了不少力气，下了很大功夫，兹举三则剪辑实例，亦可窥一斑。

①“演奏《荒魂》”一场戏的剪辑处理。原农垦知识青年现音乐学院学生刘北北完成了交响乐《荒魂》的创作，首次在北京舞台上演出。担任钢琴演奏的刘北北心情很不平静，她把对黑土地的爱全部化为乐谱在钢琴的键子上倾吐出来。当音乐进入高潮时，我采用了一组双幅画面叠印的技巧把这种激昂的情绪推向高峰。具体处理是：主体画面为舞台(俯远景)，乐队在舞台上演奏，淡粉红色的天幕占了画面的一半。客体画面为一组不同内容的镜头：十万转业官兵开进北大荒；与暴风雪博斗的人们；马拉爬犁；人拉犁开荒；儿时的小北北等等。当天幕上的客体画面渐渐消失，主体画面最后结束在刘北北的近景上，整个叠印技巧结束。由于主体画面稳定清晰(舞台远景)，加之舞台上的天幕如同电影中的宽银幕，当客体画面叠印其上时，观众如同看宽银幕电影一样。同时，客体画面动感强，与音乐融为一体，使视觉形象与听觉形象生动感人，将这场戏的情绪推向了高潮。这组画面叠印不是预先设计好的，而是在剪辑过程中，根据剧情的需要，结合素材，重新组织而成。

②“老场长回忆老战友”一场戏的处理。这场戏表现老场长刘凯和女儿刘北北坐着吉普车到农业连队看望老战友姜老头，回想起1960年灾荒年间姜老头的一段往事。剪辑这场戏时，我原本打算运用电视特技中“划”的技巧(虚边的圆圈)作为“过去事”来处理。由于特技机坏了，不能制作，我就用土办法将白纸撕剪成圆圈，贴在黑色背景上，通过摄像机镜头传递给特技机，反映在屏幕上，得到的是白色虚边的圆圈图像。利用此特技图像与戏中形象结合，成为既是抠像又是叠印的艺术效果。当镜头从老场长刘凯沉思的近景中“划出”(从右上角向下划出)，抠像的圆圈中叠印出“过去事”的一

组镜头：火苗在烧烤铁锹上的豆子，姜老头制止大家吃捡来的黄豆，众人与姜老头评理，刘凯与小北北给大家送雁蛋，小北北吹口琴等动作画面。当"过去事"结束后，镜头又"划入"吉普车里老场长刘凯的中景。到此，采用划、抠像、叠印三种附加技巧，完成了这场戏的剪辑。要说明的是，这组镜头如果不用"划"的技巧，直接由抠像圆圈叠印画面，就会显得生硬造作而缺乏过渡感。加上"划"的技巧，观众就会随着刘凯的回忆跟着剧中人一起进入到那一历史年代，而刘凯的思绪也不至于中断。最后，又利用"划"将观众带回"现实"中来，顺畅地延续了剧情的发展。这样，前后呼应，风格统一，加上虚幻的画面造型，使原来的时空混乱、风格不统一，变为脉络清晰、视听语言通顺，加强了表现力和感染力，得到了比预期还要好的艺术效果。

③"片头字幕主题歌"的处理。根据原设计方案，我将片头字幕的画面衬底留了两分钟作为主题歌的长度，但作曲家却将主题歌写了 2 分 36 秒。这长出 36 秒的乐曲时间无法与画面相匹配。在这种情况下，又不能重新剪辑片头字幕衬底，只好在音乐上删剪，重新选择剪接点。经过多次试剪，我将主题歌第二段歌曲的上半部剪掉，当第一段歌曲奏完间奏曲后，直接与第二段歌曲的后半部相连接。这样处理，既保证了画面的完整性，又使音乐的旋律和谐统一。这是因为，在删剪音乐时，剪接点的选择是选在一个乐段结束时切入、切出之处，毫无破绽，保持了歌曲旋律的顺畅延续。

通过上述三个实例，可以看出剪辑手段在电视剧创作中的重要性，亦可见剪辑人员在艺术创作中发挥其创造精神的必要性。经过一番细心剪辑，该片大有起色，播映之后，反映颇佳，有关部门还予以褒奖。

（七）《马江之战》

《马江之战》是福建电视台 1991 年制作的 13 集电视连续剧（送北京审查时改为八集）。该剧表现了中法战争中南洋水师败亡的惨痛历程。导演宋崇。不知是什么原因，该剧拍得颇为粗糙，尤其是海战和打斗场面，显得虚假杂乱，有失水准。我应邀担任剪辑，在原有素材的基础上，大幅度地进行删减修补，将原计划的 13 集压缩成 8 集，理顺剧情发展线索，注重人物形象刻画，弥补战斗武打失真之处，协调处理情绪节奏，使全剧趋于合理、生动、真实。试举三例予以说明。

①"海战"镜头的剪辑处理。该剧第 8 集中有长达十多分钟的海战场面，其中一多半镜头是特技镜头（兵舰模型），一少半镜头用的是真实镜头。一看素材，我发现真实镜头与特技镜头都存在不少问题：A. 色调不接。所有特技镜头的军舰都是在湖里拍摄的，水是绿颜色而且波平如镜，无风无

浪。而真实镜头的军舰有的在江河里拍摄，水是黄色的；有的又是在海里拍摄，水是蓝的。这三种颜色的水接起来，时绿时黄时蓝，必然会失去真实感。B. 方向性的混乱。由于特技镜头与真实镜头不是在同一时间、同一地点拍摄的，导演没有亲临特技镜头的拍摄现场，摄像、美工又没有完全按照分镜头剧本进行拍摄，因此造成了特技镜头与真实镜头中的敌我双方方向上的错误，不明白“谁在打谁”。C. 光的不接。真实镜头中光是明亮的，而特技镜头的光是灰濛濛的。D. 军舰模型甲板上的影像失真。敌我双方军舰的甲板上竟无一士兵，因之不能用近景，只能用全景、远景。由于上述种种原因，若将原来素材组接起来，特技镜头与真实镜头之间在画面上就会产生强烈的跳跃感，显得十分虚假。为了避假存真，我先是运用时基矫正和色彩矫正尽量将光影色彩调成一致。而方向上的错误，则用移植借用的方法予以弥补，努力把真实镜头与特技镜头融为一体，形成一种激烈、残酷的战争场面。比如，其中有一个我方统带张成的战舰被敌方鱼雷击中爆炸的情节，我在战舰被炸的全景镜头（特技镜头）中，插接了张成被炸入水的中景镜头（12帧，真实镜头），就造成了一种紧张、惊险、激烈的战斗气氛。这样，特技镜头与真实镜头有机地结合起来，使原来不真实的画面得以改观，既纠正了时空方向上的错误，又解决了虚假失真的问题。

②“林狮与徐寿山打斗”一场戏的剪辑。林狮在山路上截住了徐寿山，要用拳头惩罚他背祖叛国、替法国侵略者引水入港的罪恶行径。这场戏在打斗时，由于山坡地凸凹不平，事先缺乏周密设计，打得不激烈，动作也缓慢，没有紧张的气氛。剪辑时，我利用背景的相似（山坡），造型上的相似，速度快慢的相似，将这场戏的武打动作全部进行“错觉法”的处理，重新剪辑一遍。具体技法是，当徐寿山一跃到石头上，就与第一个人相打（挖去了那个人进画前的停顿画面）。徐寿山一拳打倒第一个人，镜头切入第二个人冲到徐寿山跟前一拳打出去（挖去了这个人从山坡下冲上来的多余画面）。徐寿山将第二个人打倒后，切入林狮跃到徐寿山身后的镜头（挖去徐寿山打倒第二个人后的停顿过程）。林狮一脚踢去，徐寿山顺势一跃到另一坡地上（挖去了徐寿山跌倒、爬起来再跃起的画面）。这场戏经过错觉法剪辑，使武打动作惊险、激烈、合理、逼真，加强了节奏感，具有一定的戏剧效果和观赏性。

③利用景物镜头做转场处理。该剧中有这么两个场景衔接：上场戏是十三乡民众在水兵们殉难的江边祭奠英灵（夜景），下场戏是十三乡民众在大榕树下集会声讨法国侵略者（日景）。这两场戏的镜头如果硬接，一是观众的情绪一时转不过来；二是时空跳跃太大；三是光影、色彩不匹配。有鉴

于此，我根据戏的内容及画面的造型因素，选择了两个景物镜头：横摇的群山（中远景）和早霞（全推中景），作为两场戏的转换镜头。这两个景物镜头在画面的光影、色彩上与前后镜头有机匹配，以动接动转换了时空，画面衔接流畅。从内容上看，景物镜头又渲染了气氛，群山是悲壮情绪的延伸，早霞象征着中国人民不会被侵略者的凶焰吓倒，新的抗争又将奋起。这样的转场处理，显得自然流畅，无生硬阻滞之弊。

（八）《净魂》

《净魂》是济南电视台1992年制作的8集电视连续剧。该剧表现了京剧名净方荣翔光辉的艺术生涯。导演阿英（女）。我应济南台副台长之邀担任剪辑。该片总体上拍得不错，画面讲究，情绪饱满，表演到位。只是不够顺畅，不够精练，在戏曲与电视两种艺术形式的结合上不够协调。针对这些缺欠，我运用剪辑手段做了一些调整修饰工作。比如，适当压缩时空。该剧第一集概述方荣翔的重要生平，从1948年到1984年跨越36年，我根据剧本提示和导演处理，仅以1948年、1953年、1964年、1984年四个历史时期为背景，将方荣翔如何走上革命道路，怎样为工农兵服务，如何收徒从艺等半辈子的人生旅途浓缩成几个片断展现在观众面前，使观众对方荣翔有了一个基本的了解。既压缩了时空，节省了篇幅，又介绍了人物，一举数得。又如，妥善安排转场。剧中一处，上个镜头是1948年，解放战争时期的四平火车站站台上，邓华将军送方荣翔一行去前线演出；下个镜头是1953年的朝鲜战场，方荣翔一行正准备为祖国慰问团演出。在这里，利用了家喻户晓的《志愿军战歌》来转场，自然流畅而又富有历史感。再如，处理好戏曲表演。剧中有多处方荣翔扮演包公等京剧角色登台演唱的场面，由于导演、摄像缺乏拍摄戏曲片的经验，程式动作、唱腔曲调、音乐伴奏、场面调度以至锣鼓经等方面的处理都有失误差错，我运用剪辑电影戏曲片的经验，做了多处的校正修补。该剧播出后，反映甚佳，还获得多项奖誉。

此外，我还在《洛神赋》、《拉莫酋长》、《杨阇公》、《龙凤乡的婚姻》、《平原枪声》、《爱新觉罗·浩》、《血战睢阳》、《乡里乡亲》等中篇电视连续剧的剪辑中有所作为，限于篇幅，就不一一叙述了。

44. 剪辑长篇电视连续剧《四世同堂》

1985年，在剪辑电视连续剧《郑和下西洋》的同时，我又参加了长篇电视连续剧《四世同堂》的剪辑，并因此受到广播电影电视部和北京市政府的表彰。《四世同堂》一剧的剪辑，标志着我在电视片的剪辑方面已较为熟练精确，形成了自己的一套剪辑规程，对我的影视剪辑生涯有着特别重要的意义。在这之后，我又剪辑或指导剪辑了《狄仁杰断案传奇》、《苏娅的故事》、《女人不是月亮》、《苏东坡》等十几部长篇电视连续剧，各有成败优劣。兹就其中有影响、有特色、有代表性的六部，分别予以简述评说。

（一）《四世同堂》

《四世同堂》是北京电视制片厂 1985 年制作的 25 集电视连续剧。该剧根据老舍同名小说改编，反映抗战时期北平市民的苦难与抗争。导演林汝为。1985 年夏秋之际，我正在昆明剪辑电视剧《郑和下西洋》，接到通知，回京参加影协第五次代表大会，住西苑饭店。会议期间，北京电视制片厂厂长徐宏、制片刘沙找到我，邀请我剪辑该厂新近制作的电视连续剧《四世同堂》。他们对我说，《四世同堂》原为 30 多集，后剪成 28 集。试播 8 集，反映不佳，观众批评结构松散，情节进展拖沓，缺乏节奏感，无“戏”不好看，只得停播，重新制作。我接受了徐宏、刘沙的邀请，开始重剪此片。先利用会下晚上休息时间，为时一周，将已剪出的 28 集从头至尾看了一遍。从素材的实际情况出发，同时考虑如何充分体现老舍先生的创作个性和艺术风格，根据我积累的经验，详尽、具体地提出了三个方面的可行性修改重剪建议：一是可以完全删掉的戏（段落、情节、镜头）全部剪去；二是全剧结构进行较大幅度调整；三是对保留的戏进行优化（精炼、修补、润色）处理。我逐场戏、逐个段落、每组镜头地说明了我的修改意见和剪辑方案，刘沙安排了两台录音机将其全部录制下来，还派两位场记做了详细记录。我提议全剧剪成 25 集，如能够剪为 22 集或 23 集则更为精彩。讲完对《四世同堂》的修剪意见，大会也闭幕了，我就回昆明继续剪辑《郑和下西洋》。当时导演林汝为出国休假，徐宏、刘沙安排有关人员，按照我的修改剪辑方案对《四世同堂》重新进行剪辑制作，最后剪成 25 集予以播放。

同时，我对《四世同堂》的片头字幕做了精心设计。原来剪辑制作的片头是选择了该片中的一些画面，参照香港武打电视剧《霍元甲》的片头组接而成。看后，给人感觉近似杂耍，不伦不类，与这部文学名著改编电视剧的风格样式不吻合，有损于原著的艺术格调和历史价值，也使电视剧片显得轻飘而无分量。为了使该片具有一种强烈的感染力和震撼力，我将片头重新结构，设计为：第一个镜头，万里长城，它代表着中华民族古老的文明。第二个镜头，旧中国北平时期的天安门。这个镜头表明，本片的故事将从这里讲起。第三个镜头，为两尊威武雄壮的石狮子，它象征着中华民族不屈不挠的斗争精神。第四个镜头为两扇红漆大门，它既是交待一个大家族的环境背景，又是我们民族文化的典型写照。就在这个镜头上大门缓缓拉开，门上的四个门簪把片名引出——《四世同堂》，定格，随着出现演职员表，庄重、严肃、深沉、有分量。但是，在后来的制作过程中，由于种种原因(摄制组已解散，不愿意再花钱)，旧天安门的资料镜头未找到，石狮也未拍，红漆大门也不理想(大门换成小门)，只好将第二个镜头的天安门和第三镜头的石狮，换为天安门前的华表和北海的白塔，使原来所代表的意义及内涵减色不少，实为遗憾。但是，这一片头的设计，仍然受到了影视界行家们的赞赏。

《四世同堂》播放之后，反响热烈，好评如潮，接连获奖。1985 年 10 月，广电部为《四世同堂》颁发特别奖，我被授予荣誉证书。1986 年 4 月，中共北京市委、市政府表彰《四世同堂》，作为该片的剪辑指导，特地授予我荣誉证书。这些奖誉，是对我从事影视剪辑工作的激励，同时也增强了我进行电视片剪辑的信心。

(二)《狄仁杰断案传奇》

《狄仁杰断案传奇》是太原电视台 1987 年制作的 14 集电视连续剧。该剧描述唐代名臣狄仁杰审案断狱的传奇故事。导演孙伟。我受邀担任剪辑。片子拍得不错，叙事流畅，画面讲究，表演到位，很有可看性。我在后期的剪辑中，增强了神秘感与悬念，掌握好总体节奏，处理好打斗动作，做了一些修饰加工的工作。由于该片拍摄质量上乘，掌握机器实施具体剪辑的王莉技术也很熟练，所以全剧剪辑工作进行得颇为顺利。该剧播出后，反映很好，收视率很高，也得到了有关部门的嘉奖。

(三)《苏娅的故事》

《苏娅的故事》是威海电视台 1992 年制作的 20 集电视连续剧。该剧描述优秀少年苏娅自强自立成长的动人故事。导演赵玉嵘，是北影导演，与我熟识。在摄制过程中，我们经常协商解决出现的问题，对她提出的艺术处理方案和要求，我也尽力予以实现。因此，在后期剪辑制作时就很顺利，除了解决一些比如“离轴”镜头之类的问题外，没有什么大的失误需要弥补。这是我剪辑的第一部少年儿童题材的长篇电视连续剧。该剧播出后反映良好，获得多项褒奖。

(四)《女人不是月亮》

《女人不是月亮》是中国电视剧制作中心 1992 年录制的 14 集电视连续剧。该剧描述改革开放大潮中农村女青年奋发有为的动人故事。导演潘霞。我应邀担任剪辑，洪梅给我当助手。总体而言，片子拍得不错，但也有些失误疏漏之处，需要弥补修正。比如，剧中有一场戏，表现主人公扣儿看见恋人田牛结婚，悲痛万分昏了过去，朴四爷赶到，将扣儿背走。在河边的沙石滩下，扣儿向朴四爷讲述经过，伤心地哭起来。按情节发展，这里应该有朴四爷的反应镜头，但找了所有素材只有朴四爷的劝说镜头。为了增强戏剧性，同时也为了展示二人各自的心情，我将扣儿哭的镜头一剪二用，而将朴四爷劝说的镜头抠出前面的多余部分，正是实拍时导演喊“预备”演员在“准备”时拍的，把它插在扣儿哭的镜头中间。这样一剪，朴四爷的心态就充分地表现出来了：当他看到扣儿哭时不知如何劝说，急切不知所措；而扣儿哭得更伤心，朴四爷极力劝说，最后认扣儿为孙女，领她回到自己的狗肉馆。通过运用“借用镜头”技法的剪辑，使人物之间交流呼应，情节发展也顺理成章。又如剧中有一场“农村青年服装表演队”的出演场面，拍得比较乱，无层次，无重点，我进行了调整。其中有穿“中山服”的表演者，洪梅认为不合时宜，剪去不用。我认为导演这样安排自有其考虑，在没有征求导演同意的情况下，不能随意剪掉，要洪梅予以恢复。潘霞后来知道此事，说我们在出“中山服”表演这一安排上不谋而合。我认为剪辑工作中必须尊重、理解、体悟导演的创作意图，如有改动尤其是大的变动必须与导演商量，这可以说是作为剪辑师必须遵循的一条准则。《女人不是月亮》播出后颇受好评，观众反映热烈，获得不少奖项。

（五）《苏东坡》

《苏东坡》是四川影视制作中心 1994 年制作的 22 集电视连续剧。该剧表现诗词大家苏东坡为文从政坎坷而又辉煌的一生。总导演傅仁慧，导演陈兴明。我应邀担任剪辑，到成都剪了个把月。导演们努力要将电视剧拍成佳作，但由于对影视艺术的特殊表现方式还不够熟悉，手法不够熟练，所以造成了一些不应当出现的失误和疏漏。为了将这部尚有一定基础的电视剧剪好、剪出“彩儿”来，我着实下了一番功夫。在此略举三例，可以看出我的努力。

①“凤翔赴任”一场戏的剪辑处理。在该剧的拍摄过程中，对一些具有方向性、带有地理环境特征的镜头，往往忽略了轴线问题，造成了观众视觉上的混乱。比如在第 2 集中，有一场戏是苏轼带着家眷离开汴京前往凤翔赴任的路上。苏轼一行从画右向画左前进，这就确定了地理位置，也就是说右边是汴京，左边是凤翔。当苏轼一行正行进时，发现前方有一个黑点，似乎是一个人在等候，苏轼不知何人，打马上前探个究竟。这组镜头的拍摄应该是苏轼的主观——画左前方有一黑点，苏轼看后打马向画左前方奔去，而

画左前方的人再打马向画右方奔来，形成呼应。这是合理的影视空间，观众看明白了画左前方的人早已等候在此了。但实际拍出来的效果却是苏轼自画左向右看，在画右的远方有一人影，苏轼打马向画右奔去，而等候的人打马从画右向画左奔来。这样一组镜头会使观众误认为苏轼走在路上发现身后有人，因此打马折回来探个究竟。这就犯了严重的越轴错误。在组接这场戏时，我力图将轴线调整过来，但由于后面的戏全是越轴拍摄的，如果只将第一个镜头调整过来，后面一系列镜头就更不合理了。因此，我就只能在现有素材的基础上予以补救了。为了不使观众感到太生硬，我插接了一个全景推中景的中性镜头，然后再接下面的越轴镜头。这样加上一个缓冲，大致看得过去，但严格地说，由于违背了自然逻辑，方向仍是不合理的。

②“陈大人细说原由”一场戏的处理。苏轼在凤翔通判任上，受到太守陈大人百般刁难，怨而生恨。在一次题写《凌虚台记》时，苏轼借机将陈大人痛骂一顿。陈大人不动声色，听他将诗文念完之后，才平声静气地向苏轼说明了底细。原来陈大人是苏轼父亲的故交老友，对苏轼的刁难是看他能否经得起各类人物、各种环境的考验，同时也是对故友的一种回报。这场戏，陈大人的道白有两分多钟，而苏轼却只有最后两句话的反应镜头。这一点点的反应镜头远远反映不了长达两分多钟苏轼的心态活动。如果不插接苏轼的反应镜头，陈大人的叙述将枯燥无味，也无法表现苏轼对陈大人态度的转变和理解。同时，人物的对话中，如果缺少对方的反应和交流，就如同一个人对着空气干巴巴地表白一样，无滋无味，不合逻辑。为了弥补拍摄时的这一失误，我在现有的苏轼的反应镜头上做文章，在陈大人的关键话语处插接一段画面。而每次插接的人物表情动作都要有一定的差别，否则，太雷同也等于失败。因此，这一点点苏轼的反应镜头我用了5次，看后并没有感到是一个镜头。在这里，我运用“借用镜头”“插接”的剪辑技法，多少修补了拍摄失误。

③“临桥心绪”一场戏的剪辑。该剧拍了不少闪回镜头，但不少处运用不当，我有意识地做了一些删减调整。比如有一场戏中，苏轼与张则章出外郊游，在一山前二人站定向前看去，一座独木桥横在两山之间，桥下激流奔泻。这时两人各有不同的心态，苏轼对此美景表现出兴奋赞叹的情怀，而此时的张则章则想的是如果苏轼从这桥上摔下去该多好。我这时运用剪辑技巧，在张则章近景沉思的脸上以快速切换的闪回方式，显现出此刻张则章脑海里出现的苏轼上桥、、摇晃、摔下的三个镜头，观众顿时明白了张则章为什么沉思的原因。这样处理，虽然也有直白浅露之嫌，但比之于原来设计的张

则章独自连续闪回的效果好得多了，更为生动地表现了人物主观的瞬间意识流，避免了“闪回”的乱用和滥用。

经过剪辑加工，《苏东坡》全剧顺畅多了。播出后反映良好，受到有关方面的表彰和奖励。

（六）《明镜高悬》

《明镜高悬》是北京天下文化传播公司与北京电影制片厂电视部，1997年联合出品的30集电视连续剧。这是一部古装公案轻喜剧。导演李六乙。王刚、邓婕主演。片子拍得还可以，热闹，搞笑，颇具观赏性。我任总剪辑，做了一些修补加工的工作，当剪到20多集时，素材不够了、制片人还要剪成三十集。于是我只好与编导一起从原始素材和废片中又选出一些镜头派用场，将有些集拖长的部分移植挪动，与编剧、导演一道在剪接台上编戏出情节，最后，总算凑够了30集。通观全剧，还算有戏，并不觉得拖沓繁冗。该剧播出之后，反响热烈，评价较高，销路很好，皆大欢喜。我在这部电视剧中的剪辑成效也得到业内外的肯定和赞扬。

此外，我还精心为《明镜高悬》编剪了一段片花。所谓“片花”，即电视剧宣传片，它不是为了向电视观众播放，而是在电视片交易市场上，直接面对电视片商和电视剧经纪人，吸引他们的兴趣和关注，促使其购卖行为。我制作的这段片花，开场的第一个镜头是“拍响惊堂木”，借用了说评书拍醒木开篇的传统手法，既有民族特色，又很符合这部电视剧以“公案”情景喜剧为主要内容的形式要求。紧接着，“明镜高悬”的牌匾出现又倒下，巡抚大人在兵丁的簇拥下闯入县衙公堂审问主角知县高青天，既打出了片名，推出了主角，点出了主题，又立即制造了戏剧悬念，人们不明白为什么“明镜高悬”的青天大老爷还会受审，不由得为高青天的命运担心，想看个究竟，这就一下子吊起了观众（片商）的胃口。之后，公堂内外的一连串喜剧、闹剧的精彩片断相继推出，结合角色（明星）的纷纷登场表演，使戏剧悬念层出不穷，令人应接不暇，眼花缭乱，又感到妙趣横生，兴味盎然。在每段精彩之处，推出不同颜色的字幕“幽默、滑稽、搞笑”（十次），“明星云集、阵容强大”（五次），“故事新颖、寓意深刻”（九次），予以渲染和强调。最后，在主题歌声中，主要演员王刚、邓婕、陶虹、刘威、梁天、郭冬临等着现代生活装齐聚“明镜高悬”的公堂之上，结束了这一共293个镜头、长达20分钟的电视剧片花，干净利落，余韵无穷。事后，制片人和导演告诉我，由于片花制作得精致精彩，别具新意，在电视市场上吸引了大批片商的高度关注，结果这部电视连续剧销路甚佳，制片人和片商双方都大有收益。我闻之深感欣慰，不枉费为这段片花制作付出的心血和功力。

除此之外，我还剪辑指导了《绝密九二九》、《苣荬菜开黄花》、《水困古城》、《曹操》、《京都俩妞》等长篇电视连续剧，也有一些心得体会，篇幅所限，就不再谈了。

45. 剪辑短篇电视连续剧《爱的选择》

20 世纪八九十年代，我还剪辑了二十多部短篇电视连续剧(包括单本剧)，成败优劣皆有，酸甜苦辣并具，难以详细评说。短篇电视剧一般投资少，篇幅小，要求高，拍摄的难度在一定意义上讲，比拍摄中长篇电视剧还大。它要求导演手法更为纯熟、洗练、精确，能够做到以小见大，画龙点睛。对剪辑的要求也更高，必须简洁、明快、准确，做到举轻若重，精雕细刻。而且如果导演功力深厚，举措有方，剪辑起来就比较简便顺当；如果导演是新手，试图以短篇电视剧来搞试验，练手艺，那剪辑就很难办了。诸种情况我都经历过，这里仅选择数部，简略评说，

(一)《爱的选择》

《爱的选择》(上下集)是全总文工团 1985 年录制的电视剧。该剧表现工会热心人为解决大女大男的婚姻问题而奔走努力的善举，很有社会现实意义。导演赖若君。我应邀担任剪辑，这是我剪辑的第一部单本剧。由于缺乏拍摄经验，镜头呆滞，画面不讲究，结构松散，节奏不顺畅。我对情节安排做了调整，从别的电视片中借用了一些花草树木之类的空镜头，插接到“正戏”镜头之间，再运用分剪、拼剪、插剪的手法，理顺主线，突出人物，协调节奏，使全剧流畅明快，有味道，有看头。该剧播放后反映很好，为帮助解决当时一大社会问题助了一臂之力。有意思的是，电视剧拍完剪完之后，还没有片名。编剧不管，导演也没有主意。后来还是我建议片名叫《爱的选择》，大家都说好，就采用了。

(二)《月牙儿》

《月牙儿》是中国电视剧制作中心 1985 年录制的上下集电视剧。该剧根据老舍同名短篇小说改编，反映旧社会北平妓女的悲惨生活。导演李晓兰。片子拍得不错，画面讲究，情绪饱满，节奏适宜。只是有的镜头之间衔接不顺畅。我以月亮、星空、流云等镜头插接其间，使之自然通畅，更有情致。该剧播映后赢得一片喝采赞扬，后来还获得短篇电视剧“飞天奖”。

(三)《情暖万家》

《情暖万家》是石家庄文化艺术中心1989年录制的上下集电视剧。该剧表现改革开放新时期的粮店新风。导演盛毅。我应邀担任剪辑。片名原为《谁说这里不风流》,我认为不切题,改为《情暖万家》。片子拍得一般,比较散。我在剪辑上下了一番功夫,结构上做了大幅度的调整,突出粮店新风和经营的改革精神,使全剧面貌为之改观。张丕基作曲、殷秀梅演唱的主题歌也为该片增色不少。电视剧播放后反映很好,受到有关方面的表彰,为社会主义精神文明建设做出了贡献。事后,摄制组还送了一些当地的土特产给我表示谢意。

(四)《孔雀胆》

《孔雀胆》是河北电视台1992年录制的三集电视戏曲片。该片根据郭沫若同名话剧改编,系京剧舞台艺术片。导演江洪。我应邀担任剪辑。片子拍得还不错,只是在京剧艺术与电视艺术的结合上不时出现问题,显得不大协调。我根据剪辑电影戏曲片积累的经验,对全片进行了梳理、修补和加工,成为一部较好的电视戏曲片。

除此之外,我还剪辑或指导剪辑了《盗墓人》、《往事》、《刘少奇三部曲》、《八珍轶事》、《小小运动会》、《风筝情》、《子牛家事》、《酒仙杜康》、《松滋风云》等短篇电视剧,就不再细说了。

通过剪辑电视剧,我以为在电视剧片的剪辑中应特别注意处理以下几点:

①电视剧片的故事内容主要以戏剧性情节为主,基本上运用的是叙事(连续)蒙太奇的结构方法,而表现(对列)蒙太奇的结构方法不是不可用,而应慎用、少用。电视剧片的故事表述一般是世俗化、平民化的,而诗意化、散文化的表现形式对电视剧不大适合。这一点,直接关系到电视剧片剪辑手法的运用。

②电视剧的情节安排一般是按时间顺序"平铺直述"(这并不排除情节发展的起伏跌宕),因此,在电视剧片中要慎用、少用回忆、倒叙、闪回镜头;尤其是那种回忆中套回忆的结构方式,最好不用,以免观众看不明白,如坠五里雾中。

③电视片的"特技"(附加技巧)制作简便,质量高,但电视剧片还是少用"特技"、多以"跳切"组接为好。特技转场用多了,容易拖泥带水,影响节奏,也不大适应当代观众的欣赏习惯和要求。

④电视剧片多用近景、特写,少用大场面、大远景、大全景。在剪辑时,要将特写、近景用足、用准;要注意处理好大场面、大全景,使其显得不要太

虚太乱。

⑤电视剧的言语尤其是对白很多，剪辑要充分利用素材，尽量配以人物的多角度、多方位、多侧面的画面，同时注意处理对白的语气、情调和节奏，使其生动流畅富于变化，而不至于冗长单调令人厌烦。

⑥电视连续剧的每集结尾处要落在情节发展的关节点上，留下戏剧悬念，使观众欲罢不能，期待收看下一集直到剧终。

⑦制作片头片尾字幕要特别讲究，不同题材、样式的电视剧片应有不同的艺术处理。电视剧片的片头片尾多有画面衬底，或用人物形象，或用情节片断，力求收到精彩简练、画龙点睛的效果。

⑧电视剧片的剪辑是诉诸于感觉的线性或非线性剪辑，"入点"、"出点"必须选择准确，这既要靠剪辑的功力，也要靠剪辑经验的积累。

这就是电视片剪辑工作的要点要领。剪辑人员只要掌握了这些特点和要领，就能够又快又好地完成电视剧片的剪辑任务。

46. 剪辑大型电视连续剧《红楼梦》

曹雪芹所著《红楼梦》是中国古典文学创作的高峰。将《红楼梦》完整地改编并推上银屏，是影视界人士长久以来的希望和追求。1986 年至 1987 年间，我应邀参加了长篇电视连续剧《红楼梦》的剪辑创作，面对着严峻的挑战，付出了艰辛的劳动，取得了可观的成效，荣获了崇高的荣誉。这在我的剪辑生涯中，确实是一次难得的机遇，也是一段奇特的创作历程。可以说，大型电视连续剧《红楼梦》的剪辑成果，是我剪辑艺术创作的代表作，在我的剪辑人生中占有极其重要的地位。

经过多年酝酿筹备，1986 年，中国电视剧制作中心决定将古典文学名著《红楼梦》改编为长篇电视连续剧，推上屏幕。为此，邀请了影视界和大批有影响的艺术家、红学家参与，在全国范围内挑选、征集演职人员，组成了强大精干的创作集体，建立了由戴临风、阮若琳为首的艺术领导小组，由导演王扶林、摄像李耀中、制片主任任大惠等人组成摄制班子。阮若琳对影视界的情况很了解，她看过我剪辑的多部电影和电视剧，决定邀请我担任电视剧《红楼梦》的总剪辑。任大惠到北影厂来邀请我，为厂方所谢绝。因为那时北影正紧锣密鼓地筹拍大型系列影片《红楼梦》，已确定由我担任剪辑，故不放我外出工作。后来，由于种种原因北影拍摄《红楼梦》一时搁浅，任大惠又多次来交涉，厂方才同意借我到中央电视台去工作。中国电视剧制作中心

与《红楼梦》总监制王枫（左四）、总导演王扶林（左五）、总制片任大惠（左二）等合影。左三为傅正义、右二为胡文彬

立即聘任我为总剪辑，配以剪辑田韶春、邓英、江兆建为助手，全面负责电视剧片《红楼梦》的剪辑工作。

我 1986 年 12 月前往摄制组报到开始工作，到 1987 年 4 月完成全片剪辑任务，为时五个月。《红楼梦》剪成后全片共有两万多个镜头，还不算未曾使用的大量原始素材，所以说，《红楼梦》一片的剪辑工作量是非常巨大的，加之艺术质量要求高，任务自然十分繁重。我初到摄制组时，已摄录了不少镜头，积累了不少素材。我先剪出了十五集，拿了六集去试播征求意见，各方面反映尚好，才继续边拍边剪，直到全部初剪告成。根据原来的设计安排，《红楼梦》全片为 28 集，经过细剪、精剪、剪成了 36 集。其实，从素材情况和剪辑的实际状况考虑，我认为剪成 40 集也可以。为了剪好这部大型电视连续剧，我充分发挥在剪辑业务上的技艺能力，创造性地运用各种剪辑技法，力求将影视剪辑艺术推向一个新的水平。这其中的剪辑实例颇多，仅选择几个场面和段落做一简要叙述。

《红楼梦》这部大戏如何开场，一上来就有不同的意见和方案。原来的设计处理，是先有一个概括、浓缩全剧剧情的序幕，然后是片头，片头之后才入正戏。我认为这样开场不高明，不醒目，过于繁冗，进戏太慢，观众会有烦腻之感，因此建议取消序幕，将序幕内容适当地与片头字幕衬底融为一体，

与《红楼梦》副导演孙贵珍、配音导演吴珊、服装设计马强、剪辑田韶春、江兆建等人合影

由片头画面内容直接引入正戏。戴临风认为我的这一设计很好，同意实施。于是，在片头的画面上，我以一僧一道出现开始，突出那青埂峰下的石头（我借用了黄山的飞来石镜头），云彩飘动之间，飞来红、楼、梦三字，继之以展现剧中精彩片断，最后叠印石、头、记三字，与之后的正戏相连接，成为一个整体。制作时，《红楼梦》片名字幕运用技巧推出、定住；结尾时，又运用技巧将字幕翻飞从右上角出画；这样处理，翻飞而出的字幕画面给观众以缥缈虚幻的感觉，与电视剧的格调意蕴相一致。由于片头衬底画面精彩纷呈，伴唱歌曲悦耳动听，虽然片头长达 2 分 45 秒，观众却不嫌其长，乐于欣赏。负责“质量把关”的阮若琳、戴临风、王扶林、任大惠都夸赞片头字幕做得好，有新意，有品位，出手不凡，祝贺我旗开得胜。

全剧是以贾雨村发迹引入正戏的。素材中对贾雨村卖字画、得资助、入宦场、丢官职，表现得很详细。光是一段吃螃蟹，就交待铺陈了很多细节，篇幅占得太多太长，淹没了“戏文”主旨。由于这只是个进戏的引子，不宜拖延，因此我进行了大幅度的删减，精选镜头快速切换，力求尽早进入正戏。我的原则是“有戏则长，无戏则短，动作中剪，剪出戏来”。王扶林十分赞同我的这一理念，在拍摄、剪辑过程中经常与我交换意见，共同对具体的情节、段落、镜头进行处理，合作得颇为协调、默契、愉快。我也十分尊重戴临风、阮若琳等领导的设想和意见，同时也得到他们的推重和信任，加上田韶春、邓英、江兆建三位的得力协助，因此剪辑工作进行得顺利而富有成效。

直到贾雨村“送”林黛玉离别江南故乡前往京城贾府，才算开始进入正戏。摄像师拍摄了泛绿的江水，移动的远山，翱翔的飞鸟，张扬的船帆，一派秀丽的江南田园风光。在这些美景展现之后，推出一个中景镜头，林黛玉坐在船舱，满目离愁别绪。我认为这样处理不够别致、准确，进行了调整，重新结构。从剧情进展和需要的意境出发，将原来用在这场戏最后的船帆镜头移到最前面，然后接飞鸟、水浪、船头，再接林黛玉的背影（近景）。侍女捧药进舱，黛玉回头一看，这时，为了给观众留下一个第一次出场的深刻印象，我用了一个补拍的长达一分钟的林黛玉的近景镜头，起到了强调、渲染的作用。事后多年我才意识到，这前后两个同一个人的近景镜头用在一起，反而淡化了它们应有的冲击力，其实应该将这两个镜头合在一起，且将前面的镜头放在后面，就更适合表现林黛玉的心情，更有一番意境了。

紧接着是林黛玉进入京城贾府的一段戏，拍了许多镜头，素材一大堆，显得散乱混杂，且多有“穿帮”失真之处。我对素材进行了选取，剪辑时突出重点，理清层次，弥补失误，在人物动作的合理、准确、优美上做文章。仅在“林黛玉初进贾府”这一大段戏中，我就在六个段落上分别进行了不同的剪辑处理。

①“轿行街市”。林黛玉到达京城，坐在轿子里观看街市景象。摄像师拍了一些店铺、门楼、叫卖小贩、“耍把戏的”和行人的镜头，但一拍到抬轿子的轿夫，就露了“马脚”——古代的轿夫居然穿着皮鞋和军用胶鞋，这显然是服装、场记和副导演的疏忽所致。为了弥补这一失误，我用“挖剪”的技法将有皮鞋和军用胶鞋的镜头删剪掉。为了避免因“挖剪”而产生“跳”的感觉，我又用林黛玉左右观看和市民围观“耍把戏”的镜头（这类镜头又是从废镜头中选出“拼接”而成的）予以遮掩，“避假成真”。这样处理，避免了失误，增加了内容，比所谓“一条磁带一段戏”的惯用表现手段反而生动好看得多。

②“进府拜见”。林黛玉进得贾府，拜见贾府上下和各位姐妹。这段戏拍得零散混乱，贾家人物介绍得不清楚，观众看不明白。我从别的地方将贾家姐妹的近景独照“借用”过来，逐一介绍给林黛玉（也就是介绍给观众），收到了清楚明白的效果。不过，运用“借用镜头”时，必须注意处理好这些镜头的背景、角度、光线等问题，不能露出破绽。

③“初见宝玉”。宝、黛相见，分外惊喜。素材中宝、黛互相对视、打量、欣赏的镜头拍得很长，意在渲染他们二人“一见钟情”，要把戏做足。导演的目的不言自明。但这样处理，并不符合当时的礼数，也不符合人物所处的规定情境，以一种戏曲式的表演代替了生活中的行为。于是，我适当剪短了宝

与《红楼梦》改编者周雷（左二）、演员张莉（饰薛宝钗，左一）、技术专家蒋前（右一）合影。

黛相见镜头的长度，并且插接了贾母和贾家姐妹、仆妇丫环一旁观看的镜头，使其趋于准确、生动、合理。不该强调的地方强调了，不该延长的镜头“抻长”了，其实也是一种失误。对于这段戏的处理有人不以为然，认为应该像戏曲片那样大为渲染；不过，阮若琳、戴临风都认为这样处理合情合理，分寸得当，对我的剪辑予以肯定和支持。

④“凤姐出场”。王熙凤出场亮相，未见其人先闻其声，是《红楼梦》中的精彩“段子”。为了突出表现这一情节，拍摄时将凤姐的笑声拖得很长，在场的人都朝外看，等待她的到来；而王熙凤又长时间不出场露面，只有她的笑声在屋外飘荡；这就使剧情发展陷于停顿，时空感觉也极不合理，精彩情节几乎成为败笔。为了改变这种状况，我将王熙凤的笑声长度适当剪短，并处理成由远而近的效果，再加上室内几个人物的近景反应镜头。使这段戏由施沓变为通顺，更自然，更有情趣，突出了凤姐拔尖逞强的为人，使凤姐出场更显得非同一般。

⑤“众人出堂”。会晤拜见完毕，林黛玉和众人一道步出厅堂。夫人、小姐、丫环、仆从一大群人，一个个、一批一批地往外走，又都是背影，没有“戏”可看。我根据“无戏则短”的原则，待第一位剧中人物走出厅堂时即下剪，将其后的镜头全都剪去，既表现了人群的动向，又避免了拖沓冗赘。

⑥“首次进餐”。林黛玉进入贾府后第一次与夫人、小姐们一道进餐，对她是一个不大不小的考验。黛玉要熟悉贾府的规矩，不能出错；贾府的人也在观察黛玉，看她的教养举止如何。贾府进餐，规矩颇多，饭前洗手、擦脸，饭后漱口、抹嘴，程式化的动作不能乱来。林黛玉很聪明，故意客气滞后，看着前头姐妹的动作跟着去做，十分得体，未出差错。但是这一段戏拍得十分琐碎、拖沓，加之夫人小姐们围坐在一张圆桌上进餐，表现起来也颇为困难。于是我将镜头重新安排，将黛玉观察其他姐妹与贾府家人观察黛玉的镜头穿插组接起来，自然合理而又互有关联，不再有零乱之感。

其实，就“林黛玉进贾府”而言，还有一些剪辑的实例可谈。比如，林黛玉第一次进入内室，由于贾府是几重几进的庞大府第，各处的丫环、仆妇就要一拨又一拨地迎接她的到来，对她行礼问候。如果在全剧中林黛玉每一次走动都要接受这样的礼遇接待，那就太繁复了。因此，我只在林黛玉第一次进府时完整地、有层次地表现了丫环们对她的一次又一次问候行礼，之后就全都节略不再用。这样处理，观众完全明白，同时节省了时间、篇幅，减少了不必要的过场戏，使剧情发展流畅、生动、紧凑。

在电视剧《红楼梦》中，人物进出房门、上下楼梯的动作很多，如果处理不当，也会产生停顿、跳动和失真之感。在这里，不能简单地使用“动接动”、“静接静”、“人接人”、“事接事”的剪辑技法，而要全面考虑动作的准确、造型的完美和时空的合理，对“进出”、“上下”这类镜头的组接慎重处理。经过长期的剪辑实践，我总结出这类镜头剪辑的一个特点，即上一个镜头要“紧”一些，下一个镜头要“空”一下。也就是说，“出”空间的镜头要在动中就剪，“进入”空间的镜头要留有余地。这样，进出动作才显得自然真切而毫无生硬失真之感。这一招，是我观看分析外国影片学来的，几经尝试才告成功，在剪辑《红楼梦》这类室内戏居多的电视剧时十分有用。

说起过门穿户，使我想起一件与饰演王熙凤的演员邓婕有关的事。邓婕个子矮，而饰演王熙凤丈夫贾琏的演员身量高，两人表演对手戏时显得不般配，于是化装师给邓婕穿了一双三寸高的鞋，以使二人配戏时身高大体相当。剧中有一场戏，王熙凤到尤二姐住处去找贾琏，进大门，迈门坎，邓婕提起长裙，一抬脚就“露了馅”——出现了那三寸高鞋底的鞋。为了弥补这一疏漏，我在邓婕一抬脚时即下剪删掉，同时插接屋内人物中、近景的反应镜头，再接王熙凤已进门在房内的镜头，这样，“避假成真”，自然顺畅。

在拍摄中，除了“三寸鞋底”、“军用胶鞋”这类失误之外，还有一类失误就是缺少应有的镜头和素材，“短戏缺情”。“黛玉葬花”是《红楼梦》中诗情并茂的重场戏，但原来拍得很不到位，“花”的镜头拍得不多也不美，林黛玉一人拿着锄头葬花，显得虚假，更无意境，加之音乐又起不到烘托的作用，我看了很不满意，认为缺戏缺镜头缺情调，建议重拍。于是，不仅重拍“黛玉葬花”这场戏，还重谱了相关乐曲，补拍了不少花树、花草、花朵的镜头，背景有层次，场面有意境，戏就有看头，人物也更美了。作曲王立平歌曲写得很好，这一段乐曲经过重谱改写，加上那一首原著中曹雪芹《葬花词》的歌曲一唱，气氛立即改观，起到了烘云托月的作用，效果很好。这场戏的最后，林黛玉在花丛树影中渐渐远去，我有意将这一画面放长，使其余韵悠远，再以“花”的镜头“转场”。

说起“转场”，在电视剧《红楼梦》的剪辑中，我很少使用“淡出淡入”、“化出化入”等附加技巧进行镜头组接转换，而是基本上利用镜头的关联性直接切换转场。镜头直接切换，动作与时空的转换同时并进，对协调和加快节奏与韵律也十分有利。这样做，既适合当代观众的欣赏习惯，也便于我在“动作中剪”的剪辑手法的发挥。摄像师李耀中十分用心，他习惯于用“推”、“拉”镜头表现环境交待剧情，但有时推、拉的快慢不够稳健，我就把“推”镜头的“尾”和“拉”镜头的“头”适当剪掉，再组接起来，避免了“推”、“拉”之间的停顿，使“戏”在运动中不间断不停顿地顺利开展。

运用各种剪辑手段的最终目的，都是为了刻画人物形象。电视剧《红楼梦》中人物众多，各有特色，我从素材的实际状况出发，努力运用剪辑手段，为各个不同的人物形象增色添彩。在表现不同人物的重场戏中，如“黛玉葬花”、“宝玉挨打”、“宝钗问病”、“鸳鸯抗婚”等，我努力突出主要人物，多侧面多层次地展现其性格、气质、风韵，强调其特色。并努力让剧中的人物活动起来，互相进行交流，在“运动”中刻画他们的品貌风姿。戏中几位人物在一起交谈时，我往往把言语“搭”在他人身上，而不是固定在说话人自身，这就显得灵动多变，而不死板呆滞。我特别注重宴会、看戏、诗社、出殡和“元春省亲”、“搜检大观园”等大场面、大聚会、大事件的剪辑处理，做到有侧重、有层次、有关联，既突出主要人物，又不使一般人物淹没在场面和事件之中，使众多的人物形象在场面的衬托下更见光彩。

电视剧《红楼梦》的结尾部分，描述贾家的败落，没有用高鹗续书的内容，而是依据红学家研究的成果，作出了现代人的诠释。由于这些新编的“红楼结局”与人们多年熟悉的情节发展大不一样，所以给拍摄和剪辑带来不少问题和困难。为此，我只能根据剧本提示和导演意图，运用剪辑手法，尽力去体现新编“红楼结局”的构思，增强其艺术表现力，打动、感染观众接受红学家、艺术家们的这一再创作。比如，在“凤姐之死”这场戏中，我就充分利用了造型因素在景别、方向、角度、速度上的变化，利用闪回、叠化等“特技”手法，利用乐曲、歌曲等，来着力渲染悲凉凄惨的情绪气氛。在这场戏中，王熙凤死后被一张破席子卷起，两个衙役拖着这具尸体在冰天雪地中前行，观众会为王熙凤的不幸下场从内心发出感叹。在这里，为了更有效地烘托气氛，渲染情绪，我和导演、摄像、作曲通力合作，重笔涂抹。在拖王熙凤尸体的各种景别画面上，多次闪回出昔日风采照人的“凤辣子”，那纵横捭阖、不可一世、光鲜靓丽的王熙凤，与地上被拖曳的无气无息、衣衫褴褛的王熙凤，形成了鲜明的对比，在观众的心理上留下了兴衰荣辱的深刻印象。这种处理是运用闪回的方法来组接的，但它又不同于一般的闪回处理，不是某一人物在一瞬间脑海里对某人、某事或自己的某种想法的主观视像，而是根据导演的意图，运用剪辑手法客观形象地向观众展示过去，再配上歌曲音乐的烘托，使声画合一，产生出强烈的戏剧效果。类似“凤姐之死”的剪辑处理实例在这部电视剧中还有不少，就不一一列举了。

36 集电视连续剧《红楼梦》1987 年在全国陆续播出后，反映甚佳，反响强烈，出现了万人空巷争看争说《红楼梦》的现象，“红学热”弥漫全国。由此引发了如何阅读、理解《红楼梦》原著，如何改编、拍摄《红楼梦》的大讨论，推动了古典文学名著的大普及。虽然人们对电视剧《红楼梦》的改编路子和艺术处理提出了许多不同的看法和意见，但是一致肯定摄制组创作人员的劳动成果和探索精神。同年，长篇电视连续剧《红楼梦》荣获广播电影电视部第七届全国优秀电视剧“飞天奖”一等奖；同时，我也因为该剧而获得“飞天奖”之“优秀剪辑奖”。这样，在国内影视界创作人员中，我有幸成为先后获得电影艺术创作最高奖项“金鸡奖”和电视艺术创作最高奖项“飞天奖”的第

《红楼梦》获 1986 年“飞天奖”优秀剪辑奖

一人，倍感荣耀。我认为这不仅是对我个人创作成绩的褒奖，也是对所有影视剪辑工作者劳动成果的赞扬。

47. 剪辑文艺科技类专题片

20世纪八九十年代，我连续剪辑了几部表现中国古典诗词意境风韵的电视专题片。对我来说，这是艺术创作中遇到的新课题，同时也是提高自身文化素养的好时机。因此，在进行这些专题片的剪辑时，我一方面做了大量相关的准备工作，比如阅读诗人的传记、作品以及后人的研究论文，了解诗人当年创作的历史背景和生活习俗，查找可以表现诗词情境的有关文字、图画、影像资料；另一方面进行各种剪辑手法的尝试，力图寻找到适合表现古典诗词格调韵味的镜头组接方式，使之达到诗情画意、精美典雅的艺术境界。

1989年11月，我应邀剪辑了4集文艺专题片《中国古诗词》。该片试图表现十几首中国著名古典诗词的情调意境。北京广播学院电视艺术研究中心出品，是结合教学创作录制的电视片。导演胡源，我任剪辑。导演安排演员(学生)扮演某位诗人词家，揣摹他们的创作情景进行表演。又请了文怀沙等名流学者吟诵诗词，评说华章。但是素材拍得太少、太实、太"死"、太"白"了，缺乏诗情画意，缺乏韵味灵性。我遇到了前所未有的挑战，也以前所未有的努力，为时一个多月，将这部4集电视片剪成。我一方面从别的风光片、纪录片、文献片、资料片中大量借用、移植各类景物镜头，插接于吟诵诗词的镜头之间；另一方面充分运用各种剪辑手段，使其诗意连贯，诗情畅达，诗风张扬，诗韵悠远。经过煞费苦心的一番剪辑处理，使这部专题片多少有了些诗词韵味，还算看得下去。广院的老师很高兴，说我救了他们一把，其实我也是盛情难却，勉力为之。

1990年3月，我又应邀剪辑了6集专题片《唐风宋韵》。该片试图表现唐诗宋词的风韵情致。天津电视台出品。导演王星军，制作方式方法与《中国古诗词》如出一辙，只是显得更加舞台化、戏曲化一些，既无唐风，又无宋韵；既不像专题片，又不是电视剧，不伦不类。作为剪辑，我只能在原有素材的基础上，再寻找一些有关资料镜头，做一些修补、整理、加工的工作，使其趋于合理、协调、通顺。后来还为这部专题片开了个研讨会，自然是一派叫好声。

1996年4月，我又应邀剪辑了峨影厂的21集艺术性专题片《唐诗·李白》。之所以称为艺术性专题片，是因为每集(25 分钟)都描述李白(演员饰演)题写一首诗词的故事，有情节，有表演，类似一集短小的电视剧。可惜拍得比较一般，画面不够优美，节奏不够协调，诗情画意不足。导演李杰峰，是峨眉厂导演，用功努力，但似乎还没有完全掌握拍摄录制电视专题片的特点和要领。作为剪辑，我还是下了一番功夫、补其缺失，增其光彩，促其成功。该片播出后，反映不错，连获好评，销路亦佳。

概括说来，《中国古诗词》、《唐风宋韵》、《唐诗・李白》这三部文艺专题片，都是以我国古代诗词为主要创作依据，用歌唱、舞蹈、吟诵、朗读、演员表演等形式表现出来的。古诗词本身具有古朴、典雅、空灵和情思幽远的格调意境。作为表现古诗词的专题片，我认为应以虚写为主，以虚带实，人物的扮演要起到画龙点睛的作用，而不能画蛇添足。由于创作人员在拍摄前没有形成一个完整的结构形式，拍摄时又没有很好地把握住这种体裁的风格情调，结果拍出来的素材在艺术质量上都不尽人意。基于这种情况，在剪辑时，我分别对三部专题片的结构进行了重新调整，重新安排。同时，又在原来拍摄的素材中选择一些较有意境的画面，与大量借用移植的资料镜头一道，进行重新组接，使原来过于“实”的画面在虚写手法的运用过程中发生变化，达到虚中有实、实中有虚、以虚带实的效果，在一定程度上赋予专题片以古代诗词的情调意韵。由此可见，专题片的创作一定要明确所要表述的主题和内容，要根据不同的风格样式确定可行的拍摄方案和剪辑手法，切不可简单从事，随意而为。

1996 年 8 月，我又剪辑了一部长达 8 集的专题片《寻梦到黄山》。它实际上是一部旅游宣传片，由黄山旅游局出资制作。该片导演是魏鑫、魏大航父子。他们邀请我担任总剪辑，魏大航既剪辑又操机。还特邀台湾女演员胡慧中作为全片贯串人物，遍游黄山，伴之以徐沛东谱写的音乐歌曲，展示黄山春、夏、秋、冬四季不同的天然美景。突出表现称为黄山“四绝”的奇松、怪石、云海、温泉，对黄山的湖、瀑、溪、潭的神奇美妙也着力渲染。为了创作，我应邀到黄山一游，亲自体验“天下第一山”的美感佳趣，然后回到北京待全部素材聚集后进行剪辑。我主要是调整了结构，理顺了脉络，协调了节奏，在声画融合、诗情画意上做文章。有时遇到镜头组接不顺时，就用云彩、树影、瀑布等景物镜头转场。经过精心的后期制作，这部电视专题片画面讲究，情绪饱满，格调高雅，乐曲漫妙，风光美音乐美人物更美，有着强烈的感染力和较高的文化品位。该片播出后受到广大观众的热烈欢迎和业内人士的高度赞赏，旅游局和黄山有关方面也很满意。而我在剪辑风光旅游宣传片方面又积累了不少有益的经验。

1991年10月，我还应邀剪辑了3集科教专题片《科技兴烟》。其实，该片主要表现的并不是如何运用科技手段种烟制烟，而是讲述烟草的来由、传播、品类以及有关的奇闻逸事，展示了“烟文化”的精采篇章。同时，它又是电视栏目《科技之路》的组成部分之一，具有栏目片的特点。我虽不吸烟，但是对这一新鲜的课题很感兴趣，也有意尝试探索一番。在该片的剪辑中，除遵从专题片的特点运用一般的剪辑手法之外，我特别在以下两个方面下了一些功夫：一是资料镜头的运用。在该片中，我巧妙、适度地运用了一些历史和当代的伟人们（如斯大林、丘吉尔、毛泽东、邓小平等）对香烟偏爱的资料镜头，来说明香烟对人类的诱惑之深。二是节奏剪辑点的选取把握。在该片中，有一组镜头介绍各式各样的鼻烟壶。鼻烟壶是有中国特色的工艺品，有着极高的艺术欣赏和文物收藏价值，是中华“烟文化”的体现之一。素材中鼻烟壶的镜头拍了不少，但由于拍摄时运用了推、拉、摇、移，使得镜头运动节奏缓慢。如果将这些鼻烟壶都介绍给观众，就得用很大的篇幅来表现，既拖延时间，又无节奏感。由于拍摄时技术不过硬，造型不够完美，镜头晃得厉害，再加上解说词长度的局限，因此在最后编剪时将难以把这些奇异美妙的鼻烟壶全部展现出来。有鉴于此，我只得根据解说词的长度和含义，在所有鼻烟壶的素材中，省略推、拉、摇、移这些镜头运动，只用6帧固定画面，在注意画面的造型匹配时进行快速切换，与解说词“琳琊满目、不胜枚举”相吻合，造成一种眼花缭乱、目不暇接的效果，从而使镜头画面既起到了介绍鼻烟壶的作用，又有一种强烈的节奏感。之所以能取得画面与内容极其吻合的剪辑效果，关键是准确把握选择了节奏剪接点。使节奏与内容相适应，相契合。导演魏鑫对此十分赞赏，说解决了他的难题，弥补了他的失误，使好不容易搜罗到的精美鼻烟壶有了展示的机会。专题片播出后，反映不错，观众对伟人吸烟和鼻烟壶的镜头很感兴趣，业内人士也对这两方面的剪辑处理予以赞扬。

通过《中国古诗词》、《科技兴烟》等片的剪辑，我认为专题片的剪辑可以概括为以下四点：①主题立意新颖，艺术构思完整；②视听语言简洁优美，蒙太奇运用准确通顺；③合理使用特技，巧妙运用动作；④字幕规范，制作严谨。

而要制作好栏目片，也必须在四个方面下功夫：①准确的定位；②独特的格调；③精巧的组合；④鲜明的节奏。在电视片的创作中，其实还是专题片、栏目片、广告片的数量最大，种类最多，影视剪辑可以在这里施展才华，大有作为。

48. 半年剪辑出三部获奖电视剧片

1991年是我剪辑电影片成绩突出的一年。在这一年中,我剪辑了《焦裕禄》、《铁市长》、《特殊连队》、《暖流》、《黑土上下》、《马江之战》六部中篇电视连续剧,还有一部单本剧《呼唤》和一部科教专题片《科技兴烟》。这其中,《焦裕禄》、《铁市长》、《特殊连队》是1991年上半年剪辑完成的,并同时在纪念中国共产党建党七十周年的庆典评奖活动中获奖,引起各方面的关注,在影视剪辑界也一时传为佳话。兹将有关情况,简述如次。

《焦裕禄》是河南电视台1991年3月制作的6集电视连续剧。该剧表现了焦裕禄同志为人民艰苦奋斗的感人事迹。导演康征,他邀请我担任剪辑,到郑州剪辑该片。康征是从事话剧艺术的创作人员,颇有文艺素养,对待创作也很认真努力。总的来说片子拍得不错,大概是由于对影视艺术的特殊表现方法掌握得还不够熟练的缘故,素材虽然拍了不少,但显得松散零乱,繁琐冗杂,且没有摆脱话剧感,对话太多太长,场面调度也比较呆板。在剪辑时,我删繁就简,去掉重复雷同的情节和一些过场戏,使对话简洁精练,将原来的8集压缩为6集;再通过调整结构,理顺主线,协调节奏,使场面"活"起来,"动"起来,气韵情绪贯通,情节生动精采,改变了原来剧情发展过于沉闷平缓的状态。而一切剪辑手段的运用,又都是紧密围绕着突出、衬托、刻画焦裕禄这一人物形象进行的。当时在河南,有多台名为《焦裕禄》的话剧正在演出。峨眉电影制片厂在河南拍摄的故事片《焦裕禄》已告完成,即将上映。因此,电视剧《焦裕禄》的拍摄录制,是在这种空前活跃的艺术竞赛气氛下进行的,这就要求这部电视剧必须在艺术上后来居上,才能站住脚跟,保证较高的收视率。为此,导演和我力图在后期制作时再作努力,争取通过细剪精剪,使电视剧更上一层楼。令人庆幸的是,我们达到了这一目标,大家看了电视剧《焦裕禄》的完成片,一致认为其艺术感染力、震撼力、冲击力,至少不在同一题材的话剧和故事片之下,部分情节的处理效果还有所突破和超越。广电部、河南省等有关方面也持这一评价,予以充分肯定和赞扬。

《铁市长》是西安电视艺术中心1991年4月制作的5集电视连续剧。该剧描述被群众称为"铁市长"的领导干部尽心竭力为民服务的动人故事。导演杨宝石、万盛华,主演李默然。电视片拍完之后,剪成6集,西安市广电局负责人张尚成、郑定宇携片进京，送中央电视台有关部门审查，未获通过，但同时认为基础尚好，经修改可以参加庆祝建党七十周年的评奖活动。中央电视台的高健民让张尚成、郑定宇到北影邀请我担任剪辑，并且写了个“条子”给我，请我务必帮忙。盛情难却，我应邀到西安剪片。那时导演都已离去，只有我和张尚成、郑定宇二位一道剪辑。应该说，《铁市长》原片拍得不错，李默然的表演也很到位，只是结构太松散，节奏太缓慢，情调显得有些单一，造型也不够讲究。我从头至尾将全剧梳理了一遍，重新结构，删减冗赘，使其紧凑严谨；从 6 集压缩成 5 集；协调节奏，使其明快顺畅；修饰画面，让情调、造型丰富多彩。经过这一番修改加工，电视剧确实提升了一个档次，可进入优秀之列。不但送审北京很快通过，而且播映后反响强烈，甚得好评，在庆祝建党七十周年评奖活动中获奖。评论家纷纷指出，“铁市长”是改革开放时期一个事迹感人、光彩照人的领导干部形象，很有新意，很有时代感，是电视艺术创作的可喜成果。“铁市长”是以西安市某市长的原型为依据创作而成的，电视剧播出后，在陕西省尤其是西安地区引起了轰动效应，收视率极高。

《特殊连队》是吉林电视台 1991 年 6 月制作的 6 集电视连续剧，导演王树楷。该剧反映长征中“特殊连队”（主要由老同志、女同志组成）艰苦卓绝的革命斗争生活，是吉林电视台为纪念建党七十周年专门拍摄的“献礼片”。制片人郭培林携带着初剪的 8 集电视剧片来北京找到我，要我帮助他们对全片进行重新剪辑。我将 8 集电视剧从头至尾认真地看了一遍，感到拍得还不错，只是有些拖拉、散乱，“戏”不集中，人物不够突出，镜头组接不顺畅，节奏不够鲜明。鉴于此，我对全剧进行了大幅度的删减调整，剪去了不少重复的画面、动作和过场戏，将原来的 8 集压缩成 6 集，整整剪掉了两集的篇幅。同时，千方百计突出“特殊连队”的特殊人物，如董老、林老、徐老、谢老和贺子珍、康克清、邓颖超等人，适当增强毛泽东、周恩来、张闻天的戏，着重在刻画人物形象上下功夫。针对镜头组接不顺畅的问题，我运用各种剪辑技巧来实现合理、自然、流畅的镜头转换，取得了良好的效果。比如：

①用景物镜头转场。红军撤出苏区，开始长征。当红军进入白区后，前面呼喊：“进入白区，灭掉火把！”按分镜头剧本，大部队应立即将所有的火把熄灭，然后紧接大部队在黑暗中行进的镜头。但由于在拍摄时，道具火把是用柴油点燃的，一时熄灭不掉，因之无法与下个镜头中不拿火把在黑暗中前进的红军队伍相连接。在这种情况下，为解决动作不连贯的问题，我决定插接一个景物镜头来实施时空转换。我选用了一个由全景推成近景的月亮，

插接进去之后,既有利于保持外部动作的连续性,又顺当地转换了时空,实现了合理顺畅的转场。因此,监制戴临风极为欣赏"月亮"的运用。

②用光影镜头转场。红军经历一场激烈的湘江之战后,损失过半,处境险恶。战斗结束了,硝烟仍在弥漫,处处是燃烧的灰烬和牺牲的战士。画面以黑暗的夜色为背景,用暗色的调子展示出战争的残酷惨烈以及人们对死难烈士的哀痛。切入下个镜头时,我在此用了一个太阳的光柱穿过乌云的空镜头作为转场镜头。这个空镜头以它特有的光影效果,昭示人们:"乌云是遮不住太阳的",革命虽然遭受了严重挫折,但革命必将会像太阳一样,冲破乌云阴霾,大放光明。在这里,运用色调和光影相结合的手法,既突出了战争的残酷,又预示着胜利的曙光,实现了颇具象征意义的转场。

③用音响转场。战士李小侠告别奶奶随部队出发。李小侠一个近景转身出画,奶奶眼含热泪望着小侠远去的背影,同时传来军号声,即切入部队行军全景,这是利用声音实现的顺利转场。

经过再度重新剪辑,全片艺术质量大为提高,加之题材"特殊"别致,播出后受到各界好评,很快获得褒奖,吉林电视台的"献礼"大获成功。

当年纪念建党七十周年的评奖活动一共奖励了十部电视剧,其中三部是由我担任剪辑的,对此,人们给了我高度的评价。我也很高兴,作为一名共产党员,这也是我以自己的创作劳动,向党的生日奉献的一份礼物。在颁奖活动中,有一天,表现焦裕禄同一题材的话剧团、电影摄制组、电视剧摄制组三家在同一饭店设宴庆贺得奖,对手相逢,互致敬意,热闹非凡,皆大欢喜,在文艺界传为美谈,也成为我难以忘怀的盛事。

49. 剪辑大型电视连续剧《三国演义》

84集电视连续剧《三国演义》是中国电视剧制作中心继推出长篇电视连续剧《红楼梦》之后,摄录的中国古典文学名著改编的鸿篇巨制。罗贯中所著《三国演义》,内容丰富多采,场面宏伟浩大,时间跨度漫长,英雄人物辈出,争斗激烈,谋略千机,精彩纷呈,妙趣横生,在国内外有着极为广泛的影响。为了有计划有步骤地把这一古典文学名著改编成功搬上屏幕,成立了以戴临风、阮若琳、王枫、王扶林、任大惠为主要成员的领导小组,来主持、推进这一庞大的艺术工程。王扶林为总导演,下设五个摄制组,分别以张绍林、蔡晓晴、孙光明、张中一、沈好放为导演。领导小组坐阵北京指挥,五个摄制组分别到涿州影视基地等国内各处拍摄。到拍摄后期,我察觉各摄制组的战争场面都拍得不理想，大量缺乏近景、特写和景物镜头，于是建议成立一个专门的补拍摄制组，及时补救，以保证和提高全片的艺术质量。领导小组同意了我的建议，建立了补拍摄制组，由导演郝恒民负责，到各地补拍了不少水战、陆战、骑兵战的场面，很多诸如刀、枪、剑、戟、旗帜、刁斗、盔甲、仪杖之类的特写，和一些将领士兵战斗、打杀、格斗的近景镜头，总计补拍镜头数量相当于10集电视剧的长度。这个补拍摄制组工作效率很高，任务完成得很好，补拍的镜头量大质优，给我们的剪辑工作以很大的帮助，解决了后期制作中的大难题，其对电视剧制作成功的贡献不在那五个摄制组之下。

指导傅国航剪辑《三国演义》

戴临风、阮若琳、王枫等领导小组成员，一致决定邀请我担任大型电视连续剧《三国演义》的总剪辑，同时以洪梅、邓英、傅国航为分集剪辑。当时，长篇电视连续剧一般有两种剪辑方式：一是当各摄制组拍完一集后，由导演和负责该集的场记或剪辑一道初剪出样片，然后交总剪辑师审查修改进行细剪、精剪，直至定型完成；二是总剪辑师将全部素材集中起来之后，由分集剪辑初剪，然后进行通盘考虑实施剪辑，同时以摄制组各自初剪的片子做参考。我是以第二种方式进行工作的，这样做可以发挥摄制组（导演和剪辑）及总剪辑师两个方面的积极性；如有不同意见，领导小组可以同时调看两个剪辑样本，决定优劣取舍，公平合理，减少矛盾。原计划制作60集，后剪辑成84集播出，其长度前所未有，至今国内也还没有一部电视剧超出。从1993年6月到1994年7月，整整工作了一年，终于完成了长篇电视连续剧《三国演义》的全部剪辑任务。

《三国演义》是我影视生涯中剪辑篇幅最长、规模最大、难度最高、费力最多的电视艺术巨片。剪辑这部电视剧，是对我的剪辑能力、功力、实力的重大考验，我必须慎重从事，锐意探索，精心制作。为了剪好这部电视剧，可以说我使出了各种“看家”的本事，全力奉献，这一切均体现在该剧全部的剪辑过程之中。在此，我仅就其间一些较为典型的实例略加评述，从中可见我在剪辑上做出的努力。

（一）片头字幕。《三国演义》是一部宏大的历史巨片，片头处理极为重要。以往我国电视剧的片头几乎都是将全剧的精彩镜头组接起来，再把字幕叠印在画面上，这已经成为一种模式和俗套。艺术贵在创新。怎样构思一种既能高度概括主题，又有较高欣赏价值的片头，成为我和剪辑们追求的目标。经过反复讨论、研究、实践，我们终于制订出一个较为满意的片头设计方案，确定了序幕与字幕相结合的处理方法，而这又是在剪辑过程中最后完成的。

序幕原定为 1 分钟，后剪成 56 秒，37 个镜头。在这样短的时间里，如何展示“三国”的格局，体现“三国”的时势，不是选出几个精彩镜头组接起来就能解决的。要想给观众一个强烈的撞击，让观众易识、易记、易懂，就要有一个精巧的设计和缜密的构思，突出什么，表现什么，要有一个准确的把握。根据这一考虑，在 56 秒的时间里，我以四个部分的内容画龙点睛地提示“三国”的内容：①古代战争的阵列；②马队的厮杀，将士的搏斗；③火攻、水战；④少数民族风情。同时，运用了魏、蜀、吴三国的旗帜来强调三国鼎立，使观众一目了然（“蜀”之旗帜本应为“汉”，为了醒目而用了“蜀”字，从史实角度上看是个错误）。整个画面动感强，场面大，气势磅礴，不失历史巨片的古朴、宏伟、庄严。同时，56 秒的画面在慷慨悲壮的音乐衬托下，产生出一种古战场的沧桑感，给观众心灵上增添了新的震撼。紧接着，庄重、豪迈、舒缓的主题歌音乐起，在一群少数民族载歌载舞的画面上叠化出滚滚的长江水。之后，红色立体的“三国演义”字幕（隶书）随着滚滚的江水转出（水的流向自右至左）拉定。江水化出宽阔的长江画面，片名字幕“三国演义”从江面上淡出。宽阔的长江又化出滚滚的江水，同时浑厚的男中音唱出：“滚滚长江东逝水，浪花淘尽英雄……”歌词字幕是用白色仿宋体来表现。紧随歌词“……英雄”，字幕后横向流动出的人物画面是三维特技做出的老式古朴的椭圆形的刘备的头像，在刘备形象的画面上用仿宋体打出黄颜色的“刘备”二字。紧跟人物形象画面带出的是土红色的职员表字幕：总策划，策划……以此而陆续流动出人物画面诸葛亮、曹操……这 2 分 4 秒的歌词字幕、人物画面、职员表字幕都是随着江水的流淌自左至右而逝去，充满动感，与三国时期那混乱动荡的情势相吻合。当唱到主题歌的结尾“古今多少事，都付笑谈中”时，江水上化出红色隶书体的“第一部：群雄逐鹿”。然后字幕、江水、音乐一同淡出结束，全部片头完成。这三分钟的片头有场面，有人物，有气势，张弛有度，节奏明快。画面清晰明朗，虽都在运动之中，却无杂乱无章之

与《三国演义》主要演员孙彦军（左二、饰刘备）、路树铭（后、饰关羽）、李靖飞（左一、饰张飞）、鲍国安（右一、饰曹操）合影

感。观众既得到了大量信息，又看清了记住了字幕内容。领导小组对这一片头的制作深表满意。说新颖别致，诗情寓意兼备，具有欣赏价值，业内人士也给予了高度评价。

（二）第1集“群雄逐鹿”中“桃园三结义”的“结义歌”的剪辑处理。“桃园三结义”是电视剧《三国演义》的开场戏，成功与否，对全剧影响致大。该集导演和场记已将《结义歌》剪出样片，基本上是运用附加技巧来结构的，大量采用了“叠化”方法组接镜头。我看后感到问题较多，一是过多地运用了连续叠化的技巧，造成不应有的停顿；二是不恰当地在唱词、乐段之间下剪，使歌唱与画面不相吻合；三是“桃园”中缺少盛开的桃花镜头（还用了塑料假花），使色调暗淡，不利于渲染同生死共命运的激荡人心的情调；四是用了一个桃花落水随波漂流的镜头，使人产生“落花有意，流水无情”的联想，有损于刘、关、张三位壮士肝胆相照、义薄云天的性格特征和豪迈气概。为了使全片的“风头”昂首，我重新审看了全部素材，从中精心选择了一些表现人物心理活动的近景、特写，又从补拍的桃花空镜头中选择了两个桃花盛开的运动性镜头，结合音乐、歌唱，以突出人物为中心，着重人物情怀的抒发，重新构思，重新组接，一律采取“跳切”，充分把握画面的主体动作，结合画面造型因素，不用任何画面附加技巧直接切换，删去那些空洞、暗淡、虚假的画面，让每一个镜头都在一个乐句或一个强拍上转换，使“结拜”一举给人一种感染力、冲击力，让观众心灵受到震荡，在视觉和听觉上都得到满足。当歌曲的旋律由抒情转为节奏强烈的领唱、合唱时，出现了刘、关、张召集四乡百姓造刀枪、练武艺的诸多动作性强的短画面，声画合一，旋律优美，节奏鲜明，场面壮观，给全剧打造出一个漂亮的"开门红"，为全片赢得了一片响亮的"碰头彩"。

（三）第3集"董卓霸京师"中"赤兔马之歌"的剪辑处理。本集中，吕布喜得赤兔马，在歌声中兴奋地在山道上策马狂奔。该集导演与场记先已剪出一个小样，我看后觉得，一是"赤兔马"跑的方向乱，不统一；二是人与马的关系不明确；三是唱词歌曲旋律与画面内容不吻合；四是节奏拖沓不明快。这些因素也导致领导小组审看后未予通过。我重新观看了素材，重新确定了剪辑结构。根据情节进展和人物情绪，决定不用任何附加技巧，只靠人物动作、马奔跑的动作和镜头动作这三大动作来结构这场戏，充分发挥运动镜头的艺术效能。在不太多的素材中尽量选出质量较好的镜头，使整场戏的组接全是在运动中进行。尤其对赤兔马的剽悍和吕布的得意心态，都进行了大量的渲染。同时运用分剪、移植借用、错觉法等手段，使这场戏既有外部动作的流畅，又有内部动作的协调，节奏明快，情绪贯通，一气呵成。剪完后送审，领导小组很快就通过了。

（四）第4集"曹操献刀"中"曹操献刀刺董卓"一场戏的剪辑。这场戏，从情节到人物的内心活动，都处于紧张，惊惧、诡异的状态之中。虽然人物的外部形体动作是缓慢平和的，但观众还是感觉到此时此刻的紧张情态。这种处理，按戏曲的说法叫"紧拉慢唱"，虽然外部节奏并不激烈，但内部节奏同样能使观众感到人物内心的不平静。为了营造这种紧迫的节奏感，为了制造紧张气氛，我将表现曹操和董卓的镜头交叉剪接，而且景别越来越小，镜头越剪越短，配合着音乐，使观众感到愈来愈紧促急切，为曹操的谋刺成败而担心。在"献刀"这一转折点上，让董卓突然翻身面对曹操，把曹操和观众同时都吓了一跳，将紧张气氛推向顶点，于是"剪出戏来"收到了预期效果。

（五）第9集"孙策立业"中"孙策大战太史慈"一场戏的剪辑。这场戏是两虎相斗，争逞豪雄。剪辑时我在以下几个方面做足文章：①首先要尽力表现两位将军的勇猛善战，展示二将高超的武艺和机智勇敢的大将风度。②不论是马上拼杀，还是徒手搏斗，剪辑这些武打动作要讲究合理性逻辑性，事先要有一个总体设想和结构方案。③镜头宜短不宜长，要在动作性最强、最为惊险的部位下剪。④运用分剪、挖剪、借用、错觉等技法，使武打场面更为激烈。像孙策和太史慈在马上两条枪交叉在一起，怒目对视，采用分剪的技法可使气氛更加紧张，也更能充分地展示此刻人物的心态。当孙策跌下山崖、手抓树枝险些坠下深渊之时，又采取挖剪的技法使节奏加快，避去失真的部分，保证了武打场面的惊险。在两将策马追赶处，由于原素材中方向性出了问题，有可能使观众在视觉上产生混乱，这里又借用孙策一个由画中向画右打马出画的废镜头来调整追赶方向，使动作连续，时空合理。当二人双双落马徒手交战时，又使用错觉法使武打场面更为激烈，不露破绽。⑤在时空的转换上，从戏的内部结构出发，直接以动作接动作来转换时空，如(日景)孙策从悬崖上滚下出画，接(夜景)孙策滚入画内，使观众明白他们二人交战很长时间了，从白天打到深夜而不分胜负，真是棋逢对手，难决高下。经过剪辑处理，这场戏打斗得精彩逼真，场面紧张激烈，扣人心弦。

(六) 第14集“煮酒论英雄”中“温酒斩华雄”一场戏的剪辑。在原小说中，关羽一个迅雷不及掩耳的冲刺就将那位耀武扬威、不可一世的华雄一刀斩下马来，令人赞叹不已。电视剧在表现这场戏时，如果按照小说的描写，以短促快速的节奏来体现，就缺少铺垫、渲染和烘托，使观众感到戏太匆忙不过瘾，但浓墨重彩展开描述又与原著不相吻合。因此，导演采取了避实就虚的手法，将关羽斩华雄做场外处理，画面不直接表现厮杀，只通过各种人物的表情及温酒杯、张飞击鼓等镜头来渲染、烘托气氛，造成非厮杀而胜厮杀的效果。由于拍摄的素材过于简单，画面单调，缺乏感染力，初剪的样片效果不佳。后经过补拍关羽、刘备、张飞、曹操、袁绍、公孙瓒等人的情绪(表情)动作及温酒杯的近景、特写镜头(推、固)，根据戏的情节进展和人物关系、时空关系，将它们有机地组接在一起，形成一段情节紧张、表情各异、富有张力的好戏。尤其是温酒杯镜头的多次运用，强调了时间的短暂，更增添了紧迫感。同时，补托以万人呐喊声、击鼓声、音乐声，产生出一种强有力的节奏，使这场戏在没有真刀真枪拼杀场面的情况下仍不失原著所赋予的艺术表现力。这场戏主要在“温酒”上做文章，通过剪辑创作，既在外部造型上做足文章，又使内部时空关系的合理性得以体现。而这两个方面，正是我在剪辑艺术上的追求和原则。

(七) 第23集“官渡之战”中“徐晃夺粮”一场戏的剪辑处理。官渡之战前期，曹操以7万军队抵挡袁绍的70万大军，双方粮草已尽，都在全力调集。深夜，曹操书写催要粮草的文书，派人前往许昌，传令从速措办粮草，星夜解赴军前接济。下个镜头就是一队押送粮草的人马在夜中行进，观众自然会联想到曹操的粮草已到。其实不然，这队人马是袁绍部将韩猛率兵正押送粮草，星夜赶路。这种让观众看不明白、产生误解的效果，是原样片时

与洪梅(右)、徐艳玲(左)在《三国演义》编辑机房留影

空结构不合理所致。为此，我对时空结构作了调整，将这场戏中曹操写信催粮的镜头用在前面，而将之前派大将徐晃拦截韩猛粮草一段的镜头用在后面。这样，戏的结构就变成了曹操先让人去许昌催粮，再派徐晃将军拦截韩猛的押粮队，而随之韩猛大队人马走来，双方拼杀，韩猛大败，徐晃夺粮而归。这样，时空结构合理，既交待了人物关系，又使观众看清了剧情内容而不致产生误解错觉。

(八) 第29集“携民渡江”中“逃亡路上”一大段戏的剪辑。襄樊失守，刘备携数万民众向南撤退逃亡。这一集拍得很糟糕，素材只能用“杂乱无章”四字来概括。刘备、赵云还有甘、糜二夫人，混杂在逃命的人群中，没有主次，没有重点，缺乏主要人物的中近景和特写镜头。逃亡中还伴唱着一首歌，但又缺乏与歌词内容相对应的画面，起不到相互映衬、烘托的作用。剪辑时，我只能从原始素材的情况出发，对结构进行大幅度的调整，插接进不少补拍的各类镜头，同时考虑到歌曲的节奏，突出刘备等主要人物，重新安排镜头的长度、运动和组接。最后，让刘备等人上船，乘舟远去，以一个大全景结束。经过这一无可奈何的剪辑处理之后，这一集算是勉强可以看得下去了。

（九）第30集“舌战群儒”的剪辑。诸葛亮与东吴大臣辩论“抗曹”之理，争执激烈而互有节制。电影片和电视剧最怕表现“开会讨论”，既不能搞成一问一答，又不能各说各的，剪辑上也不好处理。这一集在拍摄和初剪时出现了一些问题，东吴大臣个个像“草鸡”，而诸葛亮雄辩滔滔，不可一世，犹如鹤立鸡群。这样处理，如何达到“联合抗曹”的目的？于是，我在剪辑时对此予以调整和弥补。我确定了以诸葛亮为中心，着重表现发言者的神态，兼顾倾听者的反应的剪辑原则。以语言动作为主，形体动作为辅，将语言动作和形体动作有机地结合起来。以突出表现诸葛亮为中心，但绝不能削弱“辩论者”的威吓、刁难和气势，不能把东吴大臣塑造成一群草包，如果那样处理就反而贬低了诸葛亮“舌战群儒”的难度，更达不到说服东吴“联合抗曹”的目的。既不能没有“中心”，又不能搞“三突出”，要从这场戏的“最高任务”出发，妥善安排各方面的关系，掌握好“火候”与分寸感，使这场戏处理得既火爆又沉稳，生动有趣，恰到好处。

（十）第39集“火烧赤壁”中战斗场面的剪辑。赤壁之战是《三国演义》这部巨著中最有名的一次战役，规模宏伟，紧张激烈，人物众多，场面浩大，水路旱军同时并进。拍摄时，动用了七台摄像机同时拍摄，素材很多。在剪辑这一场大戏时，我总结了以下几点做法：①首先将素材审看几遍，理出头绪，分类备用。②根据导演工作台本的提示，结合所拍素材，重新结构，对不合理的地方进行调整。③注意处理时空关系，水路、旱路要交叉剪辑，既要有场面，又要有人物，还要保持时空合理。④突出表现赤壁大战的主要人物曹操和周瑜。一场大战使曹操损失惨重，但由于前期拍摄的有关镜头不多，表现不出曹操失败的惨状。于是，我建议补拍一些曹操奔逃的镜头，然后将补拍的镜头插接进去，对刻画曹操这一人物的形象起了很好的作用。⑤不能为了表现大场面，将有关的镜头都剪辑进去，那样会显得庞杂臃肿。镜头要选择运用恰当，表现场面不能过长过多。场面是为人物服务的，如果没有人物的活动，场面只能是单一的介绍。⑥在剪辑曹操奔逃时，起初是将一些动感强、画面造型美的中景、近景、特写镜头全都组接成一组连续不断的画面。后来仔细一看，感到这样处理过于杂乱，人为痕迹浓重，颇有失真之感。于是，我在其中插接几个环境景物镜头，这样，既解决了失真问题，同时也强调了周围的环境气氛，使战场显得更为壮观。⑦运用多种剪辑手段，将一些镜头分剪用、重复用、交叉用，以烘托气氛，营造环境氛围。⑧整个战役除了有台词的画面外，镜头用得都比较短。短镜头能产生一种强烈的节奏，这是剪辑战斗场面的一大特点。⑨战斗场面的镜头组接要充分考虑画面造型的匹配，要满足观众的艺术欣赏需求，既看得清楚明白，又能领略到画面、节奏、情调之美。⑩解决好方向性问题。战斗场面最讲究方向性，如果一场战役出现方向性错误，那么，这场戏剪得再好也是失败的。因为，方向就是确定敌我双方的方位，方位错了，等于自己打自己。如果在双方将士的服装上没有太大区别的话，那就更是一笔糊涂账。“火烧赤壁”是夜景戏，画面清晰度降低，曹兵和吴兵的服装在大火的照映下不容易分辨出来，这给剪辑带来一定的难度，一旦方向错误，那就根本分不清谁是曹兵，谁是吴兵了。因此，在剪辑时，我首先确定双方的方位，决不随意更换。要明确曹兵从哪个方向逃跑，吴兵从哪个方向追击，不能混淆。在某些地方，曹兵的胡乱奔逃、相互冲撞是可以的，但景别不能太大，尽量以中景、近景表现。而大全景、全景、远景的方向一定要统一，这是剪辑战斗场面尤为重要的一环。

总之，处理这样的战斗场面时，不能急于下剪，要稳扎稳打，先将素材理清，再将结构理顺，制定出一个初步的剪辑方案，然后再根据实际情况有计划、有步骤地进行组接。像“赤壁之战”这样的大戏大场面，在有计划有准备的前提下，我还整整剪了七八天，可见战斗场面的剪辑实在是不简单，确实是检验剪辑人员功力的所在。对战斗场面的处理，剪辑人员要高度重视，稳妥从事，切不可掉以轻心，随意乱来。

（十一）第46集“卧龙吊孝”中“灵堂祭吊”一场戏的剪辑。周瑜病逝，诸葛亮到东吴祭吊，灵堂内哀痛中透着杀机。饰演诸葛亮的唐国强，在这场戏中表演出色，非常到位。但拍摄时镜头用得太长太拖，样片剪辑得疙里疙瘩，不够顺畅。我在重剪时，特别注重保持唐国强表演的完整性，同时着意通过东吴各类人物（如小乔、鲁肃、潘璋、丁奉等人）的反应来衬托诸葛亮这一人物形象。并在诸葛亮诚意致祭的过程中，插接了不同的人物、白幡素旗、灵位烛台等镜头，营造出悲痛、沉郁、紧张的气氛，有力地烘托了唐国强的表演。这一集剪完后，大家一看都很满意，戴临风还不太满足，提出再插接一个诸葛亮（唐国强）的大特写，我遵照办理，效果不错。戴临风说，老傅，这场戏的剪辑，比湖北台拍的电视剧《诸葛亮》“吊孝”一场更生动、更感人，完全达到了我们预期的设想和要求。

（十二）第47集“割须弃袍”中“曹操割须弃袍”一场戏的剪辑。曹操兵败，马超追赶，曹操在逃跑中割须弃袍，最后终获营救。这一集拍得不错，但曹操、马超和接应人（曹洪）三者之间的关系没有处理好，方向有差错，时空有问题。我在剪辑时，不具体表现割须、弃袍的过程，割须时曹操持刀割须一动即剪，重点放在割须、弃袍及接应人突然出现的结果上，从而避免了曹操跑马奔逃的停顿，同时突出了曹操的机智和当时狼狈、紧迫的境遇。表现这一危急关头时，既要突显出千钧一发的紧张情状，又要保持时空关系的合理性。在这里，不能拖沓，不能零乱，要准确地选择把握好剪接点，才能突出人物形象和环境气氛。

（十三）第65集“兵渡泸水”的剪辑处理。诸葛亮挥军渡过泸水（今天的怒江），进入“南中”（云南），士兵饮水中毒，疾疫流行，陷入困境。摄制组到云南外景地一阵猛拍，带回来不少素材，但是质量不高，画面造型、方向、色调都有问题。这么多素材，用多了显得堆砌，没有层次；用少了又显得零散，没有气势。我审看了全部素材，进行了严格的选取，然后理顺线索，使剧情有层次有步骤地开展。先是表现大军抵达泸水江边，有部分军士下河游泳，部分军士喝水；然后从一个兵士一个军官发病晕倒，到一批又一批兵士军官患病倒下，疫情蔓延，蜀军陷入困境，剧情发展脉络清楚，生动顺畅。

（十四）第66集“绝路问津”的剪辑处理。诸葛亮率蜀军进入“南中”，孟获封锁交通要道迫使诸葛大军绕行荒无人烟的森林地带。士兵误引毒泉，患病甚众，寸步难行。诸葛亮亲自前往寻找人迹，最后终于找到一深山隐士，了解到实情。由于该集导演在拍摄时的处理与此情节有较大出入，原始镜头连接起来就成了深山隐士主动上门求见诸葛亮献上良策，使蜀军得救。如果这样表现，矛盾冲突就不激烈，戏剧悬念也不强烈，体现不出蜀军的艰难处境及诸葛亮的鞠躬尽瘁，对塑造人物不利，而且也与原著的内容相违背。总导演王扶林认为这样处理不行，决定重拍这场戏。但去云南外景地拍摄的大队早已撤回，要补拍得等到第二年的夏天，不但费时、费力、费资金，而且时间也不允许。为了弥补这一前期拍摄的失误，我提出可以通过重剪，设法达到剧本所要求的效果。王扶林同意试一试，只要能体现出诸葛亮亲自去寻找人迹就可以。我根据总导演的要求，对素材重新审看，制订出新的结构方案，在现有素材的基础上，多次运用移植借用手法，甚至借用了“三顾茅庐”一集的镜头，“张冠李戴”，“弄假成真”，最后终于剪出剧本所要求的效果，节省了一大笔经费，又赢得了时间，真是一举两得。这说明，只要肯动脑筋，是可以在不利条件下“剪出戏来”的。这要求剪辑人员必须十分熟悉素材，并且有敏捷的联想能力，否则，即使有了好的素材，也不能、不会、不去使用，于事无补。

（十五）第67集“七擒孟获”中“牦牛阵”一场戏的剪辑。这场戏，该集导演拍了很多素材，牦牛冲阵，蜀军防卫，牦牛冲入蜀军阵中，蜀兵在牦牛群中逃命等等，都是很有动感的画面。但由于拍摄时牦牛冲阵和蜀军防卫都拍了两个方向，初剪时对方向性问题又没有引起重视，因此画面效果显得混乱。加之镜头用得太滥，简单罗列，互不呼应，更使这场戏结构臃肿，节奏拖沓，产生不了预期的惊险、紧张、恐怖的效果。为了改变这种不利状况，我重新审看素材，重新制订剪辑方案，对这场戏的结构形式进行了调整。首先解决方向性问题，两个方向的素材只能用一个方向的，另一方向的素材全部割舍，不然仍是一团乱麻。其次，选择动感强、画面造型美的镜头将它们组接起来，剪去那些虚假的画面，使动作总体看来较为真实。第三，牦牛的冲阵和蜀军的防卫要有呼应，运用交叉剪辑，产生强烈的对比、对抗，险象环生，气氛紧张。第四，镜头的长度要恰到好处，镜头宜短不宜长，有的只要几帧亦可，以造成强烈的节奏感。第五，主要人物如木鹿大王和魏延、赵云的反应要与场面有机地交融在一起，使矛盾冲突显得更加尖锐。第六，借用镜头要与环境、背景、人物心态相吻合，力求看不出破绽，以增强戏剧性。第七，为了不给观众留下拖沓、厌烦的感觉，要求导演从剧情的顺畅开展出发，忍痛割爱，坚决拿掉多余的镜头和素材。同时，要见好就收，让紧张、激烈、惊险的场面还没完结就戛然而止，给观众留下意犹未尽的感觉。这场戏，经过在剪接台上重新分镜头，在“气势”上做文章，收到了上乘的效果，使之成为全剧中比较火爆好看的场面和段落。

（十六）第72集“司马取印”中“攻克陈昌城”一场戏的剪辑处理。出祁山后，蜀军攻打陈昌城，魏军坚守，爆发激战。这场戏拍了很多素材，剪了一个5分多钟的初版样片。我看了以后，觉得有修改压缩的必要，总导演王扶林也明确要求重新剪辑。于是，我对这场战斗进行了新的剪辑处理，主要是：①“攻”与“守”要明确，表现阵法的场面不能过多，以免减弱气势，造成镜头堆砌之感。②蜀、魏两军将领的镜头要结合战斗进程准确运用，以展示人物的情绪和性格。③表现攻城、守城的战斗动作都要层次分明，快而不乱。④镜头宜短不宜长。长镜头容易失真，造成时空不合理。如果将一个攻城的长镜头用完，再接防卫的镜头，攻城的士兵早就爬上城墙了，动作、时空都会出现破绽。而短镜头既能增强节奏，表现惊险情景，也能使时空比较合理。⑤攻守双方要交叉剪辑，以加强战斗场面的激烈程度。⑥巧妙运用重复镜头。这场戏，蜀军攻城的镜头拍得较多，而魏军防守的镜头相对较少，尤其是魏军射箭的镜头拍得更少。为了表现攻守之间的激烈对抗，形成紧迫、激越、急促的节奏，在缺乏可用素材的情况下，我只得将现有的几个镜头重复运用，以取得较好的效果。不过，在使用重复镜头时，切记要避开动作的重复。⑦画面造型美、动感强的镜头不能无节制地使用，用得太多了，会有损于电视剧的感染力。比如"油锅"一段，镜头很多，也有气势，但如果全部用上，一是节奏拖沓，二是时空不合理：蜀军云梯已架上，魏军还在那里没完没了地倾倒油锅中的热油，那蜀军早就攻上城了。只要一失真，观众就会出戏。因此，镜头的选择组接，剪辑手段的运用，都要从电视剧内容的需要出发，都要为观众的欣赏要求服务。电视剧《三国演义》中攻城掠地的战斗场面不少，这场戏算是处理得比较好的一例。

（十七）第71集"空城退兵"的剪辑。"空城计"是《三国演义》中的名篇名段，但在电视剧中，却不好表现。因为它是诸葛亮和司马懿之间的"心理战"，缺乏外部动作，更没有激烈的对打交锋，又不能像戏曲那样用悠长的唱段表达各自的智谋和心态。该集导演拍摄时也感到困难重重，只好按照剧本摄录下来，因此素材质量一般。我经过思考，在剪辑时特别注意运用城上、城下之间的关系性镜头，将不同景别的俯（城上诸葛亮）、仰（城下司马懿）镜头交替使用，交叉剪辑。以诸葛亮为主，司马懿为辅，着重表现他们二人之间在遥望、审视中的眼神、情态，彼此之间的猜测、忖度和摸底，发动心理攻势，考虑攻守进退，实施"无声无形的战斗"。我还特别注意运用音乐、声响的衬托，掌握好"外松内紧"的节奏，有时"无声胜有声"，反而使人紧张得透不过气来。这场戏，一靠演员的出色表演，二靠剪辑对关系性镜头的巧妙运用，三靠声音节奏的掌握，终于取得了良好的艺术效果，得到观众和业内人士的称赞。

（十八）第77集"秋风五丈原"中"祭诸葛"一场戏的剪辑处理。诸葛亮病逝于五丈原，蜀军将他的遗体运回成都，刘禅及众文武大臣和蜀汉的百姓为诸葛亮送葬。这场戏拍得很壮观，场面大，人物多，画面气氛感人，满天的纸钱令人感叹（据说制作纸钱、纸幡、纸棒等物用了五吨纸）。加之镜头运动、画面造型都较为匹配，初看素材使人激动，感到难于下剪，不少画面难以割舍。60分钟的高质量素材为剪辑提供了宽广的创作余地。当然，谁都明白，如果将素材全部用上那就太冗长了，只能把那些最优美的镜头组接起来使用。该集导演张绍林自己根据素材初剪了一版，共6分多钟，基本上将好的镜头都用上了，颇有气势，也有一定的感染力。我看过之后，感到如果再精练一些，对一些镜头重新调整，将重复使用的镜头剪去，效果会更好。为此，我对素材又进行了重新审看，重新结构了这场戏。①对方向性问题进行调整，确定送葬的灵柩是从左至右，刘禅及文武大臣哭灵是从右至左。因为，画面有两个方向的素材，如果一会儿向右，一会儿向左，就会给观众造成视觉上的混乱。②主要人物刘禅、孟获、姜维的情绪镜头要与祭奠灵柩紧密地结合起来，不要单一地处理，否则缺乏直接的感染力。③多用运动镜头，造成一种强烈的动态感，一种流动性，给人一种追思延绵不断的感觉。④选用一些舒缓、平稳的镜头，以表现悲痛、沉重、压抑的情绪和气氛。⑤要舍得“割爱”，重复、同类、相似的镜头一律不用，避免堆砌。⑥对长达一两分钟的镜头进行分剪、挖剪，使长镜头变成短镜头，适当加快节奏。⑦掌握好节奏，努力使观众的情绪一直处于饱满的、悲痛的、深沉的状态之中。当整场戏剪完后，总长 2 分 15 秒，总的看来效果尚可。但是后来歌曲插进之后，就觉得不满意了。因为画面与声音不吻合，长度也不对(歌曲为 2 分 30 秒)。为了达到声画合一的效果，我在现有的基础上按照歌曲的旋律、节拍、乐句，对画面又进行了调整，个别地方又插接了一些镜头，使画面与声音有机结合。最后定稿为 2 分 30 秒，镜头 30 个，总导演、该集导演和词曲作者观看后都给予了充分肯定。

（十九）第 83 集“偷渡阴平”的剪辑。邓艾父子率魏军偷渡阴平进攻蜀汉，翻山越岭，备尝艰辛。这一集素材本来就拍得不多，质量又比较差，零散杂乱，戏路不明，线索不清，方向也有问题，搞不清楚军队是在向何处行进，是上山还是下山，是蜀军还是魏军。尤其是翻越摩天岭一场戏，一群人从山上滚下来，不知下落，又突然从山沟里跑出，让观众丈二和尚摸不着头脑。我运用剪辑手段，将素材重新安排，理清主线，突出邓艾父子有步骤有层次的“偷渡行动”，让观众看个明白。尤其是大量使用了补拍的镜头，插接其间，将全局盘活，使这一集的面貌大为改观，成为全剧结尾部分较有看头、存有悬念的“收关”之作，留下了一些可以回味的余韵。

长篇电视连续剧《三国演义》播出后，反响强烈，广受欢迎，如同一场旋风席卷中华大地，而且波及到东南亚和全球华人世界，其势头数载不衰。它荣获飞天奖一等奖，演职员中也有多人获奖。在欢庆成功之时，我也感到这部电视剧的创作尚有诸多遗憾。一是由于分成六个摄制组(加上补拍组)各自分别拍摄，总导演在总体统筹把握上力有不逮，造成了全剧风格、基调、影像很不统一。二是不少集在场面、情节、结构、节奏的艺术处理上还不够精采，不够高明，屡有失误败笔。三是战争场面大都拍得不理想，散乱，虚假，缺气势，少层次，一场混战，尤其是马上对打、骑兵交锋更是空有架势，如同儿戏。虽然投入甚多，花钱不少，但就艺术质量、文化品位而言，电视剧《三国演义》不如电视剧《红楼梦》。不过，作为剪辑，我们在创作上所花费的心血气力，所付出的劳动，却是前所未有的。当然，我们也从中得到了锻炼，积累了经验，提高了剪辑艺术水平。我相信，只要认真总结、汲取、运用这一份宝贵的创作经验，若干年后，当我们重新改编制作数字版的长篇电视连续剧《三国演义》时，一定会取得更为精彩、更加辉煌的成绩。

50. 最后参与剪辑的极有意义的两部电视片

1997年11月，我受中国青少年发展基金会之邀，剪辑了18集电视连续剧《希望》。该剧表现了以自愿资助贫困地区少年儿童上学为内容的“希望工程”，很有现实意义。邓小平生前特地题写了片名，表示对此片的支持和重视。这是我剪辑生涯中剪辑的最后一部电视剧片，能参与有关“希望工程”的艺术创作，也感到意义重大。

《希望》一片的招贴画

长篇电视连续剧《希望》由中国青少年发展基金会、中亚新闻文化发展公司等单位出品。前期拍摄导演龚艺群，我任后期制作艺术总监和总剪辑。该剧由那位国人熟悉的、“希望工程”宣传画中的主角“大眼睛小姑娘”来自己演自己受助上学的动人经历，带有很强的纪实性。同时，又编了一个不怎么精采高明的故事，由几位演员扮演教师，到“希望小学”去任教。原始素材中，表现农村的贫穷、落后、艰苦，农村孩子上学的困难、期望、执着的部分，生动真实，令人震撼，催人泪下。但那些编造、表演出来的“戏剧”部分却显得虚假、造作、矫情。这二者之间反差巨大，不相匹配，给剪辑和后期制作带来了不少的困难和麻烦。经过反复比较认真考虑，我决定尽力避开那些虚假的表演，删掉那些不合理不合适的部分，适当减少教师（大人）的戏，设法加强学生（小孩）的戏，剪掉一些过于直露表现农村贫困落后的镜头，将原来的20集压缩为18集，使全片面貌大有改观，成为一部较为紧凑、生动、好看的电视剧。由于该片具有很强的纪实性，素材真实生动，具有震撼力和冲击力，又是着意表现“希望工程”的，所以电视台一播放，反映就很热烈，可以说是老少争看，好评如潮。之所以如此，我想，除了电视剧本身具有的感染力之外，也体现了人们对国家的兴旺、对下一代的教育成长，抱有殷切的无限的“希望”。

2002年六七月间，我应邀参与电视动画片《哪吒传奇》样板片的剪辑工作，担任剪辑指导(未挂名)。该片是中央电视台青少年部为落实中央宣传部、国家广电总局倡导的“少年儿童动画艺术工程”的部署而拍摄制作的52集电视动画系列片，有着弘扬中华优秀文化，丰富少儿文化活动，扩展国内动画领域，开拓国际动画市场的重大意义。这也是我的剪辑人生中最后剪辑的一部电视片。能为很有现实意义和文化内涵的“动画工程”做一些工作，我感到荣幸和高兴。

52集电视动画系列片《哪吒传奇》根据古典神怪小说《封神演义》有关章节和民间的哪吒传说改编。导演陈家奇、蔡志军，绘画导演张族权。具体与我联系、安排剪辑工作的，是少儿部制片部门负责人李杰。我前去着手参与剪辑时，52集已拍了三分之一。中央电视台的领导赵化勇等人看了已经拍得的素材，认为质量不行，很不满意，下令暂停拍摄。赵化勇要摄制组将第12集“水淹陈塘关”重拍重剪一遍，广泛征求意见，再决定下一步如何进行。我和中央电视台的领导、各方面的专家，一道观看了这一集的样片，大家都说不行，提了不少意见。我讲了三点看法:结构散乱，情节进展不顺畅;主人公哪吒的形象不丰满、不动人、不突出;镜头语言不讲究，不少镜头的组接处理不符合影视艺术创作的基本规范。余培侠主任完全同意我的判断，并请我对这一集重剪，搞出个样板本来。他鼓励我排除顾忌，大胆创新，并派央视八频道编辑傅国航(我的小儿子)协助我工作。我将全部素材认真地观看了几遍，针对上述三方面的弱点，运用各种剪辑手法，对原来的结构做了较大幅度的调整，理顺剧情发展线索，突出主人公哪吒，发挥动画的优势和特色，适应、激发少年儿童的欣赏习惯和兴趣，力争剪出一集结构严谨、造型优美、情节生动、节奏明快而又充满童趣的动画片。原来一集将片头片尾算在内22分钟，后剪成18分钟，由于时间和片长不够规范，我又建议导演补拍了一段戏的镜头插接进去，使情节进展更为自然顺畅。对该集的结束部分我也重新做了处理，将全集的戏推向高潮，同时留下令人关注的悬念，使少儿观众还想观看下一集。这一集重新编剪完成后，赵化勇、胡恩等审看后都一致通过此样片，并对摄制组人员说，以后《哪吒传奇》的创作，就以这一集为样板，进行拍摄、剪辑和制作，不得低于这一标准。因此，摄制组的创作人员都将我剪辑的“水淹陈塘关”这一集，称之为“样板片”，作为全剧拍摄、剪辑的标杆。后来，52 集《哪吒传奇》制作完成，播出后极受少年儿童观众和部分成年观众的欢迎，收视率很高，还获得诸多奖项，如金鹰奖、亚太地区电视动画片奖等等，收获巨大，影响深远。

有意思的是，我最后剪辑的这两部电视片，即电视剧《希望》和动画片《哪吒传奇》，都是少年儿童题材。而我当年在昆仑公司独立剪辑的第一部故事片《三毛流浪记》，也是一部儿童片。这似乎象征着我的剪辑生涯从难童“流浪”开始，具有“传奇”性质，最后到达了“希望”的彼岸。同时，我以为这也预示着，中国的影视艺术，经历了坎坷曲折的充满传奇色彩的奋斗历程，正迈向充满希望的美好的明天！

51. 电影剪辑学会的壮大和发展

20 世纪八九十年代，在剪辑或指导剪辑了大量电影片电视片的同时，我还和影视剪辑界的同仁一道，成立和壮大了中国电影剪辑学会，并且担任了首届和第二届学会会长，为中国影视剪辑事业的发展、剪辑艺术的提高和剪辑队伍的扩大，做了一些工作。电影剪辑学会的成立和扩展，不但是中国影视剪辑界的一件大事，也是我个人剪辑生涯中的一桩大事。

党的十一届三中全会的召开，标志着改革开放新时期的到来，文艺界也迎来了生机勃勃的春天。八十年代初，各种协会、学会雨后春笋般的破土而出。当时，中国电影家协会已经恢复工作，在它之下已成立了中国电影文学学会等几个分会，在这种情势下，电影界各专业部门的创作人员纷纷酝酿成立各自的业务研讨组织，各电影厂的剪辑人员自然也提出了成立剪辑学会的希望和要求。1980 年夏秋之季，上影厂技术处副处长韦纯葆到北京开会，我们是老熟人，会议期间，他到我家来聚会，第一次谈起成立剪辑学会的事。我们都认为，剪辑在中国电影界一直不被重视，仅是到后期制作时才想起剪辑工作，要剪辑发挥作用以完成摄制组的制片任务。之所以如此，一是由于中国电影发展的历史所造成，电影界在艺术上只强调编、导、演，技术上只重视摄、录、美，其他业务部门都被看成是纯技术性的辅助部门，剪辑亦为其中之一，长时期在片头字幕上被排在化(装)、服(装)、道(具)之后，而不把剪辑看成是影片第三度再创作的体现者和主持人。二是由于剪辑人员总体艺术技术水准不高，缺乏文化、艺术、理论的修养，不少人还停留在工匠式的接片员水平。剪辑从业人员大都没有较高的学历，文化层次不高，很多人都是以师傅带徒弟的方式通过实践历练出来的。“文革”后有大批青年人加入剪辑队伍，他们虽有一定的文化水平，却基本功训练较差，尚难以适应剪辑工作的要求。如果能成立学会，就能以剪辑学会的名义组织团结联络业内人士，进行业务交流，举办各种学习班、培训班，请专家、学者讲课，学习各种电影理论和知识，从而在总体上提高剪辑人员的业务水平。于是，我和韦纯葆分别同新影、八一、上影厂的剪辑人员商讨此事，他们都同意我们的想法，希望尽快成立剪辑学会。因此，成立中国电影剪辑学会，既是在改革开放初期顺应潮流的举措，也适应了开展剪辑业务、提高剪辑艺术水平的实际需要和客观要求。我在北京，韦纯葆在上海，分别为筹建剪辑学会做了大量的组织联络工作。可以说，我们俩是组建中国电影剪辑学会最早的倡议者和筹建者。

经过我们的紧张工作，1980 年 11 月 28 日，在北影厂召开了全国电影剪辑(学会)筹备会议。参加者有北影的傅正义、朱小琴、陈家熙、周新霞，上影的韦纯葆、朱朝升、周国柱，上科影的吴子英，长影的祖述志、周莹缄，八一的吉星，新影的黄玉芬、林章浮，北科影的于鎣，珠影的谭庆龙，上海技术厂的李福基等。筹备会决定向全国剪辑界发出倡议，成立中国电影剪辑学会。规定文艺十一级以上的剪辑师、副剪辑师都可申请加入学会，副导演、场记、翻译也可参加(当时电视还未普及，因此没有顾及电视片剪辑)。筹备会要求各厂剪辑部门撰写总结剪辑经验的文章，筹集资金，推举代表，准备参加一年后举行的全国首届电影剪辑代表大会和学会成立会议，这一倡议得到各厂剪辑人员的热烈响应。我在北京进行的有关筹建工作也得到北影厂领导和剪辑车间、洗印车间的大力支持。

筹备成立电影剪辑学会一事，也得到了文联、影协、有关领导和夏衍、司徒慧敏同志的支持。经过整整一年的筹备，1981 年 11 月 29 日至 12 月 9 日，全国电影剪辑代表大会在新影礼堂召开。来自全国 25 个电影单位的 84 名代表出席了会议(住北影厂招待所)，除故事片厂的剪辑外，还有科教片厂、美术片厂、新闻纪录片厂、译制片厂、洗印厂等单位的剪辑人员。开幕式上，夏衍、司徒慧敏、袁文殊、张骏祥、陈播、钱筱璋、汪洋、黄汉、谢铁骊等人都出席并发表讲话，总结过去，瞻望未来，明确了剪辑在电影创作中的性质、地位和任务，鼓励剪辑人员在新时期的电影创作中发挥更大的作用。会议期间，着重剪辑业务交流探讨，大家总结经验、研讨各种艺术技术问题，会议气氛十分活跃。与会者还一致提出要给自己“正名”，以前叫“剪接”，从此以后一律称“剪辑”，在片头字幕上要有“剪辑”一栏并将位置适当提前(直到 2000 年，剪辑在片头字幕上的位置，才从化、服、道之后，提前到编、导、演、

在全国首届电影剪辑专业会议上傅正义发言

摄、美、录之后）。讨论中大家都认为，提高剪辑人员的理论、文化、业务水平是当务之急，并就开展剪辑业务学习和探讨，举办学习班、培训班、研讨班等纷纷发表意见。同时大家还就增强剪辑队伍的团结，活跃剪辑业务交流，形成了一致意见（当时还提到邀请香港、台湾地区同行参加剪辑学会的意愿，后来因为多种原因未能实现）。会议通过了由我和韦纯葆、周国杜等人起草的《中国电影剪辑学会章程》。《章程》明确规定，中国电影剪辑学会是"中国电影剪辑工作者自愿结合的学术性群众团体"，其宗旨是"团结电影剪辑工作者在马克思列宁主义、毛泽东思想指导下，在中国电影家协会领导下，从事电影剪辑及其理论研究工作，为提高我国电影剪辑的艺术和技术水平而努力"，具体工作任务是"组织会员学习业务，研钻技术，总结和交流创作经验，加强艺术实践，举办国内外影片观摩，进行学术研讨活动"。《章程》还对学会的"会员"、"组织"、"经费"等方面做出了规定，当时在"入会条件"上曾有过一些争议，经过讨论取得了一致。12 月 9 日，大会闭幕的那一天，选举了学会的领导机构，宣告中国电影剪辑学会正式成立。

经过协商和选举，建立了中国电影剪辑学会的组织机构，大家一致推举钱筱璋为名誉会长，聘请张骏祥、谢铁骊、王家乙、黄汉为顾问，选举傅正义等 32 人为理事，傅正义等 11 人为常务理事，傅正义为会长，韦纯葆、薛蕴华、祖述志、刘云英为副会长。

韦纯葆，1927年出生于江苏镇江。早年在上海新华影业公司洗印课剪辑室学艺，1945年抗战胜利后，转入上海实验电影工场和“国泰”影业公司做剪辑。剪辑了故事片《莫负少年头》、《小城春秋》、《浮生六记》、《忆江南》和梅兰芳主演的我国第一部彩色戏曲片《生死恨》等二十多部影片。解放后，韦纯葆进入上影，剪辑了《妇女代表》、《山间铃响马帮来》、《为了和平》、《布谷鸟又叫了》、《香飘万里》等故事片，并与谢晋合作，剪辑了影片《女篮5号》和《红色娘子军》，取得了极大成功。韦纯葆不仅是位优秀的剪辑师，而且还是电影新技术的积极探索者和推广者，对电影声带由胶片发展到磁带的工艺革新做出了重要贡献。1959年韦纯葆加入中国共产党，并被任命为技术科副科长和技术办公室副主任，长期担任上影厂技术行政领导工作。我和韦纯葆早年在上海就熟识，之后也长期保持联系，他对筹建电影剪辑学会很有贡献。薛蕴华，河北宛平人，1929年生。1937年10月参加革命，曾在山西新军工卫旅、绥远军区文工团当演员，任戏剧队长。1954年调入八一厂任剪辑师，剪辑了故事片《金铃传》、《怒潮》、《雷锋》和纪录片《移山填海》、《绿色的原野》等片，在军内外剪辑界很有影响。祖述志，1930年生于黑龙江勃力县。1947年考入在兴山的东北电影制片厂第一期训练班，后分配到剪辑车间工作。她剪辑了《丰收》、《土地》、《扑不灭的火焰》、《英雄儿女》、《创业》、《苦恋》、《苦难的心》等故事片、译制片、纪录片数十部，是长影卓有成就的优秀剪辑师。刘云英，系新影厂资深剪辑，工作热情积极、认真负责，在剪辑学会的筹建过程中起了重要作用。学会理事会下面分设联络、宣传、教育、财务组，常设机构先设在北影剪辑车间，后移至新影，由我和刘云英负责。常设办事机构的管理工作主要是联络各厂会员，发展会员（第一届学会期间发展会员至160多名），开展业务交流活动，举办学习班、培训班等。其间，办了一个以交流剪辑工作经验、探讨剪辑艺术理论为主要内容的刊物《影视剪辑》，可惜只办了一期，就因缺乏资金而停刊。说实话，那时剪辑学会的工作，主要由我主持进行，为此我花费了大量的精力和时间。

需要强调的是，剪辑学会的成立、发展和壮大，一直得到文化部、电影局和影协有关领导的大力支持。学会成立前报批时，我们给文化部电影局递交了申请报告，司徒慧敏批了“同意成立”；而全国文联鉴于当时成立协会、学会太滥太多而不予批准；后来还是夏公亲自出面，才由电影局报文化部批准成立。学会成立时，电影局拨发了一笔资金作为启动经费，后来学会举办学习班、进修班、读书会时，电影局也拨款资助。剪辑学会在中国电影家协会旗下，是它的二级学会，也在各方面得到影协的指导和支持（现在按照有

中国电影剪辑学会全国理事会召开专业会议，邀请陈荒谋（前排中）讲话，前排右四为傅正义、左二为韦纯葆

关方面新的规定，剪辑学会与影协脱钩，成为一级学会，属于中国电影集团公司）。同时不能忘记的是，由于剪辑学会设在北京，也在多方面得到北影、新影和电影学院、广播学院以及中央电视台、北京电视台的支持和帮助。

1982年7月，中国电影剪辑学会、中国电影电视技术学会与中国电影家协会技术研究部在北京联合举办了“电影电视剪辑学习班”，这也是剪辑学会承办的第一期(届)关于剪辑艺术的学习、培训、研讨班，是学会开展的重要业务活动。(中国电影电视技术学会简称CSMPTE，是文化部和中央电视台联合成立的研究、推广电影电视技术的专门组织，司徒慧敏任理事长，钱筱璋任副理事长，我在其中的剪辑委员会任主任)7月7日正式开班，在开学典礼上，影视技术学会副理事长钱筱璋、副秘书长文英光和影协书记处书记陈默等领导出席并讲话。开办学习班的主要目的是通过课堂讲授、影片观摩、参观设施、讨论交流等方式，提高剪辑专业人员的艺术技术水平。学习班聘请了国内电影界的理论家、评论家等艺术技术方面的专家来授课，主要讲授电影美学、电影艺术创作论(包括电影文学、导演、摄影、美术等)、剪辑理论与技巧等方面的知识，有钟惦棐、谢铁骊、陈怀皑、李文化、周传基、任远、许欢子、张清、刘世一、张华勋、张军、徐孝先、李世勤、吉星、邵养珍和我共十六人。我任学习班班主任，主持、安排、协调学习班的各项活动。为了贯彻理论与实践相结合的教学原则，组织学员观摩了一批中外电影名片佳作，参观了北影厂的摄影棚、录音棚和特技棚，针对国产新片从剪辑角度出发开展讨论，评议得失。学习日程一个月，课时安排得有些急促紧张。学员来自全国25个省、市、自治区的62个单位的在职专业人员，共220人。中央电视台、国家各部委的宣教中心和各省市的电视台，以及一些大学的电视中心、电教中心都有人来参加。除剪辑专业人员外，还有摄影、副导演、场记和电视创作人员加入学习班。学会将讲课的讲义、材料编印成册，只收成本费，卖给学员和会员，销量很好，后来还不断有人专门前来求购。学习班结束时，发给学员结业证书和纪念照，大家都很高兴。学员们普遍反映收获巨大，得益甚多。比如学员王桥英系不久前大学毕业分配到北京电视台的创作人员，搞了一部电视专题片但一直不能“通过”播出；参加这届学习班后应用所获知识、技巧将专题片重新剪辑制作，使其大为改观，质量大为提高，不但很快“通过”，而且播出后得到各方面的好评。王桥英为此甚为兴奋和感慨，特地向我们这些学习班的经办者表示感谢，还发表了一篇标题为《学与不学大不一样》的文章谈她对这番学习的感想和心得。由于是第一次举办学习班，缺乏经验，还存在一些不足之处；但总体说来，首期学习班成绩巨大，有力地推动了改革开放新时期影视剪辑业务的开展和提高，具有重大而深远的意义。

学会承办的第二期(届)学习班叫“全国电影电视剪辑进修班”，仍然是剪辑学会与影视技术学会、影协技术研究部三家联合举办。1983年6月2

“全国电影电视剪辑进修班”1983年6月举行，前排左一胡其明、左二文英光、右一邸世杰、右二许南明、右三马守清，后排左一董焕瑶、左二傅正义、右一高惠芬、右二张驾珊

日，进修班在北京开学，地点在北京广播学院附近的煤炭研究院，为期两个月。司徒慧敏、钱筱璋、石方禹、陈默等领导都出席了开学典礼。抽调了北影、上影、八一、新影、珠影和中央电视台六家单位的编剪人员组成教务和行政领导班子，主持安排进修班的教学活动和相关事务。教学内容、安排、步骤与第一期学习班大致相同，汲取了上一期学时安排过紧过满的教训，这一期教学时间比较宽松合理。应聘前来进修班授课的专家、学者、艺术家有周传基、沈嵩生、王非、戴临风、任远、郑洞天、董焕瑶、汪大儒、肖朗、张华勋、陈怀皑、谢飞、周鼎文、邵养珍、林洪桐、吉星、韦纯葆、张军、张清、李开基、伊明、胡伟立、林正豹、金开诚、兰为洁、高惠芬、王枫、陈汉元、朱羽军、倪震、何正淦、蒲振元、钟惦棐、郑雪来、傅正义等35人。学会将教学内容编印成书，名为《影视文化——全国电影电视剪辑进修班教材》，分上、下两册发售，一时供不应求。这期进修班的学员来自全国29个省、市、自治区76个单位的在职专业人员，共120人。虽然来报名的人很多，但由于条件有限，经学会审查，通知前来进修的人只能控制在120人之内，尽管如此，进修期间还是接收了不少插班生和旁听生。进修班结业前，举行了一次测试，以考察学员的学习效果。结果成绩都还不错，学员们不仅是拿到结业证书，也都一致认为确实是大有收获。

两期培训班举办下来，剪辑学会名声大振，影协和电影局对剪辑学会取得的成绩评价也很高，在全国性的有关会议上多次提出表扬。各电影厂、电视台、电教中心和大学有关教学单位，对剪辑学会举办的培训、研讨活动反响强烈，一致要求继续举办下去。学员们经过培训，剪辑艺术技术水平都大为提高，日后大都成为业务骨干，推进了影视艺术创作。比如，珠影的许建平是第一期的普通学员，经过两期进修培训，业务上突飞猛进，成为摄制广告片的专家，后来自己开设了广告公司，拍了不少很有水准很有影响的影视广告、街道广告、车辆广告等，走出了一条成功之路。剪辑学会所取得的业绩，报纸、电视台对剪辑培训班、进修班所作的大量报导，以及会员和学员们在业务工作中的出色表现，引起了文艺界、影视界各方面的关注，使摄影、美术、录音以至导演等部门的创作人员纷纷表示要向剪辑学会看齐，要求成立自己的专业学会以开展相关的活动。这一情况，是始料不及的，也使我们感到高兴。

1984年六七月间，文化部电影局和中国电影家协会，委托中国电影剪辑学会主办“全国电影剪辑专业读书会”，为期一个月。6月18日在江苏无锡正式开学，钱筱璋坐镇指导，具体会务工作由剪辑学会上海地区的会员承担。参加读书会的成员来自全国11个省、3个直辖市、4个自治区的36个单位，共55人。他们全是剪辑师以上的专业人员，也是剪辑学会会员，大多是电影界的创作人员，电视剪辑人员只有个别人参加。举办读书会的目的是提高电影剪辑人员的电影文化素质和艺术理论水平，以期进一步发挥剪辑艺术技术在电影创作中的作用。以自学为主，授课为辅。授课内容主要是：电影美学、电影艺术理论、电影剪辑理论和当前电影创作发展态势。读书会聘请了一批著名的电影理论家、评论家、艺术家和有关方面的专家来讲课，有郑雪来、罗艺军、于倩、钟惦棐、周传基、韩尚义、金绮芬、沈西林、肖珩、吴贻弓、许奇等人。读书会活动内容丰富，深入攻读了几本书，讲授精采扎实，使与会者的理论水平和艺术修养大为提高，收到了预期的效果。这是学会独立主办的又一次高层次的业务学习活动，对活跃影视界的学术氛围可谓意义重大。

傅正义与中国电影剪辑学会顾问谢晋合影

也是在1984年7月，在无锡召开了《电影艺术词典》剪辑学科词条审订会议。为《电影艺术词典》拟定和撰写剪辑学科词条，是电影家协会和中国电影出版社分配给我们学会的任务。我们充分发挥集体智慧，反复修订，认真撰写，比较好地完成了任务，受到词典编委会负责同志的肯定。此事由我主持，学会多位成员参加，对提高剪辑艺术的总体学术水平起到了重要的推动作用。不过到了1985年9月，学会却遭遇到一次危机。当时上级有关机构重审全国性学会，准备“精简”掉剪辑学会。我十分着急，只好多次找有关领导介绍学会情况，陈述保留理由，经过多方工作，终于将剪辑学会保留下来。

1987年3月16日至3月22日，中国电影剪辑学会第二届代表大会在北京(北影厂)召开。来自全国22家电影制片厂的61名代表参加了会议。会议前期进行学术交流，宣读了各厂会员提交的论文，并展开讨论；会议后期为换届选举，重组学会领导机构。经过代表大会和第二届理事会民主选

1985 年美国南加州大学史龙教授在北京电影学院授课，与听课人员合影，前排左一为白志朴、左四左五为史龙教授夫妇，左三为傅正义，后排右三为吉星

举，推举钱筱璋为名誉会长，聘请谢铁骊、谢晋、吴贻弓、于彦夫、张清、邸世杰、吴天明、王进为顾问，会长傅正义，副会长周鼎文（上影）、汪大儒（长影）、孟玉湘（北科影）、杨幸媛（珠影），秘书长李世勤（新影），副秘书长聂维国（八一）、周铁生（北影），理事周鼎文等 37 人，常务理事王玉章等 17 人，还有名誉理事韦纯葆等 22 人。我这次的连任会长，应该是大家对我的信任和鼓励。其时，学会会员已由初建时的 160 多人迅速扩大到 300 多人，遍及全国电影电视 36 个单位。

第二届学会因为各种原因，没有开展大型的培训、研讨和学术活动，只是由各厂（如长影）和分会（如珠影分会）召开了一些地区性的剪辑技术交流会或研讨会，规模都不大。1988 年 10 月，剪辑学会曾准备与影视技术学会剪辑委员会、北京红日摄影艺术公司联合举办第四期“全国影视艺术剪辑培训班”，通知和报名表都发出去了，遗憾的是因故而流产。1998 年 7 月 30 日，学会在新影召开了大型电影纪录片《周恩来外交风云》学术研讨会，谢铁骊、张清、谢飞、汪流、郑国恩、王陶瑞、林洪桐、王甫等专家学者就影片的剪辑艺术处理进行了全面地探讨（当年的《纪录影视》第 6 期将研讨会上的发言全文刊登），很有见地和启示，与会者约 80 人，算是这一届学会开展的规模最大的一次学术活动。第二届学会领导机构曾经动员、安排、组织各单位会员，撰写有关剪辑艺术的专题文章，进行学术交流。各厂各地寄送来的文章不少，经过评议，分别授予了优秀或合格证书。我们曾与出版社协商，将这些文章编印出来，分为五册陆续出版。可惜由于各种原因，至使未能付梓，实为憾事。

傅正义与杨幸媛（右）、周新霞（左）合影

2000 年 7 月 20 日，在北京举行了剪辑学会理事会改选会议，建立了第三届中国电影剪辑学会领导机构。会上推举我为名誉会长，选举了新一届会长杨幸媛（珠影），常务副会长周新霞（北影），副会长周鼎文（上影）、张海芳（中央电视台电影频道）、吴方海（长影），秘书长张敏（中国计划生育宣教中心），副秘书长张惠敏（新影）、聂维国（八一）、王宏桥（天津电视台）、方虹（上海大学影视学院）、董志勇（广东电视台），理事杨幸媛等 47 人（电影方面 26 名，电视方面 21 名），常务理事杨幸媛等 22 名。常设机构负责人为周新霞、张敏、张海芳、聂维国、张慧敏。第三届学会会员发展到 500 余人，随着电视艺术的迅猛发展，不少电视剪辑人员参加了学会，大大扩展了影视剪辑队伍。鉴于这种情况，我们曾多次向有关单位申请将学会改名为中国电影电视剪辑学会，均未获批准。世纪之交，根据有关方面规定，学会升格为一级学会，与影协脱钩，挂靠在中国电影集团公司，接受公司的领导。到了 21 世纪，改革开放进入了一个新阶段，文艺界、影视界也发生了巨大的变化，加之我等年事已高，学会领导层必须适应新的形势进行改组，这是完全必要、顺理成章的事。我积极促成这一改组工作的完成，可是大家还推举我为名誉会长，给予我莫大的荣耀，令我十分感动和高兴。我将在名誉会长的位置上，为学会做一些力所能及的事。

第三届学会领导机构也开展了一些业务研讨活动。2003 年 12 月，剪辑学会与北京广播学院联合举办了“大学生影视剪辑大奖赛”，我有幸担任评委。2004 年 7 月，剪辑学会与广电总局科技信息研究所、北京国际广播电视设备展览会（BIRTV）组委会、广电集团大型活动办公室联合举办了

“中国影视数码”剪辑大奖赛暨“中国国际影视节目后期制作研讨会”，我出席参加活动并担任评委。国家广电总局所属的《字幕与动画》杂志在其中起了重要的联络与组织作用。通过开展这些活动，学会在电视界的影响进一步扩大。

中国电影剪辑学会是成立较早、成绩较好、影响较大的专业学术团体。我有机会参与她的筹建、成立和组织发展工作，亲身感受到她的成长壮大，确实深感荣幸和自豪。我相信，长江后浪推前浪，在新一代剪辑工作者的努力下，学会一定会办得更好，取得更大的进展和成就。

52. 撰文著书参加评奖活动

为了介绍和普及影视剪辑的基本知识，为了探索和研究剪辑艺术的特性原理，参与学术讨论，进行业务交流，从 20 世纪八十年代以来，我在报刊上发表了一批文章，撰写了几本专著，组织了几套丛书的编写，取得了一定的成绩，多少有一些影响。这些文章著作，是我多年来从事剪辑工作的经验总结，也是我从理论上对剪辑艺术进行研讨取得的初步成果，为此我付出了大量心血和劳动，敝帚自珍，不揣谫陋，总算是为影视剪辑界做了点普及和提高的工作。同时，我还参加了一些学术交流和评奖活动，对于开阔眼界、加强素养、革新理念、增进技能大有益处，促使我在文化观念、艺术理论、创作方法等方面有所提高，并且从剪辑工作的角度对这些业务活动贡献出一份力量。

从 1980 年到 1995 年，我陆续在《电影技术》、《大众电影》、《电影评介》、《电影艺术》、《影视技术》等杂志上，发表了《电影剪辑》、《电影蒙太奇》、《中国电影剪辑小史》、《影视剪辑特性初探》等二十多篇文章，有一定影响，其中有的文章得到连载和转载。1994 年，我的首部专著《实用影视剪辑技巧》出版，全书 26 万字。实用性是这部书突出的特点，因此出版后颇受剪辑工作者尤其是初涉剪辑、编辑专业的青年人的欢迎(该书已于 2006 年由中国电影出版社再版)。1997 年，我的另一本专著《电影电视剪辑学》出版，全书 50 万字。这部书由于在论述影视剪辑的理念、方法、技巧和资料等方面比较全面、具体、新颖，具有实用性、参考性和可操作性，因而受到影视界、剪辑界尤其是各大学影视专业学生的欢迎，反映良好，因此于 2002 年 1 月经修订扩充后出了第二版，2005 年 9 月又第三次印刷出版。2003 年 9 月，我的第三部专著《影视剪辑编辑艺术》出版，全书共 40 万字。写作这本书，我力图对

20 世纪中国影视剪辑的实践经验和理论探索予以初步的总结，对 21 世纪中国剪辑艺术的发展前景做一个概略的展望；同时，力求在理论与实践相结合的基础上，探讨中国影视剪辑艺术的基本规律和基本手法，为创建有中国特色的剪辑艺术学派助一臂之力。由于这部书在理论性、系统性、学术性、实用性等方面达到了一定水准，因而得到了业内外人士的好评。此外，1985 年至 1986 年间，我还参与了撰写《电影艺术辞典》“剪辑”分科辞条，并担任该辞典的编委和“剪辑分科”主编。2005 年，我又再次参与、主持了该辞典“剪辑分科”辞条的改写、修订工作。

在撰写文章和专著的同时，我还参与了一些学术交流活动，与中外学者、专家、艺术家就影视艺术创作上的一些问题进行探讨。其中，比较重要的有：与来华访问的美国著名导演罗伯特·怀斯（1982 年）、日本著名剪辑师林木晄（1982 年）、美国南加州大学电影剪辑学教授史龙（1986 年）等外国专家进行学术交流；参加《郑和下西洋》、《唐风宋韵》、《四十五载银梦情》、《杨虎城》、《郭沫若与安娜》等电视片的研讨会；参加“史东山诞辰百年学术研讨会”和“蔡楚生诞辰 100 周年座谈会”，并在会上发言。同时，作为北影厂（及中国电影集团公司）艺术委员会和技术委员会委员，中国电影基金会、中国电影电视技术学会理事，以及深圳影业公司、辽宁电视剧中心、湖北大学生影视评论学会、香港群星影业公司、河北电影制片厂等二十多个单位的顾问和艺术总监，我经常参与各种艺术研讨活动，提出自己的意见和建议，同时从中发现、汲取不少宝贵的见解和创意，对提高我的认识水平和学术水平极有助益。

除了参加学术交流活动之外，我还多次出席、参加影视评奖、颁奖活动。其中，最值得一提的是 1987、1988 年连续两年被广播电影电视部聘为第七、第八届全国优秀电视剧“飞天奖”评委，参加了相关的评奖、颁奖活动。1994 年，中国电影家协会聘我为第十四届“中国电影金鸡奖”评委，参加了这一届的评奖、颁奖活动。此外，还曾多次担任“全国电视广告节目‘印象奖’”、“中国人口文化奖”、“全总‘劳模’电视专题片奖”、“大学生影视剪辑大奖赛”、“中国影视数码剪辑大奖赛”等评奖活动的评委，并参加颁奖活动。参加这些评奖活动，使我开阔了眼界，增长了知识，对我剪辑各类电影片电视片，运用新的技巧手法，很有帮助，很有启迪。比如，我两次到福建参加广告片“印象奖”的评选活动，就使我对突飞猛进迅速扩展的广告片、包装片有了新的认识，明白了画面、解说词、音乐有机结合以及创意的高明，是这种“微型艺术品”制作成功的关键。担任评委，参加评奖活动，其实也是对自己的考试和提高，必须认真对待，公正严明，才不负参赛者和观众的殷切期望。

53. 巡回讲授剪辑理论与技巧

1963年10月，我应邀到北京电影学院工程系讲授“电影剪辑与录音的关系”，这是我生平第一次走上大学讲堂，感到兴奋而又紧张。不久后的“文革”期间，文明一概被“扫地”，当然也谈不上到大学讲课了。“文革”之后，从1977年起，我又登上了大学讲堂，而且一发不可收拾，从那时到今日，可以说每年都在各大专院校、影视厂台、企业院所之间开课讲授影视剪辑的理论、方法和技巧，没有一年间断。开课讲授剪辑艺术这门学科，我付出了大量的心血、精力和劳动，成为我剪辑生涯中重要的组成部分。

从1977年到2005年，我多次被北京电影学院、中央戏剧学院、上海戏剧学院影视培训班、北京广播学院（中国传媒大学）、北京师范大学艺术系（影视学院）、上海大学影视技术艺术学院、川师大影视艺术学院、中国人民解放军总参谋部军训部“全军电教教材骨干集训班”、中央电视台“高科技电视发展公司”、中国电影艺术研究中心研究生部、江汉大学影视电教部、重庆大学美视电影学院等单位聘为兼职教授、授课教授、客座教授。1990年我还受聘担任了中国科技经营管理大学“电影电视艺术学院”副院长兼影视剪辑专业主任，管理教学工作。这样，我在全国各高等院校、各影视制作单位和学会研究机构开办的各种本科班、大专班、研究生班、培训班、进修班、专业证书班上，讲授“影视剪辑艺术”课程，听课学员共计5000余人，授课时间约3000课时，可谓量大、时长、人众，颇有影响。

回想起1963年10月，我第一次到电影学院讲课，真是又兴奋又紧张，讲完下课，一身大汗。1977年3月再给电影学院学生讲课，虽然还有些拘束，但是就不那么紧张了。随着讲课日多，有了经验，就越来越放得开，戳得住，能够把握课堂讲授的特点和规律。其实，教育教学也是一门科学，一门艺术，需要不断地改进和探求。开始，我着重讲授电影剪辑的实用手法和技巧，很受师生们的欢迎。后来，我发觉这些手法技巧如果不能提高到理论的层面上去加以阐释和说明，就难以将剪辑作为专门艺术讲深讲透。这一方面是由于时代在前进，科学在发展，影视艺术也在突飞猛进；另一方面也是由于听课的学生资质发生了变化，他们已经具有一些新的理念，对课程讲授有了新的要求。所以，课堂讲授不能老一套，要有新意识、新知识、新技巧。讲课要因材施教，针对不同的学员学生讲授不同的内容，突出不同的重点，

1987 年北京电影学院剪辑大专班开学典礼纪念照，前右二为傅正义，右三为沈嵩生院长

2005 年 9 月中国传媒大学影视艺术学院影视编导剪辑学员与教师合影，前排中为傅正义

与北师大艺术与传媒学院影视节目制作专业师生合影，前排左二为傅正义，左三为周坤

与中电高科技电视发展公司培训部领导人员合影，前排右为傅正义

在四川成都与四川师范大学影视学院学生合影，后排左三为傅正义，右三为郑国恩

与北京电影学院影视制作大专班学员合影，二排左四为傅正义

不能总是“一盘菜”、“一锅烩”。一般来说，培训班、集训班、进修班、大专班、本科班的初学者愿意听讲授剪辑实用技巧的课，不大爱听理论性较强的课程；而研究生和有实践经验的剪辑人员却要求讲课有一定理论深度甚至较高学术水平。讲课之前，要对学生学员的文化水平、技术能力和讲授要求有所了解，做到有的放矢；授课之后，要认真用心听取学生学员的意见、批评和建议，做到教学相长。对每一堂课，我都尽我的所知所能，做充分准备，决不马虎从事，力求做到讲课有层次、有重点、有理论、有实例，让学生学到一些真正有用的东西。我讲剪辑不讲空洞理论，不从书本到书本、定义到定义，而是紧密结合影视剪辑实例，通过剖析实例来讲解剪辑原理。而这些剪辑实例来源于我的剪辑实践，或同行的剪辑佳作，甚至国外名家的剪辑范例。起初，讲课时我只用一条录像带，比较“原始”；后来，有了VCD、CD之类的众多影像资料，讲起课来“声画并茂”，就更为直观也更具感染力了。我还学习美国人的做法，布置安排学生自己动手拍片子，做“小品”，搞剪辑，通过具体的艺术实践来体现、检验听课的学习成效。在重视实践、实例的同时，努力将剪辑实践经验系统化、理论化，用之于教学，引导学生深入探讨剪辑艺术的特性和规律。由于我长期从事剪辑工作，剪过各类影视片，有相当的实践经验，可列举大量的实例，加之能进行一定的理论思考，因此讲起课来还算言之有物，言之成理，学生听课后还算学有所得，学有感悟。看到自己授课的努力有了良好的反应，我也感到很开心。

洪梅、刘广勇夫妇敬送条幅给老师

教学授课，也给我提供了一个学习、锻炼提高的大好机会。讲好课要凭真才实学，蒙骗学生、误人子弟是一种渎职犯罪。我的文化知识水平有限，这就逼着我刻苦用功，认真读书，勤于思考，搜集相关资料，学习教学方法，尽一切努力把课讲好。我缺乏理论基础，就着重精读几部艺术理论著作，虚心向影视界的专家学者们请教，同时通过提炼归纳，努力将自己的实践经验提升到理论层面，以提高自己的教学水平。对一个理论问题，或一个论点，没有真正弄懂之前，不在课堂上讲授，不要不懂装懂，也不故弄玄虚。同时，要跟上时代的进步和发展，不断改进教学的内容和方法，与时俱进。我在20世纪九十年代的讲课过程中，就大大扩展了对影视剪辑特别是电视片剪辑的课程内容，增添了对电视广告片、包装片、栏目片的剪辑处理探讨，尤其是加强了对数字电影、数字电视的剪辑特点、方法、技巧的教学讲授。我还在讲课时注意处理三个方面的关系：在强调电影电视艺术上的同一性的同时，着重阐述电影与电视在创作上（包括剪辑创作）的差异性；在充分论述蒙太奇学派的原理、方法和表现形式的同时，重点介绍长镜头学派的理论、观点和表现方式；在全力展示有画面附加技巧——“特技”的剪辑手法的同时，突出倡导无画面附加技巧——“跳切”的剪辑手法；有侧重而无偏颇，有比较而无排斥，使学生对影视剪辑艺术有一个全面、深入、扎实的理解和掌握。这样做，既丰富了我的讲课内涵，提高了教学质量；又扩展了我的知识面，充实了我的思想库，将我的文化观、艺术观、影视理论、剪辑意识提升到一个新的层次和新的境界。可以说，授课讲学，使我在付出了艰辛的劳作的同时，也获得了巨大的收获。

在总结、梳理、提升自己的理论与经验的基础上，我还将其浓缩提炼为《影视剪辑再创作纲要》。特列出以供读者参考。

影视剪辑再创作纲要

一、影视片剪辑工作：（四项五部分25句话共120字）

（一）剪辑的性质　①动作的分解与组合，　②蒙太奇形象再塑造，
③视听语言的再创作，　④导演艺术组成部分，
⑤剪辑手法的独创性。

（二）剪辑的任务A：画面剪辑　①镜头选择，　②动作取舍，
③造型匹配，　④时空合理，
⑤方向统一。

（三）剪辑的任务B：声音剪辑　①对白剪辑，　②音乐编剪，
③音响组接，　④声画结合，
⑤音像构成。

（四）剪辑的作用：　①动作中剪，　②避假存真，
③移植借用，　④以假乱真，
⑤剪出戏来。

（五）剪辑的目的：　　　　　①结构严谨，②语言通顺，
③节奏明快，④主题突出，
⑤再现生活。

二、剪辑可调整结构：

（一）电影和电视剧的结构形式：

①顺时结构，②倒时结构，③交叉结构，④多层次结构，⑤多时空结构。

（二）电视专题、电视栏目的结构形式：

①段落性结构，②连续性结构，③交叉式结构，④问答式结构，⑤有情节叙述式结构，⑥无情节板块式结构。

三、剪辑叙述的方式：

①平铺直叙，②交错叙述，③梦回叙述，④多线索叙述，⑤多视点叙述。

四、剪辑有利营造节奏：

①根据不同题材，把握影视节奏，②根据情节、事件掌握内部节奏，③根据声画组接处理外部节奏。

五、影视片剪辑程序归纳：

一　读（阅读研究文学剧本）

二　看（审视所摄录的画面和声音素材）

三研究（与导演制片人研究剪辑方案）

四剪辑（剪片过程中随时与导演制片人交换意见）

五定稿（与导演制片人等共同审视全片修改通过）

54. 努力扩大培育剪辑队伍

发展影视艺术事业，提高剪辑艺术质量，除正确的方针政策之外，主要依靠具有高素质的艺术人才。当前文化艺术市场上的竞争，说到底，是人才的竞争。因此，就影视剪辑界而言，培育优秀的剪辑人才，扩展壮大剪辑队伍，就成了刻不容缓的当务之急，也是深谋远图的长久之计。我是电影界前辈恩师一手教育、培养、带领出来的剪辑师，因此也有责任、有义务为培育新一代的剪辑工作者尽一臂之力。通过近三十年在全国各高等院校、影视单位、厂所企业授课讲学，听讲上课者达5000余人，也可谓学子遍全国，桃李满天下。这些学生经过专业学习培训之后，不少人成为业务骨干和优秀人才，或独当一面，或在艺术创作和学术研究上开拓出新的局面。当然，这些成就主要靠他们自己的努力，也决不是我一个人的培育之功，但我很高兴在

2004年10月10日在武汉江汉大学讲授影视艺术剪辑技艺课

其中尽了自己的绵薄之力。同时,在剪辑数百集影视片的过程中,根据有关方面的安排,总是配有助手,带过学徒,通过一道剪辑影视片的艺术实践,亲手向他们传授剪辑的理念和方法、手段和技巧、经验和教训,形成了新型的师徒关系,结成了真挚的创作友谊。这其中,战强、唐彦琳、白志朴、刘芳、周新霞、周廷梅、延娥、周梅平、张晓林、马秀华、黄秀芬、张敏(辽影)、黄圆圆、刘光翠、罗依红、崔莉等可以说是我在北影工作期间带出的徒弟;王莉、许建平、杨薇、傅国保、高建英等是剪辑学会举办的集训班和电影学院剪辑大专班的学生;而洪梅、江兆建、田韶春、张敏(中国人口宣传教育中心)、邓英、王聪颖、傅国航、于娜、王戎、杨雯晴等则是我在中央电视台和各地各部门电视台剪片时的助手和实习生。现在,他们之中不少人已成为剪辑界的名家高手,业务的中坚骨干,活跃在影视艺术的创作、研究、教学等各条战线上,成绩突出,在业内外颇有影响。我对他们在创作中的上乘表现和业务上的显著成就由衷地感到高兴、欣慰和光荣。我经常回想到和他们一起剪片时的情景,想起他们的音容笑貌和各自努力奋斗的历程,倍感欣慰。

目前,我的这些学生徒弟,有的已经退休,有的正挑起影视剪辑业务的大樑,卓有成效地工作着。我希望已经退休的老剪辑师们发挥余热,培育、提携、帮助年轻人,为影视创作继续做出贡献。我相信正在影视剪辑工作岗位上拼搏奋斗的年轻新生的一代,会继承中国影视艺术家的光荣传统,以更优异的业绩超越前辈,为繁荣中国影视艺术事业、为建立中国剪辑艺术学派做出更大的贡献。我对新一代影视剪辑师的技艺智能抱有信心,对中国剪辑艺术发展的辉煌前景充满期待。

第九本
晚年时期

55. 离而不休度晚年

按照有关规定,我应在1985年满六十岁时离休。由于工作需要等方面的原因,北影厂领导没有让我离休,要我坚守岗位,指导业务活动,搞好传、帮、带,培育年轻一代的剪辑人员。1990年,我已满六十五岁,根据上级下达的有关通知精神(主要是不担任全国人大代表和政协委员的已到离休年龄的老同志一律办理离休手续),我和北影一批已到离休年龄的老同志一起办理了离休手续,成为进入晚年的离休人员。

然而,从1990年到2005年这十五六年的晚年离休生活,比之未离休前的工作状态还要繁忙,有时甚至更加紧张,真可谓是离而未休,离而不休。概括地说,我的晚年离休生活包括剪辑影视片、著书写文章、参加评奖活动、讲授剪辑技艺、培育剪辑新人、壮大剪辑学会、社会交往、家庭生活八个方面。其具体内容已做叙述,现仅就离休后的有关情况及感悟做简略地说明。

离休后,进入20世纪九十年代,我剪辑的电影片很少,只剪辑和指导剪辑了《风流乾隆》、《弹道无痕》、《大漠歼匪》、《李知凡太太》和《猫咪小贝》五部影片。而从1990年到2002年,据不完全统计,我剪辑和指导剪辑了电视剧40部共415集,其中包括大型电视连续剧《三国演义》(84集)、《苏雅的故事》(20集)、《苏东坡》(22集)、《京都俩妞》(20集)、《明镜高悬》(30集)等。通过剪辑这些电视剧片的艺术实践,我深深地认识到在电视剧创作过程中有五个方面的问题极其重要:首先要有高明的领导把关。大型电视连续剧《三国演义》和在此之前的《红楼梦》,如果没有以戴临风、阮若琳、王枫等为主要成员的领导小组的指导、掌握、统筹、监督,要取得巨大的成功几乎是不可想像的。龙头的作用至关重要,关乎全局的成败。每一集的艺术质量如何,是否需要"重剪"、"修剪",如何"剪",领导都要有高明、准确的决断。第二,要有扎实的理论基础。这里指的是文艺理论,即文化观、艺术观、创作论。有了先进文艺理论的指导,才能站得高,看得远,了解所遇问题的症结所在。否则只能就事论事,不得甚解。我在剪辑过程中深感理论素养缺失带来的苦恼,同时也感受到在理论的指导下解决难题而得到的愉快。每一位有出息有头脑的剪辑人员都不能只懂埋头苦干,满足于已得到的经验。而应当学习理论,运用理论,促使理论与实践相结合,才能把自己的学识才艺提升到一个新的境界。第三,要有较为深厚的文艺素养。文化水平低,艺术素养差,是难以胜任《三国演义》、《苏东坡》这类电视剧的艺术创作的。导演对一个场面的调度,演员表演的一招一式,剪辑对一个镜头的处理,往往能够看出其艺术功力的强弱,艺术素养的深浅,艺术水平的高低。对某部著作精读过,对某个题材较熟悉,对某一事物有见解,剪出来的某一段戏就会比较准确,比较精彩。"剪出戏来",不只是技巧纯熟就能办到,更重要是要有较为深厚的艺术素养和经验积累,否则好的素材摆在眼前也不一定能把戏"剪"出来。第四,要有和谐的创作氛围。剧组或摄制组的创作人员要通力合作,和谐共事,尤其是导演、摄影、录音和剪辑之间要相互尊重、理解、支持,发挥各自优势,形成一股艺术创作的合力,去协调完成摄制任务。切不可互不服气,互相拆台,见利忘义,成为乌烟瘴气的"草台班子"。摄制组的创作氛围、格调、作风如何,直接影响到影视作品艺术质量的成败高下。这正、负两方面的"形象"我所见不少,感受颇深。第五,要有创造性的艺术思维。墨守陈规,固步自封,凭老本钱吃饭,靠老经验办事,是难以有所进步发展的,更谈不上在艺术上的突破创新了。对于剪辑人员来说,就是要具有创造性的剪辑意识,创造性地运用剪辑技巧,对剪辑艺术有所开拓、有所创新、有所发展,对影视片的创作成功有所助益和推动。因循守旧、不思进取的剪辑必然落伍而被淘汰,进行创造性的剪辑应该是有作为的剪辑人员自觉的艺术追求。长期剪辑影视片的实践经验表明,只要具备了以上五个方面的条件,剪辑人员就有可能充分地发挥其才智技能,取得优良的艺术成果,影视片的摄制就会顺利、正常、高效地进行,最终获得创作上的巨大成功。

我的三部著作,即《实用影视剪辑技巧》、《电影电视剪辑学》、《影视剪辑编辑艺术》,都是在我离休后撰写出版的。著书立说,是我长期的愿望和追求。为此,我做了个有心人,长期以来,注意总结剪辑经验,积累有关资料,为著书撰文做准备。离休之后,我又用了很多时间,对这些资料进行分析、归纳、整理,使其系统化、条理化、典型化。然后,集中时间和精力反复审视检索资料,进行认真思考研究,提出论点,配合论据实例,最后才付诸笔端。在整理资料、撰文写作的过程中,我有幸得到师长、朋友和学生的有力指导、支持和帮助，像洪梅、唐彦琳、战强、黄圆圆、周新霞、张敏，还有我的四个儿子也都为三部书稿的撰著出版付出了辛勤的劳动，对此我一直怀着感激之情。在这三部书中，我还引用借用了不少老艺术家老剪辑师的观点和例证，转述了他们创作中的经验和教训，使三部书大为增色。因此，在某种意义上说，这些著作也是影视界，特别是剪辑界艺术创作共同经验的结晶。这三部著作，一部比一部有所进展，有所提高，都是群策群力、博采众长、共同努力的结果。

第十四届"金鸡奖"评委合影

离休之后的九十年代，我几乎每年都要参加一两次影视评奖颁奖活动。其中，最重要的当然是1994年8月担任第十四届"中国电影金鸡奖"评委，并参加了全程评奖颁奖活动。那一届"金鸡奖"评委会由王晓棠主持，评委有李准、林洪桐、张金标、陈光忠等人，评审认真，争论激烈。除此之外，还有两次优秀电视广告片"印象杯"的评选工作，及2004年中国影视数码剪辑大奖赛的评奖活动，也给我留下了深刻的印象，学到了不少新事物、新观念、新技术，受到极大的震动和启发。我认为，绝大多数评奖评选活动是公正的、严肃的、透明的，但确实也不能否认存在不正当不合理的干预、暗箱操作等腐败现象的侵袭和冲击。担任评委，要经受住艺术和道德的双重考验，才能保持应有的水准和信誉。参加评奖颁奖活动，不只是说说笑笑，吃吃喝喝，亮个相，出风头，而是要对艺术、对观众、对创作人员负责，体现出中国影视艺术高尚的精神境界和优良的道德作风。在这方面，中国影视界还要继续改进，继续努力，还有许多工作要做。

离休后的这十五六年，是我讲课教学最繁忙、最繁重、最繁杂的时候，大约占我一生总授课学时的三分之二还要多。从中央影视机构到地方影视单位，从高等院校到厂矿企业，从民营艺校到军队院所，从普及讲座到研究生班，我都去讲授过“影视创作与剪辑艺术”的课程。其中，授课最多的是北京电影学院、北京广播学院（中国传媒大学）、中央戏剧学院、北京师范大学、中国科技经营管理大学、北京影视研修学院等六所高等院校。使我特别高兴的是，在这之前的 1987 年，我代表剪辑学会与电影学院领导商议，开办了导演系剪辑班。在这之后，1997 年，又与广播学院领导商议，在导演本科生班开了剪辑专业课。虽然北电剪辑班只是两年制的大专科，但这是剪辑专业在中国大专院校第一次成为专门学科来招生授课，意义非同一般。剪辑班培养出一批剪辑专门人才，如许建平、杨徽、王莉、刘淼淼、战海红等人，现在都是剪辑战线上的名家高手。讲了几百堂课，我深刻地认识到，教师是一个庄严神圣的职业，必须认真从事，不可玩忽懈怠。讲课要准备充分，材料丰富，论证严密，语言生动；条理分明，表达清楚；突出重点，富有新意。切不可杂乱无章，拼凑上阵；平铺直叙，单调乏味；故作玄奥，虚张声势；不懂装懂，误人子弟。同时，讲课也是一个学习、深化、提高的过程，通过讲课，将自己掌握的知识系统化、条理化；教学相长，也从学生那里学得不少新的东西。这样，经过这两条途径，使自己掌握的知识更丰富、更鲜活、更深广，就有可能提升到理论和学术的层面。所以说，讲课教学，不仅仅是付出，对自己也的确是大有好处，大有收益。

“教学相长，因材施教”，是教育家普遍遵循的准则。培养剪辑新人，也应当按照这一原则办理。八十年代以前，我在北影还是沿袭着师傅带徒弟的老办法培养年轻的剪辑人员。八十年代之后，虽然在北影还带过一些“徒弟”，但是大批的新一代的剪辑人员都是通过各种剪辑专业学习班、进修班、集训班、专科班培养出来的。无论哪种培养方式，都必须“因材施教”，因人而异传授技艺。一般而言，文化程度较高资质较好的学员，对于剪辑原理技能往往一点就通，要鼓励他们勇于实践，勤于总结，提高理论水平，不但知其然而且知其所以然，逐步使技艺纯熟，能够“剪出戏来”；而对于文化水平较低悟性又较差的学员，就要耐心讲解示范，谆谆善诱，鼓励他们循序渐进，苦练基本功，逐步提高技艺，早日胜任独立剪辑的重任。改革开放之后进入培训班的学员，一般文化程度都比较高，思想活跃，勇于接受新事物、新观念、新技术，学习剪辑技艺相对来说有优越的条件和较好的基础。不过，由于他们大多数都年轻稚嫩，生活阅历浅，实践经验少，吃苦耐劳差，因此学习时适应性、坚韧性都不够强，这就需要正确引导、耐心培植、严格要求和精心培养，使他们学得扎实，学得精妙，早日成长为影视剪辑的骨干力量，壮大剪辑艺术队伍，使剪辑师成为影视艺术创作中的一支能征善战、所向披靡的生力军。

20 世纪九十年代，中国电影剪辑学会仍旧由我主持工作。由于多种原因，自 1987 年换届改换我连任会长以来，学会开展的大型活动不多，也没有按照章程的规定到时换届改选第三届领导机构。不过，在比较困难的条件下，我们还是举办了一些小型的业务活动，支持地方分会和影视单位开展剪辑艺术经验交流，发展了大批新会员。在发展新会员的问题上，我主张实行三个方面的重点转移：从主要发展电影剪辑人员转变为着重发展电视剪辑编辑人员；从主要发展中央和北京影视单位剪辑人员转变为大力发展地方影视单位的剪辑人员；从主要发展老资格剪辑人员转变为积极发展年轻剪辑人员。这样做，是为了适应影视界已经发生的巨大变化，为了适时地壮大影视剪辑队伍，为了给剪辑学会的扩展夯实基础。到 2000 年新旧世纪交替之际，我认为学会再不进行换届改选实在说不过去了，于是做了大量的工作，在缺钱缺人缺资助的困难条件下，终于召开了换届改选会议，建立了剪辑学会第三届理事会，由新的领导机构来主持学会的全部工作。我在会上被推举为名誉会长，实现了我卸任让贤的目的。退居二线之后，在力所能及的情况下，我还是热情支持学会新的领导班子的工作。中国电影剪辑学会是影视剪辑界同仁好不容易建立起来的学术性群众组织，是我们剪辑工作者的家，作为学会会员，我们都应该为她的发展壮大贡献自己的一份力量。

到各地讲学开课，参加各种评奖颁奖活动，也使我有机会游览祖国的大好河山，名胜古迹；有机缘会见亲朋老友，旧雨新知。到上海，我总要去看望恩师邬廷芳的夫人和子女，看望昆仑、上影的师长朋友；到重庆，我曾去探觅“中制”和“歌乐山保育院”的旧址，缅怀当年的难童生活和学徒生涯。到广州，特地拜访了原昆仑导演王为一先生，我还曾专门去拜望虽遭遇坎坷却清癯健壮的黄粲老人，回忆当年在长影拍片的情景……总之，我几乎是走一处地方，看一番美景，会一批旧友故人。在北京就不用多说了，只要有机会，我都会去拜望我的恩师钱筱璋、司徒慧敏，拜望原昆仑公司总经理任宗德老先生；看望陈怀皑、谢铁骊、阮若琳、戴临风等老同志。现在，这些恩师老友大多都已仙逝，留下了我无尽的追思。当然，我日常交往更多的还是影视剪辑界的新老同仁朋友，这里就不再赘述了。

我是湖北人，自然对故乡情有独钟，努力为乡梓服务。湖北有关方面也多次邀请我去剪片、讲学、开会，乡情深重。比如，1985 年春节，由于我剪辑的电视剧《诸葛亮》得奖，湖北省广电厅、文化厅等单位特邀我到武汉，出席颁奖大会暨春节联欢会，备受盛情款待。2004 年，我应邀到江汉大学讲学，借机回到了阔别多年的老家黄冈市方高坪乡夥车岭傅家村，实现了多年回乡祭奠先辈、看望亲友的愿望。黄冈市有关方面热情接待，提供了不少方便。方高坪镇早已通了公路，我们乘车到达，然后走乡间土路到了傅家村。一打听，老屋早就不存在了，前辈和我这一辈人也所剩无几，只能和子侄、孙侄辈交谈。我又到父亲坟上祭奠，了却一桩心愿。我母亲在“文革”后期，随转业到黄冈的兄弟傅正卿回到故乡，1981 年 7 月逝世(兄弟傅正卿 2005 年 3 月逝世)。我到村中转了一转，发现变化并不大，虽然人们的温饱不成问题，但生活还不富裕。新房子盖了不少，但都比较简陋。通电通水通路了，不过规格、等级都很低。青壮年外出打工的人不少，留在乡下的都是妇孺老弱，使人感到“三农问题”的严重。方高坪却大变样了，以前那条弯曲狭窄的街道，变成了又宽又长的丁字形街道，镇办企业、个体工厂几十家，商店林立，市场繁荣，还有学校、医院、车站、影剧院等设施，成为一个繁盛的乡村集镇。而团风镇变化尤其巨大，完全是一个比较现代化的河港大镇，其规模和水平远远超过一般县城，令人不得不刮目相看。惟一使我感到遗憾的是，再也看不见当年商贸老镇的古韵风貌了。黄冈城即黄州镇如今已是具有中等城市规模的地级市所在地，城区面积、城市人口增加了好几倍，已经成为鄂东经济重镇。经故乡人介绍，我才知道黄冈不但是革命先烈陈潭秋、林育南、林育英的故乡，而且诞生了李四光、王亚南、熊十力等杰出人物，地灵人杰，无上荣光。在有关人士的陪同下，我还游览了著名的东坡赤壁、青云塔和安国寺，领略了“大江东去”的豪情神韵，心中不由得赞叹故乡文化的悠久、昌盛与辉煌。新世纪的故乡之行，使我激情满怀，感慨万端，追忆起多少往事，畅想起美好的未来。

离休之后，我从剪辑车间正式退居家中，有了更多的时间与亲人儿孙共享天伦之乐。在儿女们成家立业的过程中，我努力尽到父亲的职责，给他们一些指导和支持，助一臂之力。二儿子傅国保和小儿子傅国航凭借他们自己的努力，进入了影视剪辑界，取得了良好的成绩，成为影视剪辑队伍中的骨干力量。他们继承我的家传事业，使我从事的专业后继有人，我自然十分高兴和欣慰。但是我并没有着急给他们“开小灶”，“吃偏饭”，而是提供一些条件，督促他们在创作实践中去摸爬滚打，钻研求索，锻炼成才。从政的大儿子傅国亮和从医的三儿子傅国强，完全是靠他们自己的拼搏奋斗才取得了较好的业绩，我对他们只做了一些家务性的扶助工作，排忧解难，以保证他们事业的顺利开展。老四傅国春是我惟一的女儿，早年腿患残疾，行动不便，我一直内心深感歉疚，因此对她特别照顾，特别关爱。经过她自己的努力，在大家的帮助下，她早已出嫁成家，过上了自己的美好生活。我老伴万秀明 1986 年退休之后，一直主持家务，儿孙成群，繁忙劳碌，维系着家庭生活的正常运转。20 世纪八十年代中期，我们全家从太平胡同搬进了北影的“高知楼”，2000 年又搬入了高楼新居，宽敞明亮，居住条件大为改善。儿孙满堂，事业有成，亲密和睦，互相关爱，我的家庭生活可以说是温暖欢乐，幸福美满。

总体而言，我这离而不休的晚年生活，很繁忙，很充实，虽然有时也觉得有些劳累，但还是感到很愉快，很有意义。孩子们说，我这是自强不息，自得其乐。1997 年 10 月，广电部离退休干部局评选我为“‘老有所为’先进个人”，颁发奖状，这是对我离休以后晚年生活的表彰和肯定。进入新世纪，我的体力、精力、智力都有所减退，为了适应迅速发展变化的社会现实，我适当减少了工作量及活动量，力求做到劳逸结合，进取有度，颐养天年。我对这十五六年的离休生活的质量和成绩颇为满意，我对未来的晚年生活十分达观，相信一定会欢乐美好地安度有生之年。

56. 八旬老与时俱进

2005 年 9 月 20 日，是我的八十寿辰。回首一看，从 1990 年离休以来，已度过了十六载的晚年岁月。光阴荏苒，十六年来，改革开放的中国已在东方迅速崛起，全国人民开始进入小康社会，市场经济体系初步确立，精神文明建设始见成效，人们的思维方式、行为方式和生活方式都发生了巨大的变化，影视业从投资、制作到播映都实行了重大的变革，整个中国社会都在全球化、现代化、信息化的浪潮推动下迅猛前行。为了赶上时代前进的步伐，为了适应社会发展的形势，这十六年来，除了在剪辑影视片、撰文著书、讲学授课、培育人才等方面做了一些具体工作之外，我还着重在革新影视观念、掌握影视新技艺、重新总结影视剪辑艺术的创作经验等三个方面做出了努力，用了一番心思，以求与时俱进，达到新的境界。

20 世纪九十年代，电影电视本身以及相关的影视观念已经发生了很大

80寿辰之际，中国电影基金会、北师大影视制作专业特送花篮祝贺

的变化，影视片已经不是一般意义上的宣传品，也不是纯粹意义上的艺术品，而是以带有商业性质的文化产品的姿态进入市场，参与竞争，进行竞赛。这是带有全局性的根本性的观念变革，我们必须改变计划经济条件下形成的传统的影视观念，实现影视创作和影视剪辑的大转变。目前，影视创作已进入产业化、市场化、数字化的新阶段，全面转型不可避免，发展前景不可限量。作为影视剪辑工作者，必须正视、适应并积极参与这一变革发展过程，更新影视观念，改变陈旧落后的思想意识，革除手工作坊式的创作方式，树立先进的剪辑理念，掌握数字化的剪辑方法，把影视剪辑艺术迅速提升到一个全新的水平。对于一个老剪辑师来说，观念的更新并不是一件容易的事，它伴随着思索与探求，痛苦与惋惜，觉悟与丧失。但时势所迫，事业所需，我感到还是主动自觉积极地完成这一观念的转变为好，因为得到的是新理念、新意识和新天地。我认为，从一个影视剪辑师的角度来看，更新影视观念，是做到与时俱进的重要前提。

随着信息化高科技的迅猛发展，到新世纪，数字电影、数字电视已开始进入中国内地，数字影视片的拍摄、制作、放映在国内已有一定规模，并且正突飞猛进地向前发展，宣告了一场革命性的影视大变革已经来临。我对影视数字技术所知甚少，面对这突如其来、声势浩大的新事物新浪潮，作为一位资深剪辑师，我感到自己有责任有义务去认识它、了解它、掌握它。我不顾年高事杂，去认真听取美国专家介绍“非线性数字化编辑系统”，讲述“非线性编剪技法”；搜集有关数字电影、数字电视的资料，研究其制作（包括编剪）技艺的特点、要领和方法；参与组织举办“中国影视数码剪辑大奖赛”，通过评奖活动了解数字剪辑的生动实例和优秀成果；更重要的是，我通过与新一代剪辑人员一道运用数字剪辑技术编剪影视片，取得实践经验，增进了对数字影视片制作过程的认识和理解，达到了掌握数字影视片编剪技艺的目的。通过对数字影视制作技术的学习、研究和实践，我认识到数字化非线性剪辑确实具有快捷、灵便、高效的优点，将剪辑从艺术、技术方面提高了一个层次，有利于推进优秀影视片的创作。每一位有进取心的剪辑人员，都应该努力学习、认真研究、全面掌握这一带有开创性、革命性的剪辑技术，以迅速提高自己的业务水平，同时将我国的影视剪辑艺术推向一个新的高度。作为一名老剪辑师，努力掌握这一新技术，也是我与时俱进的一个重要表现。

随着影视新形态、新观念、新技术的出现，我认为有必要更新我的剪辑理念、经验和手段，以适应影视发展新阶段艺术创作的需要，同时努力将信息化高科技引入影视剪辑技艺，把剪辑艺术推进到数字化剪辑的新阶段。这一更新，主要是通过重新研究、总结、分析以往剪辑经验，在著书、讲课和参加学术交流活动的过程中进行的。经过思考，概括地说，我对影视剪辑艺术的贡献，主要是提出了以下几个方面的要点，即一个目标：剪出戏来；两条基本标准：内部结构符合逻辑，外部结构达到流畅；三大剪辑因素：动作因素，造型因素，时空因素；四种动作剪辑手法：分解法，增减法，错觉法，插接法（即分剪、挖剪和拼剪）；五项剪接重点：剪接点的准确性，时空观的合理性，镜头组接的逻辑性，造型衔接的有机性，形体动作的连贯性；六点剪辑要求：结构严谨，语言通顺，动作准确，造型优美，时空合理，节奏流畅。这其中并非完全都是我的创意，但确实是我经过整理、概括、提炼之后首次提出来的。在这里，信息化数字化的理念、思维以至技术概念也贯穿其中。因为，所谓数字剪辑或称数码剪辑，就是数字化编辑系统与传统的影视剪辑手段在信息化高科技基础上的有机结合。就艺术处理而言，它还是以传统的非线性剪辑的理论、方法、技巧为主体；而在科技内涵、操作手段、技法功能上大为进步扩展，实现了剪辑艺术的大变革和大飞跃。所以，我对影视剪辑创作经验的重新总结，得以上升到一个新的理论层次，不但适用于传统影视片的剪辑，而且也适应了数字影视片剪辑的需要。

使我高兴的是，当我把这些剪辑的新观念、新技术及新的经验总结在课堂上讲授时，受到学生们的欢迎。他们认为这样讲课有新意，有启发，与时代同步，适应了影视发展的方向，颇获好评。一些学会组织、院校领导和影视界同仁也给我以支持、肯定和鼓励。2002 年 8 月，中国电影电视技术学会给我颁发了“资深会员荣誉称号”证书，并予奖励。北影、长影、上影在四十年、五十年厂庆时都给我颁发了有关荣誉证书，或赠予有关纪念品。1995 年，我还参加了纪念世界电影诞生 100 周年、中国电影诞生 90 周年的盛大纪念活动。

2005 年，傅正义参观电影博物馆时在剪辑展厅留影

更让我兴奋鼓舞、永难忘怀的是我在满八十周岁不久时，参加了纪念中国电影诞生100周年的庆典活动。2005年12月28日，纪念中国电影诞生100周年大会在人民大会堂举行，庄严隆重，盛况空前。我以资深电影艺术专家代表的身份应邀出席了大会。中共中央总书记、国家主席、中央军委主席胡锦涛会见了与会代表并发表了重要讲话，鼓励全国电影工作者高举邓小平理论和“三个代表”重要思想伟大旗帜，始终坚持正确的政治方向，不断增强社会责任感，努力推动我国电影事业蓬勃发展。这使我深受鼓舞和教育，决心在党的指引下为有中国特色的社会主义现代化事业奋斗终身。会见时，我有幸被安排到代表方阵的第一排，得以与胡锦涛总书记、温家宝总理、曾庆红副主席和政治局常委李长春等一一握手，倍感亲切、热情和激动。在场的摄影记者将我与其他代表和胡锦涛等领导人握手时的情景拍摄了下来，并发表刊出，给我留下了永久的难得的宝贵的纪念。会前，中国电影集团公司又向我和300多位从影五十年以上的老同志颁发了荣誉证书和纪念章。我认为，参加中国电影诞生百年纪念活动，会见胡锦涛总书记等党和国家领导人，以及获得从影五十年荣誉证书和纪念章，既是对我剪辑人生的肯定，也是我剪辑生涯中的高潮。我决定，以这一高潮的顶点为剪接点，一剪下去，将剪辑人生的“正片”剪定，此书的主体部份即告完成。至于接下来如何组接上我新的晚年生活篇章，那就是将来的事了。

片　尾

57. 跋——人生剪辑在继续

八十年的悠悠人生剪辑出多少片段?

六十五年的剪辑生涯组接了多少镜头!

这其中,有多少人生的感悟;

这其中,有多少艺术的追求。

在追求镜头组接时空的同时,我也感悟到时代发展的趋势,走上了进步的革命道路。

在把握准确的剪接点的同时,我也选择着与社会的契合,定点于电影剪辑的事业。

在确定画面动作方向性的同时,我也确立了自己的前进方位,决心以剪辑技艺服务于人民。

在处理镜头衔接的同时,我也协调着各种关系,和影视同仁一道努力奋斗。

在讲究镜头逻辑性的同时,我也坚持着正确的价值标准,追求人间正义和德艺双馨。

在保持主体动作连贯的同时,我也坚守着自己的人生理念,决不左右摇摆和中途停顿。

啊,从人生中剪辑出了多少华彩篇章!

啊,从剪辑中提炼出了多少人生真谛:

要立进取之志,崇实求真,锐意前趋,向艺术和人生的高峰攀登。

要操勤奋之行,吃苦耐劳,永不懈怠,在前进的道路上奋斗不息。

要有自知之明,自省自察,自强自立,进退有度地摆正自己位置。

要重师友之情,尊崇师教,重视友情,在团结互助之中获得助力。

要守平和之道。中和为贵,平顺为期,实事求是规范自己言行。

要做通达之人。通晓世事,练达人情,求效率讲诚信从艺为人。

有诗曰：

人生有限艺无涯，剪下出彩笔生花。
组接镜头翻新意，满怀赤诚报中华。

我知道，人生的剪辑还将继续，
我明白，剪辑的人生还可追求……

附录：

傅正义简历

1940 年，在重庆考入中国电影制片厂学习电影剪辑，从师邬廷芳、钱筱璋、司徒慧敏等人。

1946 年，在上海昆仑电影制片厂参加革命，从事剪辑和管理（该厂是由我党直接领导的单位）。

1946 年 8 月～1952 年，任长江昆仑电影制片厂剪辑课课长；任上海联合电影制片厂剪辑部门负责人；任上海电影制片厂剪辑科副科长、副剪辑师。

1953 年，调长春电影制片厂任剪辑师，负责剪辑车间的全面工作。

1956 年，调北京，任北京电影制片厂剪辑师，担任厂技委会委员，后被聘为厂艺术委员会委员，现为中国电影集团公司艺委会委员。

1959 年，当选为北京市文化、卫生、教育系统“先进工作者”。

1981 年，积极筹建中国电影剪辑学会，担任第一任会长，现为名誉会长。

1982 年，获第二届中国电影“金鸡”奖最佳剪辑奖（影片《伤逝》、《知音》等），系国内获此殊荣的第一人。

1985 年，被聘任为《电影艺术词典》编委和剪辑分科主编。

1985 年 10 月，获广播电影电视部颁发的电视连续剧《四世同堂》特别奖荣誉证书。

1985 年 12 月，当选北京市统战系统“为四化服务先进个人”。

1986 年 12 月，获中共北京市委、北京市人民政府颁发的电视连续剧《四世同堂》特别奖荣誉证书。

1986 年，剪辑大型电视连续剧《红楼梦》荣获广播电影电视部第七届全国优秀电视剧“飞天”奖优秀剪辑奖。

1987～1988 年，被聘任为第七届、第八届全国优秀电视剧“飞天”奖评选委员会委员。

1988年，被聘任为广播电影电视部首届“电影艺术”专业高级职务评审委员会委员，兼办公室主任。

1988年6月，被聘为中央电视台大型政论性电视专题片《河殇》的剪辑顾问。

1989年，被聘任为中央戏剧学院客座教授，对导演系与影视培训班授课。

1989年，被聘任为首届“录像带”奖评选委员会委员。

1989～1990年，被聘任为第四届、第五届全国优秀电视广告“印象杯”奖评选委员会委员。

1990年9月，被聘任为深圳大学影视艺术系客座教授。

1991年11月，被聘任为海峡两岸电视广告(CF)作品——暨海峡两岸电视广告研讨会评审委员会委员。

1991年11月，被聘任为厦门大学新闻传媒系客座教授。

1992年10月，获得国务院颁发的“政府特殊津贴”证书。

1994年，被聘任为北京电视台大型专题片《四十五载银幕情》顾问。

1994年，被聘任为第十四届中国电影“金鸡”奖评选委员会委员。

1995年，被聘任为全国总工会电教中心劳模电视片评选委员会委员。

1995年，被聘任为中国电影基金会、北京师范大学艺术系客座教授。

1995年，被聘任为中国科技经营管理大学影视学院副院长。

1995年，被聘任为北京电影学院兼职教授，对研究生班授课。

1996年，被聘任为北京广播学院客座教授，对导演系本科、剪辑本科、电视系本科授课。

1996年，被聘任为中国人口文化促进会影视评奖委员会委员。

1997年7月，被聘任为北京电影制片厂艺委会委员，现为中国电影集团艺委会委员。

1997年9月，促成北京电影学院第一次开办影视剪辑大专班并为其讲授剪辑专业课。

1997年10月，被广播电影电视部评为“老有所为”先进个人。

1998年12月，被聘任为上海大学影视艺术与技术学院客座教授。

2000年9月，被聘任为四川师范大学影视艺术学院客座教授。

2003年11月，被聘任为沈阳市影视艺术培训学校客座教授。

2003年～2006年，被聘任为中电高科技电视发展公司培训部客座教授。

2003年～2004年，被聘任为中国影视数码剪辑大赛评委、指导。

2004年2月，被聘任为北京影视研修学院客座教授。

2004年10月，被聘任为江汉大学影视客座教授。

2005年9月～12月，被聘任为北京名人影视艺术学校影视制作课程客座教授。

曾任中国电影家协会第四、五届理事，现为名誉理事。中国电影基金会理事，现为名誉理事。中国电影电视技术学会第四届理事、剪辑委员会主任。中国电影剪辑学会名誉会长。

后　记

《剪辑人生》终于和读者见面了，了却了我多年的一个心愿。我今年82岁，从事电影剪辑(后来涉及电视片剪辑)66年，剪辑电影片100余部，剪辑电视片500多集(部)，曾获电影“金鸡奖”最佳剪辑奖，电视剧“飞天奖”优秀剪辑奖。回首自己的电影电视剪辑生涯，我曾经产生过两个心愿：一是将自己影视剪辑工作的实践经验总结出来，为同行特别是年轻一代剪辑工作者“抛砖引玉”，于是自1994年以来，我陆续撰写出版了《实用影视剪辑技巧》、《电影电视剪辑学》、《影视剪辑编辑艺术》三部专著。敝帚自珍，算是了却了第一个心愿。二是五年前萌生了另一个心愿，就是将自己从事影视剪辑工作的人生经历和感悟写出来，希望与踌躇满志的年轻一代分享我的人生体验——八个字：“天道酬勤”，“事在人为”。五年来，几易其稿，《剪辑人生》终于成书，了却了我这一个心愿。

出版此书如愿以偿，我要感谢中国影协常务副主席康健民、副秘书长柳秀文，丛书主编程季华、副主编翟建农。他们对《剪辑人生》一书的出版，给予了亲切的关怀和热情的指导。我还要感谢中国电影出版社副总编辑李梦学、责任编辑徐维光，他们为《剪辑人生》一书的筹划、审稿、出版，付出了艰辛的劳动。我还要特别感谢我的两位老朋友：一位是我在上海昆仑影业公司有过“同窗之谊”的王为一导演，一位是我在北京电影制片厂第二创作集体剪辑影片《青春之歌》时结识的著名电影演员谢芳，他们对《剪辑人生》一书给予的真诚的支持、关注和鼓励，令我感动。本书承蒙电影界的著名人士郑洞天写序，蓬荜生辉，不胜荣幸。

傅正义

2007年2月28日

图书在版编目(CIP)数据

剪辑人生:傅正义自传 / 傅正义著.—北京:中国电影出版社,2007.3

(中国电影家传记丛书)

ISBN 978-7-106-02656-1

Ⅰ.剪…　Ⅱ.傅…　Ⅲ.傅正义—自传　Ⅳ.K825.78

中国版本图书馆 CIP 数据核字(2007)第 027403 号

责任编辑:徐维光
装帧设计:赵子航
责任印制:刘继海

剪辑人生——傅正义自传
傅正义　著

出版发行　中国电影出版社(北京北三环东路 22 号) 邮编 100013
电话:64296657(总编室)　64216278(发行部)
64296742(邮购部)
E-mail: cfpw@edude.net

经　销　新华书店
印　刷　北京鑫丰华彩印有限公司
版　次　2007 年 3 月第 1 版　2007 年 3 月北京第 1 次印刷
规　格　开本/787×1000 毫米　1/16
印张/17.5　插页/4　字数/293 千字
印　数　1—3000 册

书　号　ISBN 978-7-106-02656-1/K·0097
定　价　36.00 元